时空演进与观念建构

我国近代报刊业发展研究（1815—1911）

成连虎◎著

九州出版社
JIUZHOUPRESS

图书在版编目（CIP）数据

时空演进与观念建构：我国近代报刊业发展研究：
1815-1911 / 成连虎著. -- 北京：九州出版社，2020.7
ISBN 978-7-5108-9254-7

Ⅰ.①时… Ⅱ.①成… Ⅲ.①报业－新闻事业史－研
究－中国－近代 Ⅳ.①G219.295.2

中国版本图书馆CIP数据核字（2020）第116573号

时空演进与观念建构：我国近代报刊业发展研究：1815－1911

作　　者	成连虎　著
出版发行	九州出版社
地　　址	北京市西城区阜外大街甲35号（100037）
发行电话	（010）68992190/3/5/6
网　　址	www.jiuzhoupress.com
电子信箱	jiuzhou@jiuzhoupress.com
印　　刷	河北盛世彩捷印刷有限公司
开　　本	710毫米×1000毫米　16开
印　　张	18
字　　数	263千字
版　　次	2020年7月第1版
印　　次	2020年7月第1次印刷
书　　号	ISBN 978-7-5108-9254-7
定　　价	59.00元

从1815年第一份近代中文报刊诞生到1911年清政府覆亡，将近百年时间里，中国境内出版的中外文报刊和海外地区出版的中文报刊共计2557种。目前，学界对清晚期近代报刊业传播效果、报刊阅读方式等的研究成果已经十分丰富，但对近代报刊业的时空发展演变规律研究尚有不足。

报刊业同样是在特定的时间和空间中诞生、发展起来的。我国近代报刊业的发展历程呈现出十分明显的时空特征，这种时空特征也是其传播效果得以发挥的前提。同时，报刊具有整合时间和空间的能力，这种对时空的重构赋予了它强大的改变社会的功能。因此，本书拟从历史地理学的角度，开展我国近代报刊业研究。

本书共分为五章。

第一章主要介绍报刊业出版地的时空迁移情况及其动因。报刊业出版地格局的变动，既受到社会局势变动的影响，同时也对社会变革起重要作用。1815—1911年，我国近代报刊业的出版地格局发生多次演变，先后经历了南洋及澳粤、香港及通商口岸、上海及沿江沿海、国内全面扩张和国内到国外等五个阶段，实现了"从边缘到中心"的转变。我国近代报刊的起源、发展与外国传教士有着密不可分的联系，第一份近代中文报刊即由英国传教士于1815年在马六甲创办；随后，澳门、广州两地开始出版报刊。第一次鸦片战争结束以后，办报主体仍然是外国人，但却获得了清政府的默许，出版地迁移到香港及各个通商口岸城市。到19世纪60年代，第二次鸦片战争进一步加深了中国的半殖民地化进程，上海成为近代报刊业的中心，近代报刊业开始沿海、沿江迅速扩张。1885年公车上书以后，国人办报热潮兴起，官办、民办报刊在全国范围内不断出现，但主要集中在省会以上城市；进入20世纪，特别是随着第二次国人办报热潮的兴起，近代报刊业获得全面发展并不断下沉；同时，维新派、革命派人士在海外各国创办了大量的中文报刊，不仅在当地发行，也通过各种渠道进入国内并产生影响。近代报刊业出版地的变动情况，与近代社会变革趋于一致。

第二章主要介绍近代报刊业在晚清两种不同类型城市的分布情况。城市是近代报刊业发展的最佳地理环境。晚清时期，城市发展模式出现了分化，一方面是开埠通商城市的兴起和繁荣，另一方面是大部分传统城市不同程度的衰落。作为一种新的业态，在清政府对报刊业严格管制的大背景下，在两种不同的城市类型中，报刊业的空间分布格局呈现出不同的特征。本章分别以上海和北京为例，分析两种不同城市类型下报刊业的地理分布情况。以上海为代表的通商口岸模式，由于列强攫取了租界的管理权，客观上为近代报刊业的发展提供了发展的空间，因而从时间上看，报刊业起步早发展快；从空间上来看，报馆选址向租界集中并形成诸如上海望平街这样的报刊业集聚地。以北京为代表的传统城市，由于依然受到清政府的直接管理和各项管制，报刊业起步比较晚，而且报馆选址很大程度上受到城市传统经济文化格局以及政策变动的影响。

第三章主要研究近代报刊业的发行范围。信息如果不能传播，就没有价值。报刊作为信息载体，高度重视其在地理空间上的散布传播。在分析影响报刊业发行的诸多地理因素以后，将我国近代报刊业的发行范围分为本埠发行和本外埠发行并重两个阶段。报刊发行主要受交通条件、通信技术、印刷方式等因素的制约；当这些因素被改善以后，报刊就会实现从本埠发行到外埠发行的扩张，发行范围不断扩大，形成遍布全国的报刊发行网络。另外，阅报处这种城市景观的出现，对发行的下沉起到了重要作用。

第四章是对报人群体的研究。报人身份、籍贯及其社会网络体系等，对我国近代报刊业发展具有重大影响。我国近代报刊业起源于外国人在华办报，繁盛于两次国人办报热潮。以英、美为主的传教士群体开启了近代报刊业序幕，并在很大程度上完成了对中国报人的启蒙，外国商人则创办了中国具有影响力的多份重要报刊。国人办报群体主要来自江浙和闽粤地区，同乡、同门等中国传统社会关系在其中发挥重要作用，而其创办或参与报刊活动的主要地点是在上海等通商口岸城市；中国报人经历了从同乡同门到志趣相投的转变，在近现代政治文化的影响下，报人的省界意识逐渐淡化，同人意识不断增强。

第五章主要分析了近代报刊对环境的建构功能。媒介产业具有现代性动力机制的作用，可以实现对时间和空间的重构，从而推动社会发展。晚清中国面临着两千年未有之大变局，中国被迫卷入世界体系之中，传统天朝上国的观念被打破，"世界之中国"逐渐被引入和认同。在这一进程中，近代报刊发挥了重要的桥梁和窗口作用，以西学东渐为开端，近现代文明在晚清不断扩散传播，并带动了本土的社会改良和革命，为"旧中国"建构了"新世界"，促进了各种思潮的出现和不断竞合，并最终在辛亥革命的爆发中发挥了至关重要作用。

目 录 CONTENTS

绪 论

第一章 从边缘到中心：我国近代报刊业出版地的时空演变

第二章　近代与传统：晚清城市与近代报刊业

第三章 扩散与下沉：我国近代报刊业的发行

第四章 中西互动：近代报人的生成与演进

第五章　世界之中国：报刊的环境建构功能及影响

结　语

参考文献

图目录

表目录

绪 论

第一节　选题缘起及框架

在中国近代化进程中，报刊业曾发挥了极为重要的作用。"中国近代的报刊发展与近代中国历史发展的线索基本一致，是近代中国各个时期社会政治、经济、文化各方面发展和变迁的缩影。"①近代报刊业不仅是当时社会发展的缩影，更积极主动地推动社会的发展，以至于辛亥革命发生以后，无论是何种派别，都认为报刊在其中发挥最为关键的作用。②

目前学界对我国近代报刊业发展的研究，主要是从新闻史角度开展，研究

---

① 姚琦：《中国近代报刊业的发展与百年社会变迁》，《社会科学辑刊》，2001年第6期，第122页。

② 孙中山曾指出："此次民国成立，舆论之势力与军队之势力相辅而行，故曾不数月，遂竟成功"（中国社科院近代史研究所编：《孙中山全集》（第二卷），北京：中华书局，1982年，第336页）；梁启超谈道："去秋武汉起义，不数月，而国体丕变。成功之速，殆为中外古今所未有……问其何以能如是，则报馆鼓吹之功最高，此天下公言也。"（梁启超：《鄙人对于言论界之过去及将来》，《庸言》第1卷第1号，1912年12月1日）；冯国璋等人在给袁世凯的呈文中认为，辛亥革命的成功"首恃报纸鼓吹之力"。

成果主要集中于近代报刊业发展产生的社会影响[1]、报人办报实践及理念[2]等方面，这些研究成果隐含了一个前提，那就是报刊所刊载的信息已经达到受众并产生了影响。但是，在交通条件、通信技术、人才储备、资金实力等各要素均十分匮乏的晚清中国，我们还需要关注的是，报刊是如何传达给受众的？

"近代报刊都是在一定的地理空间中生存发展起来的，忽略地理的变化，必然会遮蔽对报刊地方性和空间性的理解。"[3]从1815年第一份近代中文报刊诞生开始到1911年清政府覆亡，将近百年时间里，中国和海外地区一共出版了2557种中外文报刊。[4]我国近代报刊业从无到有，如此庞大数量的报刊，它在不同年代的出版数量有着怎样的变化？它在不同时期的地理分布格局有着怎样的迁移？它在不同城市类型有着怎样的分布？它通过何种方式发行到受众？它的从业者有着怎样的特征？它又是如何给受众建构着"世界"进而影响中国？

目前，对近代报刊业发展的时空差异、发行范围、报人群体以及环境建构等方面的研究，尚未获得较多的开展，而上述这些内容，是报刊业实现影响力的前提。因此，对报刊业时空演进格局和环境建构功能的研究分析，可以使我

① 孙藜：《书写与密码：晚清皇朝"灵晕"的离散》，《新闻与传播研究》2018年第9期。邵志择：《机事不密则殆：京报、新闻纸与清政府保密统治的式微》，《新闻与传播研究》2018年第5期。李滨：《立宪目标下的报刊政治角色设想——戊戌后梁启超的"政本之本"观点探析》，《新闻与传播研究》2012年第5期。江凌：《城市阶层、市民社会与近代汉口报刊媒体的兴起》，《新闻与传播研究》2011年第6期。许鑫：《晚清民国时期传媒公共性的生成与演变（1815—1949）》，《新闻与传播研究》2011年第5期。王天根：《晚清维新舆论的媒介建构与报刊命运的考量》，《新闻与传播研究》2010年第6期。朱至刚：《试论"文人论政"的流变——以报人的自我期许为中心》，《新闻与传播研究》2010年第3期。范继忠：早期《申报》与近代大众阅报风习浅说，《新闻与传播研究》2004年第3期。

② 蒋建国：《甲午之前传教士中文报刊的传播、阅读及其影响》，《新闻与传播研究》2019年第8期。郭镇之、郭云强：《晚清电子传播的引进：兼析"权""利"之争》，《新闻与传播研究》2013年第4期。吴廷俊、范龙：《大公报》"敢言"传统的思想基础与文化底蕴，《新闻与传播研究》2002年第3期。宋素红：近现代中国女新闻工作者的特色与传统，《新闻与传播研究》2003年第2期。唐海江：《同门、省界与现代政治价值认同——清末政论报人组织离合的政治文化分析》，《新闻与传播研究》2006年第3期，第32页。徐新平：《林则徐、魏源的译报活动及其思想再探讨》，《新闻与传播研究》2008年第6期。徐新平：《论晚清时期对外新闻传播思想》，《新闻与传播研究》2009年第6期。

③ 赵建国：《报刊地理：广州租界与近代报刊（1827—1912）》，《新闻与传播研究》2016年第1期，第67页。

④ 谷长岭：《清代报刊的发展轨迹和总体状况》，《国际新闻界》2009年第12期，第110页。

们能够更加清晰地认识我国报刊业发展的内在逻辑，从而更好地认识和把握其发展规律。

"历史地理学研究的核心是人地关系，因此在研究地理现象的变化时不能缺少人或人类社会这一主角，在研究人类社会发展时必须考虑地理环境的影响因素。"①要开展时空演进及环境建构的研究，就有必要从新的研究视角——历史人文地理的角度去解读我国近代新闻史的发展。

"历史人文地理研究历史上人文现象的地理分布、扩散和变化的形式与过程，举凡时空坐标系上所有的历史事物和地理事物无不一一涉及。"②因此，本文拟从历史人文地理的角度，全面梳理和分析我国近代报刊业从1815年到1911年的发展历程，总结其出版地的时空演变情况及动因、城市中报刊业的地理分布特征及影响因素、报刊业发行范围的盈缩及变动驱动力、报人群体形成模式、报刊业的环境建构及作用等。

本文将在以下方面开展我国近代报刊业时空演进和环境建构的研究：

第一，我国近代报刊业出版地的分布及变迁。我国近代报刊业在将近百年时间里，从0增长到2557种，数量上的剧烈变动必然带来时空上的分布及变迁。"没有分布就无所谓变迁，而有了过去地理事物分布的内容，才有这些地理事物发生变迁的基本材料。"③在报刊业出版地选定、发展、扩张、迁移、消亡的进程中，地理因素的重要性表现得更为明显，特别是人文地理要素，是至为重要的影响因素。从报刊业作为媒介的属性特征上来看，它对城乡布局、人才集聚、受众分布、经济水平、政治环境、文化氛围等都有着较高的要求，总体来说，其正常的发展路径，体现出"从边缘到中心"的特征。分析出版地的分布及变迁，对梳理我国近代报刊业的发展历程，乃至厘清我国近代社会的发展历程，都具有十分重要的意义。

---

① 王社教：《中国历史地理学向何处去》，《中国历史地理论丛》2017年第1期，第7页。

② 侯甬坚：《历史地理学：历史学与地理学的交接点》，《陕西师大学报》（哲学社会科学版）1987年第3期，第64页。

③ 侯甬坚：《历史地理学界"话域"与"话语"的融通》，《学术月刊》2010年第11期，第126页。

第二，报刊业分布的时空差异。"这里的时空指的是历史时期叠加历史区域，研究者构建的是一个历时的区域空间及其地理事物复原，而且要指出其时空差异之所在。"[1]我国近代报刊业在不同的历史时期和区域，有着显著的数量、质量等变化特征。同时，晚清两种不同的城市发展模式，也决定了近代报刊业在城市中的两种不同模式的空间分布类型。

第三，报刊业时空演进的驱动力研究。"一些研究脱离于复杂的历史背景之外，只做简单的地理现象归纳，难以做出深入的前因后果分析。由于对于历史背景关注不够，有些地理现象的归纳分析，不仅缺乏深度，很可能还不够准确。"[2]在研究时空演进的基础上，本文还将扩大研究的视野，将影响时空演变的因素都纳入研究范畴，并开展相关分析。如对近代报刊业发行范围的研究，不仅仅停留在发行网络的建构上，也分析影响发行网络建构的交通条件、通信技术、印刷方式、社会结构、政治环境、消费能力等，进而揭示变动行为发生背后的因素。

第四，报人群体的研究。"在新闻史研究领域，新闻人物研究却始终是个薄弱环节。"[3]我国近代报刊业起于外国传教士传教需求，繁盛于国人办报。本文将研究我国报人及群体的形成机制，并分析同乡、同门等要素在其中发挥的作用。

第五，与其他人文现象不同，报刊业不仅受外部时空因素的制约，它自身也能够进行"时空建构"，这是它最显著的功能之一。报刊业在刊载内容上的特点是：不同时空、不同人群之间各类信息的交流沟通。从《察世俗每月统记传》开始，传教士创办报刊最为显著的一个特征就是对"世界"的介绍，专门开辟地理专栏，向当时封闭的国人介绍世界各国的情况及局势的发展变化，相较于林则徐和魏源的举动，外国传教士帮助国人"开眼看世界"的时间要更早

① 侯甬坚：《历史地理学界"话域"与"话语"的融通》，《学术月刊》2010年第11期，第126页。
② 辛德勇：《历史的空间与空间的历史》自序，北京：北京师范大学出版社，2005年版，第4页。
③ 程丽红：《清代报人研究》，北京：社会科学文献出版社，2008年版，第1页。

一些。到了后期，随着国人办报热潮的兴起，不仅仅是社会地位较高的阶层，甚至连普通大众都极大拓展了对外部世界的认知，从而从根本上动摇了封建王朝的根基，促成了革命的成功。

因此，从历史地理学角度开展我国近代报刊业研究，对更完整地把握我国近代报刊业的发展，有着重要的意义，也为学界研究提供了一个更新的视角。

第二节　相关概念的说明

一、近代报刊的概念及特征

我国的新闻事业曾是世界上最早出现也是较为发达的传播形式之一，"中国古代的报纸是世界上最古老的报纸形式之一，发展到清前中期已经达到了最高峰，并出现了向近代新闻事业过渡的些许迹象。"[①]但是，从严格意义来说，中国古代报纸与近代报刊还有着较大的区别，"世界意义上的近代化报纸就是在欧洲从封建社会转向资本主义社会过渡的大背景下产生的。"[②]资产阶级将报纸作为革命的工具，提出了"言论自由"的理论，并以报纸为依托，展开了对封建王朝的批判和斗争，由此出现了政党报刊。工业革命的兴起和发展，使社会生产力水平提高的同时，也推动政党报刊走向商业报刊，资本主义社会相继出现面向社会中下层的廉价大众报刊。到19世纪初，便士报等报纸类型的出现，使报刊成为西方社会政治经济生活中不可或缺的组成部分，成为人们认识外部世界的信息来源。"近代报刊从西方向中国流入这一历史现象，正是在世界报业开始向商业报刊阶段迈进时发生的。"[③]

相较于古代报纸，近代报刊业具有如下特征：第一，作为一个单独的行业

---

① 方汉奇主编：《中国新闻传播史》，北京：中国人民大学出版社，2009年版，第40页。

② 同上，第41页。

③ 同上，第41页。

或者产业而出现，它不是某一政府机构的衍生功能，而是独立运作的组织；第二，它传播的内容不局限于政府信息，而是包罗万象，包括全国各地乃至世界各地的新闻；第三，它的发行对象不仅限于上层社会人士，而是面向大众；第四，由于面向大众的特点，它的发行量不同于邸报等，具有印刷量大、受众多的特点；第五，出于对更大发行量带来的更多利润的追求，报刊的发行范围往往会不断扩大，有的报纸甚至会建立覆盖全国的发行网络；第六，往往具有相对独立的编辑方针，代表某方利益发声，具有思想传播、文化传播等特征；第七，创办者的身份复杂化，社会各个阶层、各个群体均有可能创办报刊。

二、研究对象的界定

遵循新闻史学界传统，本文所指的我国近代报刊业，主要是指在中国境内和境外创办发行的中文报刊，以及在中国境内创办发行的外文报刊。

三、研究时段的选择

本文的研究时段为1815—1911年。从严格意义上来说，我国史学界对"近代"界定的时间起点是鸦片战争发生的1840年。"在这一点上，笔者认同中国史学界长期以来对近代史分期的界定，无意在历史分期问题上与传统的说法唱反调……之所以将研究年代追溯至鸦片战争前的1815年，发行地点之所以延伸至马六甲等东南亚华人聚居的区域，是结合中国近代中文报刊从萌芽、成长与演变的曲折与特殊的历史过程予以考虑的。"①因此，单就新闻史学界来说，无论是1927年中国报学史第一人戈公振还是现今学者，都将我国近代报刊业诞生的起点界定为1815年。"若在我国而寻求所谓现代的报纸，则自以马六甲所出之《察世俗每月统纪传》为最早，时民国前九十七年（嘉庆二十年），西历一八一五年八月五日也。"②因此，本文同样采用1815年作为研究的起点；研究

---

① 《自序：我对中国近代新闻史研究的若干思考和体会》，卓南生：《中国近代报业发展史（1815—1874）》，北京：中国社会科学出版社，2015年版，第3页。

② 戈公振：《中国报学史》，上海：商务印书馆，1927年版，第67页。

时段截止到1911年，是因为在这一年清王朝灭亡，我国近代报刊业的发展也进入新的阶段。

第三节　学术史回顾

从研究内容和角度来看，近代报刊业历史地理的研究，应属于历史文化地理的研究范畴；从学科的角度，关于报刊业的历史地理研究横跨了历史文化地理学和新闻传播学两个学科；从历史文化地理学领域来看，虽然目前研究的领域和范围已经越来越大，但尚未有专门论及报刊业历史地理的相关成果。而在新闻传播学领域，已经开展了对报刊与地理的跨学科研究，并提出"媒介地理学"理论并形成学说体系。

一、历史文化地理学与近代报刊业历史地理研究

历史文化地理学是研究人类社会历史时期文化现象的时空演变规律的学科，"即研究不同历史阶段各种文化现象的地域系统及其形成和发展规律的一门科学"。[①]随着学界研究的不断深入，历史文化地理研究的范畴也在不断扩大。20世纪40年代以后，美国地理学家索尔将历史文化地理研究的范畴，从物质文化扩展到精神文化的地理研究。美国文化地理学家乔丹（T.G.Jordan）和朗特里（L.Rownt ree）认为：文化地理学是研究人类社会中文化现象空间差异的学科，其主要目的是描述和分析语言、宗教、经济、政治和其他文化现象随环境而演变变化的规律。斯宾塞（E.P.Spenser）和托马斯（W.L.Tomas）认为文化地理学的研究对象除了语言、宗教、政治、人口和民族等内容外，还包括工业、农业、城市、聚落、交通运输和通讯等内容。[②]

---

① 毛曦：《历史文化地理学的理论与方法》，《陕西师范大学学报》2002年第3期，第88页。
② 王星、孙慧民、田克勤：《人类文化的空间组合》，上海：上海人民出版社，1990年，第21-22页。

　　文化涵盖了人类社会的方方面面，因此，历史文化地理的研究对象也具有广泛的覆盖性。从1986年谭其骧先生发表《中国文化的时代差异与地区差异》[①]一文以来，各类关于历史文化地理的研究相继出现。在历史文化地理研究的领域，张伟然认为："到目前为止，大体出现了三种研究进路。一种是像做专门史似的，做断代研究，如卢云的《汉晋文化地理》；一种是就某一种文化现象展开分析，类似于部门地理研究，如周振鹤、游汝杰的《方言与中国文化》；还有一种是以区域为中心，就其历史文化的空间发展过程进行研究，目前这方面的成果最多，已经出版的有广东、湖南、湖北、陕西及西南等多种。"[②]

　　就第二种研究进路而言，即某一种文化现象的研究来说，张步天的《中国历史文化地理》一书曾进行了专门的论述。1993年，张步天的《中国历史文化地理》一书出版，蓝勇认为："这是我国第一部系统的中国历史文化地理著作"，[③]该书就归纳了中国历史方言地理、历史民俗地理、学校与人才分布地理、历史宗教地理、历史艺文地理等研究领域。[④]此后，这类研究的范围和领域不断扩大，1995年，曾大兴出版了《中国历代文学家之地理分布》一书[⑤]，这是我国第一部专门研究文学家地理分布的专著。目前，已经扩展到历史服装地理[⑥]、历史民居地理[⑦]等研究范畴。

　　对中国近代报刊业历史地理的研究，同样属于第二种研究进路，即某一种特定文化现象的研究。"狭义的历史文化地理学是专门研究人类创造的精神文化及其要素在不同历史阶段的空间组合及其演变的规律。"[⑧]因此，本文拟借鉴历史文化地理研究的相关成果，开展我国近代报刊业历史地理研究。

---

① 谭其骧：《中国文化的时代差异与地区差异》，《复旦大学学报》1986年第2期。
② 张伟然：《中国历史文化地理研究的核心问题》，《江汉论坛》2005年第1期，第99页。
③ 蓝勇：《对中国历史文化地理研究的思考》，《学术研究》2002年第1期，第87页。
④ 张步天：《中国历史文化地理》，长沙：湖南教育出版社，1993年版。
⑤ 曾大兴：《中国历代文学家之地理分布》，武汉：湖北教育出版社，1995年版。
⑥ 许桂香：《岭南服饰历史文化地理》，北京：民族出版社，2010年版。
⑦ 周宏伟：《中国传统民居地理研究刍议》，《中国历史地理论丛》2016年第4期。
⑧ 毛曦：《历史文化地理学的理论与方法》，《陕西师范大学学报》2002年第3期，第89页。

二、媒介地理学相关理论的提出

作为人类社会的一种文化现象，大众传播媒介与地理之间有着高度关联，新闻传播学者也从地理方面提出了相关的媒介理论，并最终形成了媒介地理学学说。

1. 伊尼斯的媒介时空偏倚理论

哈罗德·亚当斯·伊尼斯（Harold Adams Innis，1894—1952），加拿大经济史学家、传播学家，多伦多学派的创始人。他研究事业后半段的重点在于从长时段历史发展的角度，研究媒介与政治经济之间的关系。他在《帝国与传播》[①]《传播的偏向》[②]《变化中的时间观念》[③]等著作中，提出了著名的媒介时空偏向理论。伊尼斯认为，人类文明的兴起、衰落，与占据支配地位的传播媒介有着高度对应关联。媒介可以分为偏向时间的媒介和偏向空间的媒介，前者是质地厚重、不易移动但耐久性强的媒介，如《汉穆拉比法典》之类的石制碑刻媒介，能够克服时间的障碍而得到较长时间的保存，实现文明在时间维度上的传承；后者则是质地较轻、便于携带和运送的媒介，如纸草纸等，可以较为轻便地输送到其他地理空间，但是由于材质问题，较为容易破损，很难经历时间的考验。

从"中心—边缘"角度来看，伊尼斯认为，偏倚时间的媒介，在某种意义上，一般都是宗教的、特权的、商业的、个人的媒介，它强调传播者对媒介的垄断，以及传播的权威性、神圣性和等级性，但是，由于不易移动，因而不利于对边陲地区的控制；而偏倚空间的各种媒介，则带有大众化、政治性、文化性的特点，传播具有世俗性、公平化的特征，因而有利于加强中央集权统治、增加对边陲地区的掌控、强化中央集权，也有利于文化知识的传播。

伊尼斯还分析了媒介时间偏倚属性和空间偏倚属性之间的平衡对社会发展

---

① ［加］伊尼斯著，何道宽译：《帝国与传播》，北京：中国人民大学出版社，2003年版。

② ［加］伊尼斯著，何道宽译：《传播的偏向》，北京：中国传媒大学出版社，2013年版。

③ ［加］伊尼斯著，何道宽译：《变化中的时间观念》，北京：中国传媒大学出版社，2013年版。

的重要影响及意义。他认为，要维护社会的稳定，实现统治的顺畅，就必须发展这样一种媒介：同时能够均衡时间和空间，只有使二者平衡，做到取长补短、相互维持，才能够有利于社会的稳定发展。

2. 麦克卢汉的媒介地理学理论

马歇尔·麦克卢汉（Marshall McLuhan，1911—1980年），加拿大著名传播学家。作为伊尼斯的弟子，他延续了对媒介与时空关系的研究。在《理解媒介：论人的延伸》[1]《机器新娘》[2]《媒介与文明》[3]等著作中，他先后提出了媒介与社会进程、媒介即人的延伸、地球村等观点。

在媒介与人类社会历史进程方面，他把媒介技术发展作为标准，把人类社会分为三个历史阶段：部落化社会、脱部落社会和重新部落化社会。他认为，人们对周围世界的认知，取决于媒介的发展水平。在部落化社会，主要的媒介工具是口头语言，因此人类的空间活动范围极为有限；在脱部落社会，印刷术的发展使人们对外部世界的认知有了极大拓展，对空间的概念不断扩大，但是由于不能亲身体验或目睹，缺乏直观的认知；在电子媒介时代来临以后，电影、电视等媒介的发展，使人们不仅能"想象远方的世界"，而且能目睹耳闻，形成直观的、形象的认知。所以，媒介的发展水平，直接影响着人们对外部环境的认知。

他还提出了"媒介即人的延伸"的观点，他认为，媒介在一定程度上，就是人类感官的延伸，如以看为主的报纸，是人们眼睛的延伸；以听为主的广播，是人们耳朵的延伸；而多媒体的电视电影，则是全感官的延伸。人们虽然没有亲身到达某个地理环境、某个国家，但是通过媒介的传播，人们获得了仿若亲临的传播体验，实现了对时间和空间的跨越。

麦克卢汉最为重要的观点是"地球村"概念的提出。他认为，媒介的高速

---

① ［加］麦克卢汉著，何道宽译：《理解媒介：论人的延伸》，北京：商务印书馆，2000年版。

② ［加］麦克卢汉著，何道宽译：《机器新娘》，北京：中国人民大学出版社，2004年版。

③ ［加］麦克卢汉著，何道宽译：《媒介与文明》，北京：机械工业出版社，2016年版。

发展，使得遍布在世界各地的人们，可以迅速在同一时间获得对某一重大事件的共同了解和掌握，促成了地球空间的"变小"，而空间范围的缩小，又保证了时间的同步性，最终消除了时间和空间，整个地球就像一个小村庄一样，人们彼此熟悉，相互了解，信息可以快速交流和传播，每个人、每个地区都连接成了一个有机整体，人类成为地球村落里的居民。

3. 梅罗维茨的媒介环境理论

美国传播学家乔舒亚·梅罗维茨（J.Meymwitz）于1985年出版了《消失的地域：电子媒介对社会行为的影响》[①]一书，并提出了媒介环境理论。

梅罗维茨认为：在媒介发达的现代社会，媒介所传递的"远方的世界"，必然会导致受众所在社会环境的变化，而受众所在环境的变化，又必然会导致受众的认知、态度和行为的变化，特别是电子传播媒介在营造自然或者人文环境方面，拥有着无与伦比的能力，能够有效地重组社会环境、削弱自然环境，并因而对社会产生巨大的能动作用。

梅罗维茨的主要观点包括以下三点：

（1）媒介具有营造环境的能力，这种环境不仅仅是社会环境，更包括自然环境；而对普通民众来说，媒介所营造的环境与真实环境并无区别，甚至还在真实环境之上。在确定情境界限中，应把接触信息的机会考虑进去并当作关键因素。

（2）人们的每种独特的行为，都需要独特环境的辅助。他认为，人们的各种行为，都需要相关环境的匹配，在不同行为及配套环境之间，存在着或明或暗的界限。当不同环境叠加在同一种行为上的时候，就会影响人们对自我角色的认定，从而导致认知的混乱、态度的偏倚和行为的失措。

（3）媒介具有合成环境的能力。媒介具有将来自世界不同地方环境的视听形象呈现给受众的能力，从而造成不同阶层的受众群体，在面对信息时的分

---

① ［美］梅罗维茨著，肖志军译：《消失的地域：电子媒介对社会行为的影响》，北京：清华大学出版社，2002年版。

离，进而促成了社会群体的变动，甚至会促进社会思想的改变、导致变革或者革命的发生。

4. 邵培仁的媒介地理学理论

我国传播学者邵培仁在国内最早提出了"媒介地理学"的观点，并形成了学说体系。邵培仁先后发表了《论媒介地理学的发展历程与学科建构》[①]《作为最新研究视野的媒介地理学》[②]《论中国媒介的地理集群与能量集聚》[③]《媒介地理学：正当性、科学性和学术坚守》[④]《转向空间：媒介地理中的空间与景观研究》[⑤]《景观：媒介对世界的描述与解释》[⑥]等论文，并在2010年出版了《媒介地理学：媒介作为文化图景的研究》[⑦]一书，形成了一套完整的媒介地理学理论体系。

他认为，媒介地理学是一门研究人类同媒介、地理的相互关系及其互动规律的学科。媒介地理学发源于文化地理学，是文化地理学的重要组成部分。媒介地理学关注两点：一是地理各要素对媒介发展各方面的影响，二是媒介对地理各要素的建构影响。他认为，媒介的形态和个性发展体现着不同的地理环境特征，而媒介对地理的命名与叙述，使真实地理得以或真实或虚假的呈现，并影响着环境的发展。在研究方法上，借鉴地理学的"空间分析"方法，将有助于探讨媒介的"空间再现"和"地理想象"问题，建构起媒介地理学的学科理论。他对媒介地理学的研究对象、体系和领域进行了全面梳理和分析，对媒介地理学的中外发展和研究历史进行了回顾和总结，对媒介地理学中的空间、时间、地方、景观和尺度等基本概念进行了深入分析和探讨，对媒介地理学的主

---

① 邵培仁：《论媒介地理学的发展历程与学科建构》，《徐州师范大学学报》2006年第1期。

② 邵培仁：《作为最新研究视野的媒介地理学》，《广告大观（媒介版）》2006年第1期。

③ 邵培仁：《论中国媒介的地理集群与能量集聚》，《新闻大学》2006年第3期。

④ 邵培仁：《媒介地理学：正当性、科学性和学术坚守》，《新闻记者》2006年第10期。

⑤ 邵培仁：《转向空间：媒介地理中的空间与景观研究》，《山东理工大学学报（社会科学版）》2010年第3期。

⑥ 邵培仁：《景观：媒介对世界的描述与解释》，《当代传播》2010年第4期。

⑦ 邵培仁：《媒介地理学：媒介作为文化图景的研究》，北京：中国传媒大学出版社，2010年版。

要应用领域进行了描述和阐述，为科学了解、认识、研究和实践媒介地理学提出了一系列全新的思想观点和独特的理论视维。

媒介地理学理论提出以后，引起了传播学界的广泛关注，范志忠①、卢毅刚②、王国凤③、张健康④等学者都对该理论进行评述介绍或开展纵深研究。

2017年，由复旦大学信息与传播研究中心主办的《中国传播学评论（第七辑）》出版，该辑的主题是《中国传播学评论（第七辑）·城市传播：地理媒介、时空重组与社会生活》⑤，编者认为：当前的传播学研究正在经历新的转向，新的理论和实践促使了学科研究的范式转移，跨学科的研究视野成为至关重要的选择，而地理媒介、时空重组与社会生活之间，存在高度关联。他们认为，应该开辟媒介地理学的基础建构研究、媒介地理学作为视角的应用研究、地理景观在媒介中的呈现研究、媒介转向城市与城市文化的研究、传媒奇观与国际文化冲突的研究等中国媒介地理学研究领域。

三、新闻史中的地理学研究

新闻学的研究，主要分为新闻理论、新闻业务和新闻史三个板块。在新闻史的相关研究中，也有部分涉及报刊业地理现象。

我国著名报人戈公振在中国新闻史开山巨著《中国报学史》⑥中，将我国截至1921年的报刊业发展史分为官报独占时期、外报创始时期、民报勃兴时期和民国成立以后四个阶段，特别是在该书第六章《报界之现状》部分，专门谈到了报馆的分布情况、报馆的发行、用人等方面内容，对报刊业的历史地理发展

---

① 范志忠：《转向地理：当代传播学研究的新视域》，《当代传播》2011年第2期。

② 卢刚毅：《从传播生态看媒介地理分布的重要性——以西北甘肃为例》，《新闻前哨》2011年第6期。

③ 王国凤：《耕耘在媒介与地理的融合地带》，《山东理工大学学报（社会科学版）》2013年第4期。

④ 张健康：《中国媒介地理学研究的量化考察、焦点回顾与质化分析》，《浙江传媒学院学报》2014年第5期。

⑤ 孙玮主编：《中国传播学评论（第七辑）·城市传播：地理媒介、时空重组与社会生活》，上海：复旦大学出版社，2017年版。

⑥ 戈公振：《中国报学史》，上海：上海古籍出版社，2003年版。

情况有了初步的探究。

改革开放以后，新闻传播学的研究重新进入学者的研究视野，新闻史的研究也开展得如火如荼。我国著名新闻学家方汉奇著有《中国新闻事业通史》[①]一书，在该书第一卷中，方汉奇梳理了我国近代报刊业的发展变动情况，论分别谈到了报刊业在马六甲、澳门、香港、上海、广州、北京、天津和其他地区的发展情况。

此后，在新闻史的各类论著中，或多或少都能够看到对我国近代报刊业时空发展情况的研究。吴廷俊撰写的《中国新闻史新修》[②]、丁淦林主编的《中国新闻事业史》[③]中，都有部分章节论及晚清我国近代报刊业的发展情况，周光明的《近代新闻史论稿》[④]一书中，较多地论及了我国近代报刊业的中日交流情况。

赵建国在《报刊地理：广州租界与近代报刊（1827—1912）》[⑤]一文中，分析了在政治干预、经济发展和社会风气等因素的影响下，近代广州报刊中心的转移路径，即先由十三行商馆区到沙面租界，再到西关报馆街。这种空间迁移存在明显的地理关系上的持续性，并认为沙面租界是广州近代报刊分布的地理枢纽。他还指出，独特的报刊地理景观，往往也同时意味着媒介空间的重组和媒介权力的再生产。

江凌在《区域新闻史：一种社会史研究范式》[⑥]一文，从研究范式的角度，提出了社会史研究的三个显著特征，其中第三点即是要注重开展跨学科对话。他认为，一个特定区域的报刊业，其兴亡更替必然与区位的优劣势发展变化、社会文化环境的演变关系密切，报刊业空间发展的内外动力机制，与区域社会

---

① 方汉奇：《中国新闻事业通史》，北京：中国人民大学出版社，1992年版。

② 吴廷俊：《中国新闻史新修》，上海：复旦大学出版社，2008年版。

③ 丁淦林主编：《中国新闻事业史》，北京：高等教育出版社，2007年版。

④ 周光明：《近代新闻史论稿》，北京：社会科学文献出版社，2014年版。

⑤ 赵建国：《报刊地理：广州租界与近代报刊（1827—1912）》，《新闻与传播研究》2016年第1期。

⑥ 江凌：《区域新闻史：一种社会史研究范式》，《重庆邮电大学学报（社会科学版）》2012年第5期。

高度关联。晚清民初时期，报刊传媒在区域社会早期现代化、现代化进程中起着重要的作用。因此，他认为，要大力开展区域新闻史研究，这将会成为新闻史研究的有益补充和新的领域。此外，他还分析了近代汉口开埠通商、经济发展、移民变动等要素对两湖地区近代报刊传媒兴起与发展的作用。①

汪苑菁的博士论文《报刊与城市现代性——以汉口和〈汉口中西报〉为中心的考察（1864—1916）》②认为，我国具有近现代意义的城市的形成，与近现代报刊的创办和发展，是相互促进、相互扶持的关系，重新审视两者之间的关系，对于呈现近代中国生动的、多层的社会变迁过程具有重要意义。文章认为：近代中国城市的出现和发展，为近代报刊业的诞生提供了成长的温床，报刊是城市近现代化的产物之一，也是标志之一；而近现代报刊业在"新知"方面的传播，则拓宽了城市的广度，增加了城市的深度，在传播共同知识的基础上建立起一个现代的"城市共同体"。但是，中国近代化进程中的特殊的内外部环境，以及由其而产生的强大民族主义思潮，使得报刊的城市性被对民族国家的追求取代，"地方兴国"成为近现代报刊平衡地方与国家的叙事策略，建立现代民族国家在实际上成为现代报刊的主流话语。

田中阳在《论区域文化视角对新闻传播史研究的价值意义》③一文中提出，区域文化具有独特性，这种独特性造成了媒体的个性风格和文化特色，形成媒体的文化基因。他以京沪冲突构造中为背景，考察了近代北京、上海报刊业的发展演变规律，认为这种演变构成了中国现代化历史进程中中国文化冲突的一个重要侧面。同时，他还分析了湖湘文化对湖南报刊的影响，认为这种独特的文化孕育了近代中国革命和发展的基因。基于此，他认为区域文化对新闻传播史有着深刻的影响力。

---

① 江凌：《城市阶层、市民社会与近代汉口报刊媒体的兴起》，《新闻与传播研究》2011年第6期。

② 汪苑菁：《报刊与城市现代性——以汉口和〈汉口中西报〉为中心的考察（1864—1916）》，华中科技大学博士论文，2013年。

③ 田中阳：《论区域文化视角对新闻传播史研究的价值意义》，《湖南大学学报（社会科学版）》2015年第1期。

宁树藩主持编写的《中国地区比较新闻史》[①]一书，由全国近40位新闻传播学者，历经26年通力协作而完成，并在2018年出版。这是第一部全面展现我国各地区、各省份近现代新闻事业发展历史，并进行比较研究的专著。它以历史为经，起点为1822年（之所以不选择1815年，是因为本书为中国地区新闻史，《察世俗每月统记传》的创办地为马六甲），截止时间为2000年，跨度将近180年；以地区为纬，研究内容覆盖了全国所有省、市、自治区（包括香港、澳门和台湾）。该书首次将比较研究的方法引入新闻史研究，展示了各省、直辖市、自治区及港、澳、台地区新闻事业的发展的脉络，考察了政治、经济、文化诸因素对新闻事业的综合影响。

总体来说，新闻史的研究，已经细化到了对地区新闻史的研究，即研究某一省、市、自治区或某一城市的研究。但是，这种研究多集中在某一地区新闻事业的数量、种类、影响等。从历史地理研究的角度来看，主要还有以下提升的空间：一是对近代报刊业整体时空发展演变的情况认识不深，对演变规律的研究不够深入；二是对区域内报刊业的地理分布情况研究尚有待深入，对其形成和发展机制还需要进一步深入探索；三是对近代报刊业所刊载的内容，对人们时空观、社会发展变革等尚未形成系统、全面研究。

第四节　研究内容、方法与结构

一、研究内容

本文的研究范围为1815—1911年，选择的缘由为1815年是第一份近代中文报刊的诞生时间，而1911年为清王朝的覆灭。之所以将截止时间确定为1911年，是因为清王朝的覆灭，与我国近代报刊业的发展之间存在高度关联。可以说，我国近代报刊业的繁荣发展直接导致了清王朝的结束，而1911年以后，我

---

① 宁树藩主编：《中国地区比较新闻史》，上海：复旦大学出版社，2018年版。

国近代报刊业的发展也进入新的发展阶段。因此，选择这一时间段，符合我国近代报刊业发展的内在逻辑，也符合其外在的时空特征。

从时空迁移角度来看，我国近代报刊业的地理范畴经历了从国外到国内、从沿海沿江到内地、从发达地区到覆盖全国、最终从国内到国外的发展过程，这种空间地理的发展变化情况，与政治、经济、文化、军事、外交等多方面因素有着密切关系，而这种地理空间的迁移，又对社会产生了深刻的影响，并最终导致了社会的更迭和朝代的兴替。

另外，在城市及区域内部，报刊业的发展深受各类环境因素的制约。与宫城官衙位置的关系、与消费者聚集地的关系、与城市空间结构的关系、与租界这种特殊空间的关系、甚至与晚清各类革命起义等之间的关系，都是影响城市内报刊业空间分布的重要因素。

二、主要研究方法

1. 文献资料法

本文的研究对象为近代报刊业，对一些重要报刊及其流变、报人及其思想的了解和掌握是研究的基础。因此，依托爱如生近代报刊库和大成老旧刊全文数据库，对相关报刊进行搜寻、整理、发掘等，理清近代报刊业的出版地、发行地等。同时，查询《中国新闻人物志》《中国新闻传媒人物志》等资料，对报人的籍贯、年龄、经历等进行对比分析，获取全面翔实的资料。

2. 内容分析法

内容分析法是大众传播研究的内容和方法之一，它是一种客观的、系统的、定量的研究方法。主要是通过对媒介所刊载内容按照一定的指标进行整理、归纳，并进行全面、系统的分析，判断传播者对某一问题的倾向、立场和态度，分析受众对某一传播现象所受到的影响，以及传播内容变化规律等。首先，内容分析法必须要遵循客观的原则，研究者必须排除个人主观的影响，而是从现存文献材料出发，去研究当时传受双方的客观态度；其次，要采用系统的方法来分析素材，也就是说，要将所有的材料看作一个有机的整体，要建立起周全的研究指标体系，确保研究不会有失偏颇，从而得出令人信服的结论；最后，要量化数据，即对指标体系的研究，要采用数学统计的方法，进行量的分析。当然，内容分析法也不排除定性分析，因为所有的材料和数据，也都可以进行一定的逻辑推理和哲学思辨。本文主要用内容分析法对近代报刊业所载内容进行分析研究，特别是分析其中关于"世界""中国"等地理相关概念在媒介中的表达情况，以及这种表达情况对当时人们的影响。通过对人们"时空观"的转变情况，分析媒介在其中发挥的重要作用，以及对社会变革的积极影响。

3. 比较研究法

本文涉及我国近代报刊业时空分布特征的变化情况、中外报人以及中国报人之间的理念认知、中外报人对外部世界的呈现等比较类目，因此，有必要采用比较分析法，通过数量、时段、性质、范围、指向等不同指标，合理开展相关研究。

三、研究结构

本文共分为五章。

第一章主要介绍报刊业出版地的时空迁移情况及其动因。从时空变动情况来看，我国近代报刊业出版地先后经历了南洋及澳粤、香港及通商口岸、上海及沿江沿海、全面扩张和国内到国外等五个阶段。我国近代报刊的起源、发展与外国传教士有着密不可分的联系，第一份近代中文报刊即由外国传教士在国外创办并向国内发行；随后，外国传教士先后在澳门、广州两地出版报刊。第一次鸦片战争结束以后，近代报刊主要集中在香港及各个通商口岸；到19世纪60年代，第二次鸦片战争进一步加深了中国的半殖民地化进程，近代报刊业中心确定为上海，并开始沿海、沿江迅速扩张；维新运动开展以后，国人办报热潮兴起，官办、民办报刊在全国全面范围不断创办，对社会发展起到了重要的推动作用；进入20世纪，维新派、革命派人士在海外创办了大量的中文报刊，不仅在当地发行，也通过各种渠道进入国内，对辛亥革命的最终发生，起到了重要作用。

第二章主要介绍近代报刊业的城市地理分布情况。城市是近代报刊业崛起的最佳地理环境，是信息的生成中心，也是消费市场和财源之地，更是从业人员集聚的场所。晚清城市出现两种不同的发展类型，即口岸城市和传统城市。本章分别以上海和北京为例，分析两个不同城市类型下，报刊业的地理分布情况。上海模式最大的意义就在于：租界这种特殊的政治地理空间对近代报刊业发展所起到的重要保护作用，也因此形成了望平街这样的报刊集聚地；北京模式则体现了局势变动之下，城市管理情况改变导致的报刊业迁移情况，特别对宣南中心进行了详细说明。

第三章以报刊业的发行范围为研究主体。报刊作为信息载体，高度重视其在地理空间上的散布传播。在分析影响报刊业发行的诸多地理因素以后，将我国近代报刊业的发行范围分为本埠发行和本外埠发行并重两个阶段。本埠发行主要受交通条件、通信技术等因素的制约；当这些因素被改善以后，报刊的外埠发行就获得新动力，发行范围不断扩大，形成遍布全国的报刊发行网络。另外，阅报处这种城市景观的出现，对发行的下沉起到了重要作用。

第四章是对报人群体的研究。我国近代报刊业的办报主体分为外国人和中国人两种类型。中国近代报刊业起始于外国人在华办报，群体主要是外国传教士和商人两类，主要来自英国和美国等国。外国报人在办报进程中，因为需要借助中国人来进行辅助工作，完成了对中国早期报人的教育和传输，出现了早期国人办报活动。受中国开放进程的影响，中国报人群体主要来自江浙地区和闽粤地区，他们的媒介实践活动主要是在上海等城市；中国报人经历了从同乡同省到志趣相投的转变。

第五章主要分析了报刊的环境建构功能。在分析外国人对中国认知以及中国人对西方世界认知的基础上，对报刊中所刊载的"外部世界图景"进行了分析。外国人办报中，对天文地理知识以及西方各国情况的介绍是其办报的主要内容，也是国人"开眼看世界"的基础；而国人对外部世界的探寻，主要是从救亡图存的角度出发，注重对西方先进知识技术和社会制度的学习。近代报刊具有一种现代性动力机制的作用，可以实现对时间和空间的重构，并推动社会的发展。

第一章

从边缘到中心：我国近代报刊业出版地的时空演变

从1815年第一份近代报刊诞生至1911年辛亥革命成功，在将近百年时间里，我国在境内出版的中外文报刊和境外出版的中文报刊共计2557种中外文报刊。[①]但有一个尚未引起研究者广泛关注的现象，那就是报刊业格局的时空演变。[②]报刊产业是知识、资金密集型产业，特别是报刊业的出版地，对经济水平、政治环境、文化程度、人口密集度等要素都有着较高的要求，这些因素或单一、或综合性地对报刊业的出版地分布及变迁状况产生深刻影响。

我国近代报刊业出版地先后经历了南洋及澳粤、香港及通商口岸、上海及沿江沿海、内地扩张和国内到国外等五个阶段，呈现出"从边缘到中心"的迁移特征，且越到后期，迁移速度越快、范围越广、程度越深。

---

① 谷长岭：《清代报刊的发展轨迹和总体状况》，《国际新闻界》2009年第12期，第110页。

② 一些研究成果中有涉及到此话题的部分，但并没有展开专门论述，或论述不够全面。《宁树藩文集》中有一篇论及辛亥革命前我国报刊业的地区变动，但作者提到："关于一些理论问题的探讨（如中国地区政治、经济、文化发展不平衡对中国报业发展的制约关系、中国的特色，等等），这里虽有涉及，尚待继续深入讨论"。卓南生主编：《宁树藩文集》，汕头：汕头大学出版社，2003年版，第142页。

第一节 南洋及澳粤阶段（1815—1842年）

我国近代报刊业并非肇始于华人，也并非开创于国内。第一份近代中文报刊《察世俗每月统纪传》是由英国传教士马礼逊于1815年在海外创办，此后开始逐步向国内扩展和迁移。这是我国近代报刊的一大特征，在世界报刊发展史上，也是比较独特的。

一、传教士在中国的传教需求、方法和清政府的禁制态度

戈公振是中国现代著名新闻学家、20世纪30年代著名的新闻记者，同时也是我国新闻史学的开创者，他于1927年出版的《中国报学史》，全面系统地研究中国新闻发展史，开创了中国新闻史研究的先河。他曾写道："我国现代报纸之产生，均出自外人之手。"[①] 这里所说的外人，主要是指外国传教士。

因此，要弄清楚为何第一份近代中文报刊并未诞生在国内，而是远在海外的马六甲，就必须首先了解外国传教士在华的传教活动以及清政府的态度。

无论是基督教、天主教还是东正教，都具有传教的特点，即他们都积极向世人宣告自己的宗教，并吸引世俗人士加入信仰。在教会内部，有一类专门负责传教的教职人员，被称为传教士或者宣教士。这一类教职人员一般拥有坚定的宗教信仰，博学的知识，多种语言技能，同时也能忍受困难的生活和工作条件等。总而言之，传教士为了达到传教的目的，甚至可以克服种种困难，不远万里到一个陌生国度或者区域开展传教工作。

15世纪后期，随着地理大发现以及葡萄牙、西班牙的对外扩张，欧洲传教士纷纷随着新航路走向世界各地，开始传教。"对于地大物博、人口众多的古老封建中国发生浓厚兴趣的，除了欧美的政治家与大商人之外，该是在各地积

---

① 戈公振：《中国报学史》，上海：商务印书馆，1927年版，第67页。

极开展拓教活动，力图叩开其大门的基督教（新教）传教士了。"①

宗教传播必然与皇权统治产生一定的矛盾冲突。明代直至清代初期，对传教士的管理相对宽松，明代的利玛窦、清代的南怀仁等都曾为当时的皇帝服务过，也因此获得了一定程度的许可，在一定范围内开展传教活动。特别是清初采用"收其人必尽其用，安其俗不存其教"的策略，对传教士及其传教活动尚显宽松。但是，越往后期，对传教活动的管理就越为严厉。康熙八年，曾下谕旨要求除南怀仁等以外，禁止其他传教士进行传教活动；到康熙五十九年，全面禁止传教活动。②雍正即位以后，更是严厉禁止天主教的传教活动。③乾隆、嘉庆两朝也都沿袭禁教的措施。1812年，嘉庆颁布严禁外国人印书和传教的谕旨："如有洋人秘密印刷书籍，或设立传教机关，希图惑众，及有满汉人等受洋人委派传扬其教，及改称名字，扰乱治安者，应严为防范，为首者立斩；如有秘密向少数人宣传洋教而不改称名字（洗礼也）者，斩监候；信从洋教而不愿反教者，充军远方。"④

但是对于传教士们来说，这些禁令及面临的困难都不是什么问题，作为拥有坚定信仰的人，他们把这视为一种考验，并积极采取各种措施继续传教。在经过多种方法的尝试以后，他们认为：出版书籍报刊、传播西方知识是传教最为有效、也是最为重要的辅助手段。

19世纪之前，传播形式主要是口语、文字和印刷传播三种。面对面的口头传播，不仅效率低下，而且对传教士的汉语能力提出很高的要求，加上中国因

---

① 卓南生：《中国近代报业发展史（1815—1874）》，北京：中国社会科学出版社，2015年版，第10页。

② 康熙八年八月一道谕旨："其天主教除南怀仁等照常自行外，所有直省复立教堂入教，仍着严行禁止。"（《东华录》卷九，第142页）。康熙五十九年曾对罗马教皇使臣答复曰："以后不必西洋人在中国行教，禁止可也，免得多事"（转引自顾裕禄：《中国天主教的过去和现在》，上海：上海社会科学院出版社，1989年版，第40页）

③ 雍正元年十二月，浙闽总督满保赛上奏折称："西洋人在各省起天主堂行教，人心渐被煽惑，请将各省西洋人除送京效力外，余具安插澳门，天主堂改为公所，误入其教者，严行禁饬"，谕令从之。（《东华录》卷二十五，第385页）

④ 参见麦占恩：《中国最早的布道者梁发》，转引自《近代史资料》（1979年第2期），北京：中华书局，第147页。

广阔的地理面积而产生了数量众多的方言，这对传教士来说更是难以逾越的障碍，而通过印刷形式，大量出版和发行书籍报刊，成为一种最佳选择。除了发行量大、信息内容多、具有知识新鲜性等特点之外，最主要的是它在全国范围内都可以被识别和理解，不存在传播上的障碍。马礼逊就认为："如果进行任何比较，我仅知道文字将成为最有效的方式。"①所以，出版书籍报刊是在中国传教的最佳选择。

同时，书籍报刊形式也符合传播对象的需求。明朝时期，利玛窦等第一批传教士来到中国，在经过一番摸索以后，迅速采用了自上而下的方式来进行间接传教。他们深刻认识到，在中国，士大夫阶层才是真正的掌控者，也只有通过了他们的许可，才能够有效地开展传教活动。而对传教士来说，直接的宗教宣传与信奉儒家的士绅们不能说水火不容，也是有着极大矛盾冲突的。因此，正如美国传教士马卡雷·布朗所说："单纯的传教工作，是不会有多大进展的，因为传教士在各方面都受到'无知'的官吏们阻挠。学校可能消灭这种'无知'，但在一个短时期内，这样一个地域广阔、人口众多的国家里，少数基督教学校能干出什么？我们还有一个办法，一个更迅速的办法，这就是出版书报……在该项杂志和书籍内，不但能传播基督教福音，同时传播一些现代的科学和哲学。"②对于拥有阅读能力、也渴望获取新知识的士绅阶层来说，向他们讲授和传播一些当时中国所不具有的知识是非常具有吸引力的。所以，出版书籍报刊就是一项可供选择的方式，有利于宗教知识和信仰的逐步浸润和传播。

而创办第一份中文近代报刊的马礼逊也谈道："中国目前仍闭关自守，对外国人有无法克服的猜忌，禁止耶稣基督的传教士在中国各地游行布道，宣扬福音，教导中国人放弃偶像，皈依基督教。但是如能出版书籍，中国人都可以看得懂，而且可以通行无阻，只要有人谨慎小心地去散发，就可源源不断地输

---

① 谭树林：《马礼逊与中西文化交流》，杭州：中国美术学院出版社，2004年版，第149页。

② 卿汝辑：《美国侵华史》，北京：三联书店，1956年版，第290页。

入中国全国各地。"①

虽然传教士在中国出版的书籍报刊，内容也包括西方的历法、地理等最新科学知识，而不仅仅是宗教内容，但即便如此，清政府仍严格禁止他们在中国的传教活动。

二、马六甲成为第一份中文近代报刊的诞生地

1. 迁往马六甲前的背景

我国报刊业的历史起点，学界公认为是英国传教士马礼逊（Robert Morrison，1782—1834）和米怜（William Milne，1785—1822）于1815年在马六甲创办的《察世俗每月统纪传》。著名新闻史学家戈公振在中国新闻史开山巨著——《中国报学史》中指出："若在我国而寻求所谓现代的报纸，则自以马六甲所出之《察世俗每月统纪传》为最早，时民国前九十七年（嘉庆二十年），西历一八一五年八月五日也。"②

《察世俗每月统纪传》的出版地既不在国内，创办者也非国人，为何将它看作我国近代报刊业的历史起点？这是因为这份报刊虽然是由外国传教士在中国境外创办，但是其创办的宗旨、目的、读者，都是以打开通向国内传教的大门为目的。

该报创办者为马礼逊，他是英国伦敦布道会传教士，出身于贫苦人家，年轻时学习医学专业，但却对新教充满了热忱。1804年，他申请成为一名传教士，从那时起，就开始自学中文。1807年1月2日，马礼逊在新年第一篇日记中写道："伦敦传教会已决定，大约在本月18日我应离开英国，先到纽约，然后从美国前往广州。"③1807年9月8日，他抵达广州，成为第一个到达中国的基督教新教传教士。"嘉庆十二年（一八〇七年）之春，伦敦布道会遣马礼逊来我

① ［英］马礼逊夫人编，顾长声译：《马礼逊回忆录》，桂林：广西师范大学出版社，2004年版，第135–136页。
② 戈公振：《中国报学史》，上海：商务印书馆，1927年版，第67页。
③ 同①，第24页。

国传教，是为基督教新教入我国之始。"①但是，由于清政府对传教活动的严厉禁止，他并不能公开进行宗教活动，只能掩饰身份，以广州美国商馆客人的身份作为掩护，非法居留在中国土地上。到1808年，他赶赴澳门，随后为了更好地开展传教活动，他受聘为英属东印度公司翻译一职，以英国商人的身份公开活动。在这一身份的掩护下，他开始编著《华英辞典》，汉译《圣经》，并暗地里开始吸收教徒。1810年，他来到中国仅三年时间，就不仅掌握了汉语的听说读写技能，甚至已经开始着手翻译《使徒行传》《路加福音》《约翰福音》等教会经典，并在三年后的1813年翻译完毕，于广东出版。

鉴于马礼逊在中国工作的有效开展同时又独木难支，伦敦布道会又派遣另一位传教士抵达中国，协助马礼逊开展工作。1813年7月4日，米怜抵达澳门，但仅仅在几天之后，就被当地政府要求限期离开，米怜只能也潜入广州，在学习汉语的同时，开展传教的准备工作。

1814年，由于清政府的限令越来越严厉，已经翻译好的相关《圣经》，不能在大陆地区公开发行，即便免费赠送，也很少有人会阅读。在这样的打击下，马礼逊和米怜开始考虑选择哪个区域或者前往何处发展，才能更好地开展传教活动。

早在1907年1月20日马礼逊来中国之前的话别仪式上，伦敦传教会的董事会就曾经给了马礼逊一份"书面指示"，以备当时通信条件极差情况下的选择问题："我们相信你能够继续留在广州而不致遭到反对，一直住到你能达到完全学会中文的目标……但如你要离开广州，由你自己决定去往何处。但如你想到威尔斯亲王岛或到印度的马德拉斯、加尔各答或苏特拉去，那里都有我们的朋友，他们都会热情接待你，并协助你到最合适的地方去继续你的工作。"②

对于马礼逊和米怜来说，可供选择的中国本土地点并不多。究其本心来说，马礼逊和米怜的主要目的是传教，因此，像利玛窦、南怀仁等那样，前往

---

① 戈公振：《中国报学史》，上海：商务印书馆，1927年版，第67-68页。
② ［英］马礼逊夫人编，顾长声译：《马礼逊回忆录》，桂林：广西师范大学出版社，2004年版，第25-26页。

帝国中枢，获得官方许可和支持，在腹心地带进行传教应是最好的选择。但是此时的皇帝已经不像利玛窦、南怀仁时期那样相对开明，对外来宗教不仅是保持戒备，甚至是严厉打压。作为传教士，甚至有被捕入狱乃至丧命的危险。之所以还能够在广州开展宗教活动，也只是借助了广州当时作为中国对外贸易窗口的便利条件、相对宽松的人文环境、偏居岭南的地理特征，才使得他们有了厕身其中的可能。因此，如果连广州都无法停留，那么他们只能向南考虑。

如果向南考虑，以今日眼光来回顾，还有澳门可以选择（香港当时还是一个小渔村），但澳门却存在一个更大的问题，那就是宗教的对立。自欧洲宗教革命以来，基督教基本分为三大派别：天主教、新教和东正教。澳门虽然是中国领土，但当时已经被葡萄牙窃据，而葡萄牙信奉天主教，与马礼逊和米怜信奉的新教水火不容。马礼逊曾记录："澳门是罗马天主教的地盘，不属于英国的新教教徒，他们认为我不可以住在澳门。"[1]因此，澳门也不能停留。

整体来看，中国本土境内已经没有了新教的容身之地，"不论在澳门或广州，都因门户禁闭无法进入传教"[2]，马礼逊和米怜只能将目光投向海外，期望在中国境外找到一个新的、相对稳固的、环境良好的传教地点，将之作为传教的基地。"以今日中国的情况而言，要通过出版物或者我们布道会的其他活动来进行传教是十分困难的；实际上，就连个人的居住问题都没有保障。因此，我们希望能在某个欧洲新教国家管辖而又距离中国不太远的地方，辟设一个在客观条件上允许我们较能展开活动且能奏效的根据地。这样，我们就可以做好准备工作，在中国按照上帝的旨意开放其门户时进入该国。"[3]

2. 选择马六甲作为第一份近代中文报刊出版地的原因

对于马礼逊和米怜来说，选择马六甲作为新的传教基地，是不得已的抉

---

① ［英］马礼逊夫人编，顾长声译：《马礼逊回忆录》，桂林：广西师范大学出版社，2004年版，第50页。

② 同上，第96页。

③ 转引自卓南生：《中国近代报业发展史（1815—1874）》，北京：中国社会科学出版社，2015年版，第10页。

择，但却又是当时环境之下的最优选择。

1814年，由于在广州私下印刷好的《圣经》无法在本地发行，因此，受马礼逊指派，米怜携带2000册中文版《圣经》，前往南洋地区，在华人聚居的爪哇、马六甲等地散发，并于冬天又赶回广州。

经过这一次海外之行，结合他对南洋各地的考察，米怜向马礼逊提出建议：在马六甲建立新的对华传教基地。他是这样分析的："马六甲的中国居民不多，但这里距离中国路途较近；与中国人居住的马来群岛各地之间的来往更为方便——位于交趾支那、暹罗和槟榔屿间来往的交通要道上——并拥有与印度和广州频繁来往的有利条件。尽管马六甲的中国人比爪哇的少得多，但在具有地理位置优势的马六甲建立布道站，会比爪哇拥有更广泛与外界交往的机会。"[1]

从米怜的论述中，我们可以明确地得出一个结论，他之所以建议选择马六甲，主要是从地理条件因素来考虑的。

马六甲今属于马来西亚，是十三个联邦州之一，位于马来西亚半岛西边，面积1720平方千米。

当时南洋各地均有华人聚居，如果单从距离中国最近这点来考虑，今越南、菲律宾等距离中国更近一些，但如同澳门一样，同样由于宗教信仰问题，越南当时被法国占据，吕宋（即今菲律宾）当时被西班牙占据，无论是越南还是西班牙，信奉的也主要是天主教。

相比较之下，马六甲应当属于最为理想的地方。

（1）距离远近的考虑

马礼逊和米怜是被迫前往南洋，其终极目标还是以中国本土为主的，因此，在地点的选择上，马六甲属于较好的选择。当然，我们必须首先认识到，当时人们的距离感与今日有着极大的不同，我们必须承认这种时空观的差异。以当时的情况，1815年4月17日，米怜携带妻子和刻工梁发从广州出发，在海

---

[1] ［英］米怜：《新教在华传教前十年回顾》，郑州：河南教育出版社，2008年版，第64-65页。

上航行了35日后达到马六甲。在今天看来，海上航行35日的距离是非常遥远的，但是，在当时交通条件下，35日的航行时间已经算是比较便利的交通距离。我们不考虑马礼逊从英国出发，经过一年时间才到达广州这样的情况，即便在中国境内，要从相对偏远的云贵地区前往北京，以云南为例，元明清三代，从云南省城昆明前往北京参加会试，如果走贵州线路的话，全程约5700里，一般需要行走三个月。因此，仅以海上一个多月的距离而言，在当时算是一个正常的范围。

（2）地理区位的考虑

要迁往南洋，那就不能只考虑中国本土，还要考虑如何更好地在当地华人中推广新教，利用中国人的宗族意识来进行二次传播。从地图上看，就整个南洋地区来说，马六甲居于中心位置：向北，它与今越南、泰国、缅甸等距离很近；向东，它与今菲律宾、马来西亚大部隔海相望；向南，印尼等地近在咫尺。这些国家、地区不仅与马六甲在空间距离上非常接近，交通条件也十分便利。如果将空间范围再扩大一点，那么向西，穿越马六甲海峡，它又可以便利的沟通印度；向北，可以直接航行到中国大陆。

因此，仅仅从区位考虑，马六甲作为南洋中心，是最为合适的选择。

（3）人口要素的考虑

传教的对象主要是人，因此，人口数量的多寡是传教至为重要的考虑因素。虽然米怜认为，马六甲的中国居民人数并不多，但就实际而言，马六甲作为一个弹丸之地的小区域，华人聚居的数量并不少。

自唐代开始，马六甲海峡就已经成为东西交通孔道。马六甲历史上与中国历任王朝均联系密切。特别是明朝，同满剌加王国的政治、贸易关系有很大发展，满剌加国王拜里米苏拉曾接受明成祖的敕封和赏赐，并在1411年亲自率领妻子和随从等540人朝贡大明，其携带的贡品有四十余种，其中大部分并非马六甲本地特产。由此可以推断，当时马六甲已经是东西方交通要道、商家辐辏之地。郑和七下西洋，也曾五次驻足马六甲，其多次居住的区域，后来逐步形成华人聚居区，而且华人逐步繁衍，也产生了华人与当地居民通婚所产生的娘惹族。

地理大发现以后，16世纪初期，葡萄牙人进入马来半岛，并在1511年取得对马六甲的实际控制。1602年，荷兰首次围攻马六甲，后多次失败，最终在1641年占领马六甲。1824年，英国与荷兰签订《英荷条约》，从而取得马六甲和其他马来土邦。1826年，英国把马六甲、槟榔屿和新加坡合组成海峡殖民地（Straits Settlements），隶属印度，俗称"三州府"。

荷兰占领马六甲时，分别于1641年和1678年向本国呈交了报告书，都提到了马六甲华人的数量，如1641年荷兰人雪尔登报告书中记载："华人店主、工匠及农夫约三至四百人，可随自己之方便准居于城内"，这是城内的华人数量，至于城外，"介于三宝山与南郊间已毁的田园，务宜租予荷人、葡人和华人垦殖，"总人数数量从"为免致马六甲农业凋落，则居留于马六甲的八百至一千华人至为有用。"[1]到了1678年，受郑成功驱逐荷兰人占领台湾的影响，马六甲华人数量被迫略有减少，荷兰驻马六甲长官蒲脱所撰写的《蒲脱报告书》中，对华人数量有准确统计，认为共计852人。[2]

到了清代，士人谢清高（1765—1821年）所撰写的《海录》中，对马六甲有着这样的描述："土番亦无由来种类，疆域数百里，崇山峻岭，树木丛杂，民情凶恶，风俗诡异，属荷兰管辖。初小西洋各国番舶往来中国，经此必停泊，采买货物。本为繁盛之区，自英吉利开新州府，而此处浸衰息矣……闽粤人至此采锡及贸易者甚众。"[3]

谢清高上述这段话，可以看出马六甲当时具备如下特点或者要素：一、马六甲没有"由来种类"，是说明马六甲土著势力并不强大，外来人口众多，是杂居之地；二、马六甲是重要的东西方贸易交汇地，"本为繁盛之区"，各地货物等均汇聚于此；三、马六甲先后被多个西方国家占领，如荷兰、英吉利等，

---

① 张礼千：《马六甲史》，郑州：河南人民出版社，2016年版，第221页。

② 同上，第222页。

③ 余定邦：《中国古籍中有关新加坡马来西亚资料汇编》，北京：《中华书局》，2002年版，第180-181页。

需要注意的是，此处谢清高用了"小西洋各国"的提法，折射了当时国内民众普遍具有的"天朝上国"思想；四，当时就已经有来自福建、广东的华人聚居于马六甲。

这仅仅是马六甲华人的数量，分布于整个南洋地区的华人数量更加众多。中国人口移民史上，曾有下南洋的路线。特别是广东、福建两地，在郑和下西洋之前，就已经有了小规模的下南洋举动，到明代末期，局势的混乱更迫使许多沿海居民走向深海。当时的南洋地区对中华上国十分仰慕，也十分欢迎来自中国本土的人口，因此，轰轰烈烈的下南洋活动开展起来。至今，在海外华人分布中，南洋依然是最为密集的区域。

（4）便利的政治空间

历史上，马六甲分别被葡萄牙、荷兰等占领，但是19世纪前后，英国分别在1786年及1819年占领槟榔屿和新加坡，将之改称为海峡殖民地。因此，马礼逊和米怜在马六甲从事传教活动，可以有便利的政治空间，英国殖民当局也对其传教活动予以大力支持，在土地、资金以及相关物品等方面，给予了极大的帮助。这些都非常有利于传教活动的开展。

因此，综合上述自然和人文地理要素，马礼逊和米怜选择马六甲作为权宜之地，是十分合适的选择。

三、南洋的报刊出版情况

1. 马六甲的《察世俗每月统记传》

1815年5月中旬，米怜等人先期抵达马六甲，马礼逊等随后与之汇合。在随后不到三个月时间里，他们就在当地首先建立了印刷所，开始印制书籍报刊，并开设了面向华人的免费学校，开始教授华人宗教和科学知识。

1815年8月5日，《察世俗每月统记传》正式创刊，这是第一份中文近代报刊。《察世俗每月统记传》通常被简称为《察世俗》，英文名称为：*Chinese Monthly Magazine*，从其英文名称就可以看出，这是一份中文月刊杂志。米怜为主编，署名为博爱者。

该报创刊于1815年8月5日（嘉庆二十年），停刊于1821年12月（道光元年），出版周期为月刊，共计出版6年时间，共出版7卷，70多期，计574页。每期页数不等，最少5页，最多达到9页，每页共8行，每行20字，采用木刻方式，竹纸印刷，全年合订为一卷，相当于再版，每年的合订本还印有封面、目录和序文，方便读者检索阅读，制式为中国书本式，线装，雕版印刷。在编者方面，米怜主持了其中大部分期数的编辑工作，马礼逊、麦都思、梁发等人都也间或参与编辑。

该报之所以用《察世俗》这样的名称，在该报的成立序言中有明确记载："既然万处万人，皆由神而原被造化，自然学者不可止察一所地方之各物，单问一种人之风俗，乃需勤问及万世万处万人，方可比较辨明是非真假矣。……所以学者要勤功察世俗人道，致可能分是非善恶也。"所以"察世俗书，必载道理各等也。神理、人道、国俗、天文、地理、偶遇，都必有些。"[①]

该报创刊号所反映的报刊宗旨中，虽然是从神的角度来进行解读，但却有着明确的地理区域的思想，他们认为"万世万处万人"皆有不同，明确了不同区域之间的差异，因而提出了要勤察各地的风物、各处的风俗。这种明确的因地制宜的思想，也反映在马礼逊和米怜的报刊方针上。

首先，这份位于马六甲的近代报刊，是采用中文印刷的。在一个远离中国35日航海距离的岛国之上，面对人口数量更加众多的本地土著，马礼逊和米怜仍然决定使用中文进行印刷，就说明了他们仍然是把包括华人在内的中国人作为自己的传教对象的。这也能够很好地解释第一次鸦片战争后中文近代报刊为何纷纷转移到国内，这是因为此时报刊的主要创办者仍然是外国传教士，鸦片战争为他们打开了通往国内的大门。

其次，米怜作为该报的主编，其署名为博爱者。虽然基督教有神爱众人的说法，但米怜所署名的博爱者，却是从儒家的角度来考虑的，他是为了能够更好地融入占据中国思想和政治统治地位的儒家群体，所以借用孔子博爱的观

---

① 丁淦林：《中国新闻事业史》，北京：高等教育出版社，2007年版，第22页。

点，起名为博爱者。

最后，该报所刊载的内容中，除了基督教教义以外，还有大量的西方科学知识，虽然主要限于天文学知识，即马礼逊在来华之前为了更好迎合中国士绅阶层而学习的专业，且其刊载的地理知识相对质量粗糙，甚至存在一些错误。但不可否认的是，这种地理知识对当时的中国人来说，已经是一种极大的进步。

在发行上，除了在南洋地区免费向华人散发外，也通过各种途径传入中国境内，如每逢广东县试、府试和乡试的时候，就派人带往考棚，向应试士子发放。

2. 巴达维亚的《特选撮要每月纪传》

1823年，同样是由英国伦敦布道会传教士麦都思（Walter Henry Medhurst，1796—1857）创办的《特选撮要每月纪传》，在巴达维亚（今雅加达）正式出版。

麦都思1796年出生于英国伦敦，后在印刷工厂当工人；1816年，伦敦会在英国为马六甲印刷所招募印刷工人，麦都思报名后，于当年9月乘船离开英国，经停马德里等地后，次年6月抵达马六甲，协助马礼逊和米怜工作，先后学会了马来语和包括多种中国方言在内的汉语。1817年，他在巴达维亚建立印刷所，成为1842年以前传教士在南洋的三大印刷基地之一。

1821年，《察世俗每月统记传》停刊；1822年，米怜去世。马六甲的出版事业受到沉重打击。在这种情况下，麦都思前往巴达维亚，并于1823年7月在那里创办了《特选撮要每月纪传》。

该报在很大程度上是对《察世俗每月统记传》的模仿，它同样以宣传基督教义为主旨，主要内容包括宗教、伦理道德等，同样也大量刊载地理和天文知识。该报曾经非常详细地介绍爪哇岛的地理形势，并附上了地图，以便阅读。

同样的，该刊也学习了米怜的做法，使用中国元素，利用儒家思想和中国文化传统形式进行宣传。如麦都思在《特选撮要每月纪传》上，给自己起名为尚德者，封面印有"子曰亦各言其志也已矣"；它也采用了中国线装书版式，木刻竹纸印刷；出版形式为月刊，每册均为8页，每期印1000册，1826年停刊，共出4卷。

3. 马六甲的《天下新闻》

虽然麦都思在巴达维亚也创办了报刊，但毕竟巴达维亚相较于马六甲，其地理位置更加偏南。因而，1828年，还是有伦敦布道会主办，两名英国商人资助，英华书院院长纪德（Sammual Kidd，1799—1843）主编，在马六甲出版了《天下新闻》。

与《察世俗每月统记传》和《特选撮要每月纪传》不同，《天下新闻》有如下两个新的特点：一是减少了宗教内容，增加了新闻事件的报道，主要刊载外国新闻以及少量的中国新闻，宗教、历史、道德和科学知识是作为辅助内容存在。二是它改变了前两者线装的成书版式，而采用了后世流行的单页散装方式。当然该刊物同样是中文出版。

该刊出版时间相对较短，由于纪德于1829年返回英国，该刊无人接受，即宣告停刊。

四、广州的报刊出版情况

外国传教士在海外创办的近代中文报刊，虽然在当地乃至国内产生了一定影响，但毕竟空间距离太过遥远。以《察世俗每月统记传》为例，明确记载的在广州的发行只有1818年一次，"时空的距离必然会给报纸发行带来诸多不便。"①对于外国传教士来说，在境外办报纸，实属无奈之举，进入中国境内，才能真正方便地开展传教活动。

广州是鸦片战争前唯一一个外贸港口城市，也是当时我国报刊业的重要城市。马礼逊在广州期间，由于其带有宗教性质的活动不被官方许可，因而被迫前往马六甲，以致第一份近代中文报刊诞生于境外。但广州作为唯一的外贸港口城市，还是有着相对开明的风气；加上广州与帝国中枢相隔万水千山，因此

---

① 程丽红：《论〈察世俗每月统计转〉对中国近代报业和近代社会的影响》，《史学集刊》2000年第3期。

在对中央政策的落实上，往往大打折扣。这也给1827—1839年间广州近代报刊业的发展提供了空间。

当时广州的近代报刊，除《东西洋考每月统记传》外，其他报刊主要是以商业内容为主。

1.《东西洋考每月统记传》

《东西洋考每月统记传》创刊于1833年8月1日，这是具有历史性意义的一份报纸，除了它是在中国境内创办的第一份中文近代报刊，还在于它本身传播能力的强大以及对中国近代报刊的重要影响。

该报的创始人兼主编为郭士立（Karl Friedrich August Gutzlaff，1803—1851，其中文译名也有郭实腊、郭甲利等），马礼逊的儿子小马礼逊（John Robert Morrison，1814—1843）以及麦都思等都曾担任过编辑职务。该刊出版周期为月刊，每期约十二三页，采用楷书木刻的方式印刷，以线装书的形式成书。

郭士立是普鲁士人，1823年加入荷兰布道会，后被派往东方荷属殖民地传教，先后在爪哇、暹罗等地活动，并跟当地华人学会了中文。他于1829年退出了荷兰布道会，转而加入了英国伦敦布道会。1833年，他认一位郭姓华侨为义父，以"归国华侨"的身份，创办了《东西洋考每月统记传》。

从郭士立可以在国内创办中文近代报刊，可以看出当时晚清政府已经出现了一定的管理危机，当然也有传教士个人交际能力的差异。马礼逊初来中国时，虽然掌握了一定的汉语，但并不了解中国社会运行的基本规则，因此处处碰壁，被逼远走海外。但是二十多年后，郭士立可以在中国公开出版中文报刊，其原因：一是当时清王朝的统治危机已经出现了一些端倪，二是郭士立假借认义父的方式，以"归国华侨"的身份办报，为自己披上了一层外衣；三是郭士立经过在中国的游历，已经对中国官场运行潜规则有所了解，主动贿赂了当时的广州官员，因此获得了《东西洋考》在中国境内的公开出版。

从该报《东西洋考》的名字，我们可以很容易地看出，其目的在于沟通中国和西方社会。郭士立认为，中国人认为自己为天朝上国而西方为蛮夷之地的观念是错误的，西方文明和东方文明都是并存于世的两大文化体系。

当然，为了便于在中国传播，郭士立沿袭了前任们的做法，在自己在报刊上的署名为"爱汉者"，同时在封面上印有"人无远虑必有近忧"的孔子语录。但是，相较于《察世俗每月统记传》以及《特选撮要每月纪传》等非常明显的宗教内容，该报淡化了宗教色彩，论述伦理道德和地理天文知识的内容也缩减，转而以西方文化、艺术、哲学和科技为重点，着重说明西方同样有着灿烂的、先进的文明，主张中国应该努力学习西方各国的长处和优势。其新闻内容上，以国际新闻居多，同样也有广东本地新闻。国际新闻的素材主要翻译自外文报刊。

该刊出版至1834年5月出第十期后，因郭士立其他事务繁忙，曾短暂休刊；1835年2月（道光十五年正月）复刊，但同样由于郭士立的情况，再次出版六期后，至七月再次休刊，郭士立将该报转交给其筹办的"在华实用知识传播会"主办；1837年2月于新加坡再度复刊，传播会任命郭士立和马儒翰、麦都思等为编辑，内容由郭士立和马儒翰从广州寄出，在新加坡印刷刊行，主要受众也从国内转移到南洋地区。1838年，该报正式停刊。

2.《广州纪录报》

1827年（道光七年）11月8日，广州出现了我国第一份英文报纸《广州纪录报》（*Canton Register*），该报又译《广东记录报》《广东纪事报》，是在中国境内出版的第一份英文报纸。创办者为英国鸦片商人马地臣（James Matheson，1796—1878），马礼逊等也曾任编辑职务。创办初期为双周刊，后改为周刊。该报在创刊号中曾提道："人们长期以来已感到对于中国的商业和其他方面消息的需要。人们将会看到，我们会致力于提供丰富而准确的最新物价行情，有关中国的报道也会占据相当的版面。"因此，该报的主要性质是商业性报刊，以货运信息、物价行情等为主要篇幅。当然，因为是英文出版，同时其与东印度公司有着密切的联系，因此，也刊登了不少关于中国的时政新闻，具有强烈的政治色彩，主要是为鸦片贸易辩护、攻击中国官员对商业规则的不遵守，等等，它主张英国对华的强硬政策，认为只有通过斗争才能使中国打开市场大门。该报在当时的影响力、特别是在外籍商人中的影响力是十分大的，曾一度远销到南洋、印度以及英美一些主要商埠，自1835年开始，它还接受了中国人的订阅。1839年，随着时局的日益紧张，该报迁往澳门，改名为《澳门杂录》；1843年，随着《南京条约》的签订，该报又迁往香港，改名《香港纪录报》，约于1863年停刊。

3.《广东周报》

《广东周报》（*Canton Press*）创刊于1835年9月12日，是一家在当时也产生重要影响的英文报纸。它由支持自由贸易的英国商人主办，在资金上受到了颠地洋行的支持，富兰克林（W.H.Franklyn）为首任编辑。该报被认为是自由主义贸易的报纸，因为该报对东印度公司持批评态度，认为市场垄断行为并不有利于英国贸易的自由发展，曾与亲东印度公司的《广州记录报》进行过激烈的论战。它对中国予以了高度重视，大量介绍中国的信息，但是在鸦片贸易等问题上，该报与《广州记录报》一样，对中国政府持严厉的批判态度。

需要特别说明的是，魏源《海国图志》中，有不少关于其他各国眼中中国的材料，是从该报中翻译过去的。这也说明了报刊具备跨越时空进行表述的能力。

4.《广州杂志》

《广州杂志》（*The Canton Miscellany*）创刊于1831年，月刊形式，英文出版，但是其存在时间相对比较短，仅仅出版了5期以后就宣布停刊。

5.《中国差报与广州钞报》

《中国差报与广州钞报》（*Chinese Courier and Canton Gazette*）是由美国商人伍德（William W.Wood）创办，出版于1831年7月28日，他曾是《广州纪录报》的第一任编辑，但因与创办人马地臣的意见分歧而离任。该报虽然是美国人创办，但是与英商创办的《广东周报》一样，推崇自由贸易而反对市场垄断，因此也同《广州纪录报》开展了激烈的辩论。1833年10月，伍德因商业原因前往菲律宾，该报宣布停刊。

6.《中国丛报》

《中国丛报》（*Chinese Repository*，又译《中国文库》）创刊于1835年5月，月刊。它是经由马礼逊倡议，美国商人奥立芬（D.W.C.Olyphant）创办，奥立芬也是广州同孚洋行的老板。报刊的主编裨治文（Elijah Coleman Bridgman，1801—1861）是美国派遣来华的第一位新教传教士。1830年，在奥立芬帮助下来到中国后，先跟随马礼逊学习中文，后被委任主编《中国丛报》的重任。他在发刊词中谈道："要对外国人出版的有关中国的书籍进行评论，旨在注意已经发生的变化。"该报在提供信息的同时，也对对华政策进行了评价。1839年5月，在紧张的时局下，迁往澳门，1844年10月迁往香港，后又迁回广州，直至1851年底停刊。该刊因其丰富的当时社会的各类资料，历来为中外历史学界所重视，成为重要的研究文献。

此外，《广州纪录报》还增出过《广州行情周报》，《广州周报》增出过《商业行情报》。

从上述各个报刊出版地的迁移上，我们大致可以看出，到1839年，伴随着中英局势的不断恶化以及战争阴影的逐渐来临，在广州出版的近代中英文报刊纷纷迁出广州，迁往澳门或者南洋，广州暂时成为无报刊城市。

五、澳门的报刊出版情况

实际上，澳门是中国境内最早出现近代报刊的地方。因为无论起因如何，澳门实际上是中国最早对外国人开放的门户，也是国际贸易的一个重要中转站。当时已经被葡萄牙窃据，澳门所创办的近现代报刊，主要采用葡文发行，发行对象也主要是葡萄牙人，虽然刊载有部分中国的内容，但与中国的关系并不大。所以，整体来说，相比较于后来崛起的广州近代报刊业，其地位略有不如，意义相对较低，但无论如何，作为当时中国境内仅有的两个报刊城市之一，澳门也是有着一定的研究价值的。

另外，在鸦片战争爆发之前的1839年，广州的报刊纷纷迁出，澳门成为承接广州近代报刊最主要的地点，直至1844年，澳门的近代报刊数量是最多的。

1.《蜜蜂华报》

《蜜蜂华报》（*A Abelha da China*）创刊于1822年9月12日（清朝道光二年），是第一份在中国境内出版的近代报纸，也是第一份外国人在中国境内创办的报纸，当然也是澳门的第一份报纸。它采用葡文出版，出版周期为周刊，至1823年12月26日停刊，共出版了67期。

《蜜蜂华报》的出版，与葡萄牙国内的政治斗争形势有着密切关系。彼时，葡萄牙存在立宪派和保守派的斗争，这种斗争不仅在本土进行，也波及了海外殖民地，澳门也无法独善其身。1822年8月19日，属于葡萄牙立宪派巴波沙（Panlino da Silva Barbosa）被选举为澳门议事会主席，他上台之后，就将保守派首领驱逐出去。随后，已经认识到近代报刊力量的巴波沙，与同样信奉立宪派的葡萄牙医生阿美达（Jose da Almeida Carvalho e Silva）联手，共同创办了《蜜蜂华报》，之所以采用"蜜蜂"为名，就是借用蜜蜂蜇人的特性，来对辖区内的保守派进行斗争。

《蜜蜂华报》由天主教多明我会会士阿马兰特神父（Antonio de S.Goncalo de Amarante）主编，铅印形式出版，每周四发行。其内容除了对保守派的攻击之外，还报道澳门与葡萄牙的政治变化、澳门议事会的信件、清政府对政治变化的反应、转载国际新闻和港口的船期班次等。该报印刷数量并不多，主要发行对象是居留在澳门的葡萄牙人士。在1823年9月23日，葡萄牙保守派政变成功，逮捕了巴波沙，夺回了澳门的掌控权，随即宣布《蜜蜂华报》存在严重的言论问题，但该报并没有立即停刊，而是以政府公报的形式依然存活了数月时间——当然前提是改由保守派负责编辑工作，其宗旨和内容已经与之前有了彻底改变。直到1824年1月，由保守派创办的《澳门报》正式发行，《蜜蜂华报》才正式停刊。

但此报却是当代中国首次向国外发行的报纸，定期向国外传播关于中国的消息。所以，《蜜蜂华报》对中国的报业史具有特殊的意义。另外，在研究中国近代史、澳门政治的变迁、澳门主权问题、中外文化的传播和交流等范畴上，《蜜蜂华报》都是极具参考价值的历史文献。

2.《澳门报》

在《蜜蜂华报》停刊以后，葡萄牙保守派创立的《澳门报》（*Gazeta de Macao*），于1824年1月3日（清道光四年）开始正式出版，该报的社长兼总编辑为保守派人员彼亚度（Manuel Maria Dias Pegado），主要刊载新闻和政治稿件，开始时为双周刊出版，后来改为周刊发行，至1826年12月16日因财政问题而停刊，共出版50期。1839年1月17日（清道光十九年），又有一份同名周报创刊。

除了颇有影响的《蜜蜂华报》，以及《澳门报》外，澳门地区先后还出版了《澳门钞报》《帝国澳门人报》《澳门政府公报》《商报》《真正爱国者》《澳门灯塔报》《杂文编》等报纸约十余种。

需要说明的是，宗教因素也在报刊业的出版地变动中发挥重要作用，特别是早期以外国传教士为主体创办报刊时，这点更为明显。由于早期报刊的创办者主要是英国传教士，在中国内地无法直接进入的情况下，他们也无法选择当时被葡萄牙窃据的澳门，因为葡萄牙信奉天主教，这两个教派虽然都属于基督教，但却彼此水火不容。

当然，1839年以后，由于广州的报刊业纷纷迁出，澳门成为当时报刊业最主要的承接地，接纳了不少原本在广州出版的报刊。

而澳门的近代报刊业之所以名声不显，主要是因为当时葡萄牙本国已经实力衰弱，且内部立宪派和保守派斗争不休，因此，并没有以澳门为基地，向中国内地大举扩张的意图。因此，当时澳门的10份近代报刊，8份都是以葡萄牙文发行的，对象也主要是居住在澳门的葡萄牙人以及其他外国人，只有一份中英文合刊和一份英文刊物。从内容上看，主要是对本国新闻的报道，对我国的影响相对较低。

总结这一阶段近代报刊业的地理分布情况，从时间角度来说，南洋最先（1815年）、澳门次之（1822年）、广州最晚出现（1833年）；但是从重要性角度来说，应当是广州的影响力最大，其次是南洋地区，澳门虽然报刊数量最多，反而影响力为最弱。

表1　1815—1842年中国近代报刊业地区分布情况①

地区	数量	创办主体	代表性报刊
南洋	3	英国传教士	1815年《察世俗每月统记传》
广州	8	英国传教士及商人	1833年《东西洋考每月统记传》
澳门	10	葡萄牙驻澳门官员	1822年《蜜蜂华报》

第二节　香港及通商口岸阶段（1842—1861年）

随着第一次鸦片战争的失败和一系列不平等条约的签订，我国社会性质发生了根本性的变化，这种变化深刻影响到了当时社会的方方面面，也使得报刊业所在地发生了重大改变。

鸦片战争以前，包括传教士在内的外国人就想尽办法在中国本土创办报刊，在中国境内发行报刊。但是由于清政府的禁止，才被迫将办报地点设在南洋地区，造成第一份中文近代报刊业诞生于中国境外的奇闻。即便后来在中国境内也出现了将近二十份报纸杂志，但是主要集中在澳门和广州，其他地区根本没有近代报刊业的出现。这种现象不符合传教士的利益，也不符合外国政府及商人的利益。因此，在鸦片战争发生以后，我国近代报刊业的地理分布情况发生了重大变化。

事实上，直到1895年之前，我国近代报刊业的主要创办者均为外国势力。因此，报刊业的所在地，与外国在华侵略步伐基本保持一致。外国侵略者的势力延伸到哪里，报刊业也就随之创办到哪里。一定程度上，报刊业也是外国势力侵华的重要工具和组成部分。

1842年（道光二十二年），《南京条约》正式签订，共有十三款条约，其中与我国近代报刊业发展相关的主要有：一、割让香港岛；二、开放广州、福州、厦门、宁波、上海五处为通商口岸，允许英人居住并设派领事；三、废除

---

① 史和、姚福申、叶翠娣：《中国近代报刊名录》，福州：福建人民出版社，1991年版。

公行制度，准许英商在华自由贸易；四、规定双方官员平等往来。

1843年（道光二十三年）7月22日、10月8日，中英又相继签订了《五口通商章程》和《虎门条约》，作为《南京条约》的补充和细则，将协定关税和租界制度予以落实，并使英国取得了领事裁判权、片面最惠国待遇等权益。

上述条约和章程的签订，为外国人打开了在国内创办报刊的通道，其中关于割让香港岛给英国和开放广州、厦门、福州、宁波和上海为通商口岸的条款，为新的出版地点做好了安排。

从近代报刊业的出版地变动情况看，整体情况如下：前一时期的出版地点中，南洋被遗弃，澳门、广州的地位明显下降。这一阶段，香港成为报刊业的中心地，除厦门外的各通商口岸开始出现报刊，其中上海呈现出较为强劲的发展势头。

从近代报刊数量来看，1842—1861年间，广州出版英文报刊3种，葡文1种；福州出版中、英文报刊各1种；宁波出版中文报刊1种；上海出版英文报刊5种，中文1种；香港共出版英文报刊11种，中文4种，葡文2种，超过了其他所有城市的总和。

表2 1842—1861年我国近代报刊业城市分布情况表[①]

地区	数量	创办主体	代表性报刊
香港	17	英国传教士及商人	1842年《中国之友报》
广州	1	英国传教士	1845年《中国丛报》
上海	6	英国传教士及商人	1850年《北华捷报》
福州	2	英国传教士	1858年《福州信使报》
宁波	1	英国传教士	1854年《中外新报》

一、南洋、澳门及广州的报刊出版情况

张晓虹指出，"作为地理学的分支学科，历史地理学的核心问题与地理学一致，即研究要围绕着区域性与综合性展开，同时作为有着独特研究对象的学

---

① 史和、姚福申、叶翠娣：《中国近代报刊名录》，福州：福建人民出版社，1991年版。

科，历史地理学还需要再加入时间维度，将历时性作为自己的研究特色"。[1]对于我国近代报刊业来说，这种随着时间发展而产生的地理变动情况，表现得尤为明显。前一阶段报刊业较为集中的南洋、广州和澳门三地逐步式微。

1. 南洋出版地被废弃

南洋是最先被抛弃的。虽然南洋是最早出现中文近代报刊业的地方，也对中国近代报刊业的发展起到了重要作用，但无论如何，地理空间的距离是最为致命的障碍，如米怜35日的海上航程，对于追求新闻时效性的近代报刊业来说，是无法克服的巨大问题。因此，当《南京条约》等打开了通往中国境内的大门时，原本因为战争而被迫停留在南洋的传教士等迅速离开，寻找新的报刊出版地。

1842年，当香港被割让给英国以后，新教传教士在香港举行了聚会，决定根据形势的变化，放弃远离中国本土的南洋新教根据地马六甲、巴达维亚和槟城，转而在香港建立新的传教基地。南洋作为英美传教士早期不得已的选择，其历史使命已经完成，中文报刊自然也随着终结。

2. 澳门出版地的持续衰弱

鸦片战争前，澳门由于特殊的地理位置和政治因素，曾一度拥有数量最多的近代报刊数量。它虽然孤悬海外，但与中国大陆的距离并不遥远，联系十分密切；与此同时，澳门当时事实上已经是葡萄牙的殖民地，拥有相对宽松的政治空间；加上鸦片战争前广州报纸的迁入，澳门当时已经拥有当时中国数量最多的近代报刊业。但即便如此，由于其报刊多为葡文的特殊情况，在我国近代报刊业中的地位相对较低，作用也不大。

鸦片战争以后，澳门报刊业持续衰弱。随着战争的胜利，原本被迫迁入此地的英美传教士创办的各类报刊，迅速撤离，迁往香港和其他通商口岸，澳门报刊业的数量不断缩减。

---

[1] 张晓虹：《历史地理学发展要旨——坚守区域性、历时性与综合性的学科特色》，《中国历史地理论丛》2017年第1期，第19页。

同时，如前一阶段一样，澳门的报刊业依然自成体系，多为葡萄牙本国内容，既非华文出版，也与华人无关，对中国报刊业发展来说，已经变得无关紧要，在之后的历史进程中，也逐步丧失了影响力。

3. 广州出版地进入潜伏期

鸦片战争前，广州的报刊业虽然并不是最早出现，也不是拥有最多数量的，但却是地位最为重要的。除了广州位于中国大陆这一原因以外，其报刊的质量和影响也十分巨大，如《东西洋考每月统记传》，就是当时中国报刊业的佼佼者。

但是到了1839年，广州的报刊纷纷迁出，直至1842年，广州报刊业消失殆尽。但是，在1842年以后，广州的报业并没有如先前那样快速发展起来，反而进入了潜伏休整期，其原因是多方面的。

首先，广州商贸特别是外贸地位的下降。

上一阶段，广州的近代报刊业中，除了《东西洋考每月统记传》宗教色彩相对较浓以外，剩下的主要是商业性报刊，内容多以货物行情、航运信息等商业类新闻为主。这是因为当时广州市全国唯一一个合法的对外贸易港口城市，而商业又天然具有信息交流沟通的需求，这也是广州报刊业诞生和发展的基础。但是通商以后，"广州港在全国贸易中的比重逐渐下降，由全国性的外贸中心降为岭南区域性的贸易中心，而且内外贸还直接受到香港的调节和澳门的分流，实际上在岭南形成了以广州、香港为内外双核结构的商业贸易网络"。[1]一方面，是南方香港自由港的开通以及港口设施的改善，使得香港逐渐成为华南物资的转运港，"广州已失去全省货物集散地的地位，货物可以直接由香港运至许多内陆城市"。[2]另一方面，北方通商口岸的开通，也对广州形成巨大的冲击，特别是1843年上海开埠以后，上海由于其便利的地理位置条件和交通条

---

① 方书生：《近代岭南商埠格局的变迁（1843—1939）》，《中国历史地理论丛》2004年第2期，第33页。
② 广州市地方志编委会、广州海关编委会：《近代广州口岸经济社会概况——粤海关报告汇集》，1869年广州口岸贸易报告，广州：暨南大学出版社，1995年版，第56页。

件，逐步成为中国外贸的中心。商业地位的下降，连带着影响了报刊业的发展情况。

其次，广州市民对外国人的抵触心理。

第一次鸦片战争中，广州城首当其冲，受到了严重的破坏，城内外居民也因此蒙受了巨大的损失，对外国人的心理也变得相对仇视，当时国人办报并没有开始，外国人在广州的数量也呈流出趋势。这也影响了报刊的创办。

最后，香港的直接冲击。

相比较于通商口岸的广州，香港是被割让出去的，事实上已经属于英国政府直接管辖，那么依然是办报主体的以英国传教士为主体的外国人群体，自然而然地会选择香港而不是广州，作为报刊业的创办地。

综合因素作用下，广州的报刊业反而比战前明显减少，地位明显降低。广州报刊业进入潜伏修养期。

二、香港成为报刊业基地的原因及出版情况

在鸦片战争之前，仅有南洋、广州和澳门三地拥有报纸，且数量很少，没有所谓报刊业中心一说，仅仅谈得上是零散分布。

"在外报发展的过程中，香港占有特别重要的地位。非常明显，鸦片战争后，外报是从香港开始兴起的。"[1]两次鸦片战争期间，在一定程度上，香港可以算得上是报刊业的重要基地，"香港成为鸦片战争后外国人在华办报的第一个重要基地"。[2]因为这一时期虽然报刊的数量仍然不是很多，但是香港一地的报刊业数量，就比其他所有城市报刊业总数加起来还要多，"迄至1860年，它所出版的英文报刊和中文报刊仍然超过全国各地（包括上海）的总和"，[3]从集聚度上来说，勉强算得上是报刊业中心。

---

① 方汉奇编：《中国新闻事业通史（第一卷）》，北京：中国人民大学出版社，1992年版，第286页。
② 黄瑚：《中国新闻事业发展史》，上海：复旦大学出版社，2008年版，第33页。
③ 同①。

1.香港成为近代报刊业中心城市的原因

（1）经济的快速发展

香港在《南京条约》签订以前，实际上已经在1841年1月被英国人占领，当时的香港岛，基本上只是一个近似荒岛的地方。英国人当时对香港岛进行了勘测和人口统计，当时岛上存在约20个小村庄，人口仅有3650人，是最早期的香港原住民。

英国人之所以最终选择香港岛，是因为这里拥有一个天然的良港，即维多利亚港，这对以航海起家、且以航海作为帝国控制最有效手段的英国人来说，有着巨大的吸引力。同时，良好的港口也意味着是最佳的货物中转站。因此，多间英国洋行在香港设立办事处，也吸引了原岭南地区的很多华人贸易机构选择香港作为货物的出入口，部分华商也设立了南北行经商。

另外，英国取得香港租借权以后，当时仍为英国全权代表的砵甸乍于1842年10月27日在香港发出告示："香港乃不抽税之埠，准各国贸易，并尊重华人习惯。"也就是说，香港开埠初期，政府不收取任何税款，这对商业发展来说，具有巨大利好，也对其他地区的商业活动产生了强大的"洼地效应"，使得广州的商贸地位进一步下降，而香港的经济不断腾飞发展。"到1870年以后，香港就取代广州成为华南进出口货物的分配中心。"[1]

经济是文化发展的根基，无论是宗教类报刊还是商业类报刊，无论是中文报刊还是外文报刊，报刊业的发展，天然需要一个良好的经济发展环境。

（2）人口的快速增长

1941年英国攻占香港岛时，就已经对岛上人口进行了初步统计，20余个村庄共有人口3650人左右，而且多是以打鱼为生的原住民，文盲率极高，根本不可能成为报刊的受众。

但香港开埠以后，人口迅速增长。1851年，太平天国起义开始，大批华南人口迁往香港躲避战乱，此时香港人口已经达到了33000人，相当于十年间增

---

[1]　方书生：《近代岭南商埠格局的变迁（1843—1939）》，《中国历史地理论丛》2004年第2期，第35页。

长了十倍；到了1865年，香港人口更增加到了12万人之多。更为重要的是，新增人口中，多为商人和士绅阶层，他们既有一定的经济实力，更有一定的文化水平，是最佳的报刊业受众。

另外，香港由于受英国政府直接管理，因此，外国人口聚集数量也比较多，大批外国人进入香港，使香港很快成为欧化的城市。"1842年的2万人中，英国人就占有259人，而1843年开埠时的上海，只有25个英国人。到了1895年，香港人口接近25万人，其中外国人约1万人。"①

这里需要特别一提的是，创办我国近代报刊业主力军的传教士群体，此时也已经纷纷从南洋等地转移到香港，"一批先前活跃于南洋的欧美传教士，郭实腊、叔未士、罗孝全、布朗、裨治文、合信、雒魏林、美魏茶、雅裨理、文惠廉、娄理华、高民，或在此久居，或在此暂停，然后转赴他处"，②香港成为欧美传教士抵达中国的集散之地。

（3）教育事业的快速发展

拥有一定阅读能力的受众是报刊发展的前提。1842年以后，香港的教育事业也获得快速发展，除了马礼逊1818年在马六甲设立的英华书院搬迁到此地以外，原本位于澳门的马礼逊学堂也转移到香港。除此之外，美国传教士叔未士于1842年创办了宏艺书塾，叔未士夫人于1843年创办了浸信会女校，美部会1843年创办了公理学校，圣公会1843年创办了圣保罗书院，伦敦会1846年创办了英华女校，美部会1853年创办了公理会女校，圣公会1860年创办了拔萃女学，香港政府创办了皇家书院，至1859年已经拥有937名学生。③这也为香港报刊业的发展奠定了坚实的基础。

（4）宗教团体的集中迁入

作为早期中国近代报刊业主体的传教士团体，也纷纷迁入香港。1842年，

---

① 方汉奇编：《中国新闻事业通史（第一卷）》，北京：中国人民大学出版社，1992年版，第287页。
② 熊月之：《1842年至1860年西学在中国的传播》，《历史研究》1994年第4期，第63页。
③ 同上，第64页。

传教士在香港举行大会，通过了一项决定，将原设在马六甲的传教基地转移到香港，各种各样的传教团体在香港先后成立，如皇后道浸信会（1842年）、街市浸信会（1843年）、西人联合教堂（1845年）、圣约翰堂（1849年）、长洲浸信会（1860年）、福汉会、巴勉会（礼贤会前身）、巴色会（崇真会前身）、巴陵会（信义会前身），等等，这些宗教团体的成立，也进一步刺激了报刊业的创办数量的增长。

上述要素的综合，使得香港城市建设、人口集聚、经济水平、文化程度等各方面条件均符合了报刊业发展的需求，也自然成为第一个报刊业的中心。

（5）管理上的便利

最重要的原因是，此时香港已经处于英国政府的直接控制之下，这种便利的管理条件，相比较于前一阶段传教士们在广州所遭遇的恶劣的环境，可以说是天壤之别。这里的外部政治环境甚至要优于后期分布于各地的租界，如果不是地理位置实在相对偏僻的话，此时的香港已经可以确定其报刊业中心城市的位置了。因此，在香港被割让以后，很快成为外国人的聚居地，宗教界、商界、政界等各界人士纷纷来临。

2.香港主要报刊业的基本情况

（1）《香港纪录报》

《香港纪录报》（*Hong Kong Register*）的前身是1827年在广州创办的《广州纪录报》，它是由著名的怡和洋行大班马地臣创办，后来因为鸦片战争前的紧张局势，先迁往澳门，1843年6月，又由澳门迁来香港。之后，怡和洋行的总行也从澳门迁至香港。《香港纪录报》对香港政府多有批评，因为他们认为，香港政府还没能够完全争取到对华的最大利益。该报十分重视有关中国的材料，对鸦片战争期间及以后的中英关系及商贸活动记载十分全面和丰富，因此成为后来学者研究的重要文献资料。1845年，《香港纪录报》还出版了《大陆纪闻与行情》（*The Overland Register and Price Current*）附刊，主要是对中英商业内容的报道。

（2）《中国之友》报

该报出资创办人为英国商人奥斯维尔德，他聘请了马礼逊之子小马礼逊和怀特任担任主笔职务，出版方式为半周刊。它正式创刊于1842年3月17日在澳门创刊，但仅在澳门发行了第一期，短短几天后，到了第二期就已经迁往香港。迁至香港后，于1842年3月24日，与《香港钞报》合并为《中国之友与香港钞报》，仍然由小马礼逊担任主编。1844年恢复本名《中国之友》单独发行。1850年8月，台仁特继任主编一职。从报道方针来看，该报同样对香港政府持批评态度，特别是敢于揭露政府内部存在的腐败行为。它还对太平天国运动做过系列报道。1860年，随着第二次鸦片战争的来临，该报迁往广州出版。第二次鸦片战争结束以后，该报又于1863年1月继续向北迁至上海，1869年停刊。

（3）《德臣报》

《德臣报》（*The China Mail*），又名《德臣西报》《中国邮报》等，该报创刊于1845年2月20日，创办人兼主笔为英国资深出版商人萧德锐（Andrew Shortrede），并得到当时最大的鸦片商渣甸勿地臣的支持。它是香港发行时间最长、影响力最大的英文报纸，前后发行了129年时间。该报的中文名称乃得名于报纸的第二任主编德臣（Andrew Dixson），德臣富有办报经验，对华人也持亲近态度。该报曾资助容闳、黄胜、黄宽等3名学生赴美留学，开中国人出国留学先河，黄胜回国后，曾在该报担任印刷、管理等职务。同时，德臣直至离任前，也都一直注意维护香港华人的利益，因而收到了中国人的赞赏和支持。该报早期对港英政府同样持批评态度，但随后转为亲政府立场。

（4）《孖剌报》

《孖剌报》（*Daily Press*）创刊于1857年10月1日，是香港出版的第一份英文日报，也就是说，该报是每天发行的报纸。创始人和第一任主编是美国人赖登（George M.Ryden），该报在政治上同样对港英政府持批评态度，抨击英国在香港的弊政和官员的贪腐行为。该报的出版历史也十分悠久，直到1941年底日军占领香港后才停刊。

（5）《遐迩贯珍》

《遐迩贯珍》是在香港出版的第一份中文报纸，创办于1853年8月1日，创办人为英国伦敦布道会下属的马礼逊教育会和英华书院，首任主编为英国传教士麦都思，奚礼尔、理雅各都先后担任主编职务。出版形式为月刊，每月1日发行。由于是月刊，且是中文发行，因此该报仍采用中国线装书的方式出版，16开本，每期页数在12—24页不等。

虽然该报是由布道会创办、传教士担任主编，但是与前期传教士报刊不同的是，《遐迩贯珍》大量减少了教义宣传的内容，把新闻作为内容主体。它是最早采用铅字排印的中文报刊，内容上首先是时事报道与评论，以及"洋货时价"等商业消息，其次是天文地理及科技类信息，最后才是宣传宗教的文章与报道，但是所占篇幅比较少。它同时也是最早的刊登收费广告的中文报刊。它对中国太平天国运动和小刀会歧义等，都做了及时、相对客观的报道。

香港报刊业，对我国后来媒体的发展，在人才培养、办刊模式、报刊风格等方面，都具有重要意义。

三、上海、福州和宁波的近代报刊业出版情况

1. 上海的报刊业创办情况

根据中英《南京条约》的规定以及《五口通商章程》的具体要求，1843年11月17日，上海正式开埠。上海开埠是我国近代史上的重要事件，它对我国政治、经济、文化等格局产生了深远的影响。但是，在第二次鸦片战争之前，虽然上海也已经有了较大的发展，但近代报刊业的发展却仍处于萌芽阶段。主要的报刊情况如下：

《北华捷报》（*North-China Herald*），又名为《华北先驱周报》《先锋报》。该报创刊于1850年（道光三十年）8月1日，是英国拍卖行商人亨利·奚安门（Henry Shearman）在上海英租界创办的，是上海第一家英文报刊。其发刊周期为周报，每周六出版，每期为对开一张，因此共4个版面，奚安门、康普东、詹美生等先后为主编。

因为是商人主办，因此，它主要刊登货物行情、航船信息等商业性材料，同时，也刊有中外重大新闻，并刊发相关评论，以及英国驻沪外交、商务机关的文告。在内容方面特别值得指出的是，由于与太平天国天京的地理接近性，以及太平天国运动对中国经济重心的巨大影响，它刊载了大量的太平天国报道，具有重要的史料价值。它一定程度上反映出英国政府的观点，被视为"英国官报"。

上海地位的崛起和腾飞，从《北华捷报》创刊号上所发表的《致读者书》中即可以看得出来："由于上海开埠已有六年（其实应为七年）。而不到五年的时间，上海已成为亚洲第四大港口；四个月前，上海与香港之间已开辟了定期航线……我们认为创办一个报刊的时机来到。"①本报"要为本埠造成最有利的东西"。奚安门还在《致读者书》中谈到了上海的地缘经济的重要性，希望英国和世界各国都能够高度重视上海在整个中国经济版图上的重要性，尽快与清政府加强紧密合作，扩大对华贸易。

《北华捷报》早期印数比较少，每期的发行量只有100多份，其主要读者也就是100多位侨民，因为此时上海外国人的数量还处于增长之中，但是也有部分报纸随着外国商船带到外国商埠的，如南洋和英国本土。

2. 福州的报刊业创办情况

福州是东南沿海的著名海港城市之一，鸦片战争以后，也成为五口通商的口岸之一。通商以后，各国洋行纷纷在福州设立分行或者办事处，特别是在福州的仓前山和泛船浦一带，英国的裕昌商行、协和商行、复兴洋行，法国的合一洋行，日本的三井、铃木、日兴、三五、福记等洋行，德国的禅臣、东亨等洋行以及美国的水荣洋行纷纷成立，以满足对华倾销商品，同时廉价采购东南沿海货物。

与商行同时进入福州的，还有外国传教会。1846年2月，道光皇帝迫于压力，下令松弛教会禁令，允许外国人在通商口岸传教，各国教会势力迅速进入

---

① 《北华捷报》创刊号《致读者书》，1850年8月1日第一版。

福州。从时间上来说，在中国，教会进入福州的时间仅仅晚于广州。早期福州主要有三个教会：美国公理会、美以美会和英国圣公会。

美国公理会于1847年（道光二十七年）5月17日进入福州，美以美会也于同年秋开始在福州传教，英国圣公会于1850年（道光三十年）进入，到1863年，已经有9家教会在城内建有教堂。

外国传教士的各项传教活动中，办报是首选。1858年（咸丰八年）10月12日，《福州信使报》（*The Foochow Courier*）创办，这是教会在福州创办的第一份报纸，为英文报刊，主要内容为介绍福建省内外消息及风土人情等，主要阅读对象是外国人。

3. 宁波《中外新报》创办情况

宁波同样是五口通商口岸之一。1844年宁波正式开埠，外国势力除了控制宁波港以外，主要居留区域是今宁波老外滩，即早年宁波江北岸地区，该区域地处宁波市中心，是甬江、奉化江和余姚江的三江汇流之地，自唐宋以来就是最繁华地区之一，也是中国最早的"租界"之一。历史上，该区域也被称为"外滩"，比上海外滩还要早上20年。

论经济发展水平，第二次鸦片战争之前的宁波比上海要高出许多，因此，此地也是外国商人、外国传教士的争夺之地。

1854年（咸丰四年）5月11日，《中外新报》（*Chinese and Foreign Gazette*）在宁波创刊，该报是继《遐迩贯珍》以后，中国境内出版发行的第二份中文报刊。初期为半月刊，两年后改为月刊。美国传教士玛高温（Daniel Jerome Macgowan）、应思礼曾先后担任主编职务，每期为一大张对开，共分四页，1861年2月10日停刊。从内容上来说，该报以报道国内外新闻为主，也包括天文地理、科学技术、文学文艺以及宗教知识。

在国内新闻方面，它的报道范围比较广，曾以新闻发生地为名，报道宁波、余姚、厦门、香港、南京、天津、上海、广东等地新闻。该报除了同样报道太平天国运动以后，曾有相当内容报道捻军动态，这是因为相比较于上海，捻军的活动更接近于宁波。同时，该报对市井消息（即后世的社会新闻）也有相当数量的报道，对我们了解当时的宁波社会生态有着很大作用。

在国外新闻方面，《中外新报》曾以日本、新加坡、欧罗巴、亚美利加、亚非利加等为题，或者笼统冠以"国外新闻"的版面名称，报道当时世界各地的重大新闻。该报也刊登了一些科学知识方面的信息，并发表文学作品。《中外新报》的创办，对宁波乃至浙江近代中文报刊的发展具有重要借鉴作用，开拓了当时人们的眼界。

第三节　上海及沿江沿海阶段（1861—1895年）

一、该阶段报刊业的地理分布情况及特征

"外报在中国的活动，是和西方殖民主义者入侵中国的进程紧密联结在一起的。"[1]第二次鸦片战争的爆发，使得我国报刊业的分布格局再次发生重大变革。

上一阶段，香港由于直接归于英国政府管辖，因此出现了最多的近代中外文报刊，其数量超过了澳门、广州、上海、福州、宁波报刊的总和，且出现的时间早、数量多。因此，香港成为第一个类似于中心地的存在。

但是，从1861年开始，我国报刊业的覆盖范围大大扩张，并且出现了许多新的特征。

1. 分布城市数量的增加

上一阶段，全国仅有香港、澳门、广州、上海、福州、宁波六座城市拥有近代报刊，甚至连同样是五口通商城市的厦门，还没有出现一份近代报刊。

但是，第二次鸦片战争结束以后，随着中国半殖民地半封建社会形态的加深，以及外国势力在中国的进一步扩张，拥有近代报刊业的城市数量也大大增加了。到1895年，全国拥有报刊的城市共14个。除了原有的香港、澳门、广

---

[1]　方汉奇编：《中国新闻事业通史（第一卷）》，北京：中国人民大学出版社，1992年版，第243页。

州、福州、宁波和上海外，又新增了汕头、厦门、台湾、烟台、天津、九江、汉口和北京等8个城市。新增的8个城市中，除北京是允许外国公使进驻之外，其余7个同样均为通商口岸，[①]报刊业的发展，依然是随着外国侵略者的脚步而展开。

2. 沿江沿海分布特征的出现

我国近代报刊业最早是在中国以外的南洋地区出现的，第一次鸦片战争使得近代报刊业进入中国境内，但也主要分布在香港以及东南沿海通商口岸城市，第二次鸦片战争的结束，使得通商口岸城市数量增加，也使得我国近代报刊业在继续上一阶段沿海分布的基础上，开始沿上海向长江中游地区扩张。近代报刊业的地理分布出现了沿江沿海的特征。

在沿海分布上，报刊业继续向北布点。天津、山东烟台开始出现近代报刊业，这意味着我国北方地区报刊业的诞生和发展。

在长江流域，除了上海以外，位于江西最北部、长江南岸的九江，位于湖北武汉长江西北、汉江以北的汉口，都开始出现近代报刊。

3. 上海中心地位的确立

这一阶段，上海的报刊业获得高速发展，无论是从报刊业的数量还是质量上，上海都超过了前一阶段的香港，名副其实地成为我国近代报刊业的中心城市，并从此奠定了其在中国近代报刊史上很长一段时间内的中心地位。

4. 报刊业的城市密集度有所提升

上一阶段，即便是报刊数量最多的上海也只有17份报纸，其他城市报纸数量少着如宁波仅有《中外新报》一份报纸，出现的时间还比较晚，1854年创刊，到1861年就停刊。

但是1861年以后，我国报刊数量大大增加，各个城市所拥有的报纸数量也

---

① 烟台原不是《天津条约》中的通商口岸。1861年，英国人毛里逊受英国公使普鲁斯指派到登州办理开埠事宜，发现烟台作为"天然良港"更适宜通商，于是要求清政府将登州改烟台为通商口岸。

不断增长，如上海拥有86份报刊，这在当时，就全世界范围来看，也算得上是报刊比较密集的城市，而香港拥有18家报刊，广州拥有15家报刊，汉口后来居上，拥有12份报刊。因此，从数量上来看，在城市空间内部，报纸的密集有所提升。

总体来说，这一阶段，我国近代报刊业形成了以上海为枢纽和中心，南北沿海、东西沿江的新的地区分布格局。

表3　1861—1895我国近代报刊业城市分布情况表[①]

地点	上海	香港	澳门	广州	厦门	福州	汉口	天津	宁波	其他	合计
外文报刊	41	12	14	5	2	5	2	3	1	7	92
中文报刊	45	6	/	10	3	4	10	2	2	8	87

二、上海作为近代报刊业中心地位的确立

第二次鸦片战争后，报刊创办地点"由华南沿海逐渐扩展到东南沿海以及华中、华北地区，上海取代香港成为全国报刊出版的中心，而且发展成为一个国际性报刊出版中心"。[②]上海能够超越香港，成为报刊业的枢纽和中心，最主要的是地理位置的优势。"上海没有广州那么良好的西学传播基础，不像福州、厦门有那么多华侨在南洋。在中国传统城市历史上，上海比起其他通商四口，地位最低。但她有自己的优势——地理环境。地处中国经济、文化最发达的江浙地区，离中国中心地带比较近，沿江可直达中国内地，沿海可直逼京畿，港口优良，潜力特大。加上外国人在这里对租界的经营比较顺手，以及吴越人的性格特点，不像广州人、福州人那么激烈排外，这种种因素，使得上海在适应外国人居留方面，在吸引外国人兴趣方面，在西学传播方面，很快超越其他五个城市，从而成为西学传播中心。"[③]

---

① 据《中国新闻事业编年史》统计而成，方汉奇主编：《中国新闻事业编年史》（上卷），福州：福建人民出版社，2000年版，第38–93页。

② 李昭宇、钱培荣：《晚清报刊的发展历程》，《杭州大学学报》1996年第4期，第140页。

③ 熊月之：《西学东渐与晚清社会》，上海：上海人民出版社，1994年版，第218页

上述这段话，从自然地理、经济地理、人文地理和政治地理等各个方面综合剖析了上海能够成为报刊业中心的主要原因。第一，上海位于我国海岸线的中点，也是长江入海口，港口条件优良，具有强大而完备的辐射能力。第二，上海与当时经济最发达的江浙地区连接紧密，成为我国工商业、金融业和外贸的中心，经济的繁荣为报刊业提供了物质基础。第三，上海拥有数量可观的读者群体，[①]这一点也在客观上满足了报刊业发展的需求。第四，英、法、美等国控制下的上海租界，为了维护其独立管理，同时也多奉行新闻自由的思想，客观上为报刊业的繁荣提供了良好的土壤，"租界的新闻传播事业成为中国近现代新闻传播史上一个特殊的种族"。[②]

之所以说此时上海已经成为近代报刊业的中心，是从以下两个方面考虑：

1. 报纸数量的绝对优势

评价是否成为近代报刊业的中心，首先需要衡量的是数量这个指标。而就这一阶段来说，上海的近代报刊业已经占有绝对优势。从1861年开始到1895年，全国共新办报刊约177种，[③]而在这其中，上海共有86种之多（含更名者），包括中文报刊45种，各类外文报刊41种。因此，和上一阶段的香港类似，在这一阶段，除了报纸总量大幅度增加，上海86份的报纸数量，也比上一阶段香港的17种要多出许多。这样的数量，已经可以支撑上海成为一个报刊业中心。

2. 报纸影响力的增加

上海不仅报刊数量众多，而且影响力巨大。《字林西报》《北华捷报》《文汇报》三家英文报刊和《申报》《字林沪报》《新闻报》三家中文报刊，以及教会创办的《万国公报》等，都是当时全国报刊业的翘楚，在信息传播、政策引

---

① 外国居民方面，1843年上海仅有外国人25名，1870年有1666人，1895年有4684人，上海通志社：《上海研究资料》，上海：上海书店，1984年版，第139页。太平天国革命等事件又迫使大量有经济实力和文化素养的中国人迁往上海，形成了庞大的读者群体。

② 陈冠兰：《近代中国的租界与新闻传播》，《新闻与传播研究》2008年第1期。

③ 据《中国新闻事业编年史》统计而成，方汉奇主编：《中国新闻事业编年史》（上卷），福州：福建人民出版社，2000年版，第38–93页。

导、社会舆论等方面均起引领作用。除了英文报刊之外，上海还引起了其他语种报刊业的青睐。当时香港只有英、葡两种外文报刊，而前来上海办报的有英、美、法、葡、德、日等多国人士，出版五种外文报刊。英国路透社来华筹办分社时，并没有选择在英政府统治下的香港，而是落在上海。"当时的外报，不论是外文的还是中文的，不论是商业的还是宗教的，凡是有全国影响的，大多在上海出版。"[①]上海作为当时中国报刊业的枢纽和中心，逐步取得了国内国际的一致认可。

其主要报刊的基本情况如下：

（1）《申报》

《申报》原名为《申江新报》，它在我国近代报刊业史上具有举足轻重的影响。该报创刊于1872年4月30日（清同治十一年三月二十三日），停刊于1949年5月27日，前后共出版发行了77年时间，先后经历了晚清、北洋政府和国民政府三个时期，其刊载的内容，被称为研究中国近现代史的百科全书，是近代中国发行时间最久、社会影响最大的报纸。同时，它也是中国现代报纸开端的标志，其先进的新闻制作理念、与时俱进的传播技巧、卓越的采编发行体系，等等，是其他报业学习和模仿的对象，甚至有许多报纸直接用它作为模板。

《申报》的创办人是英国人安纳斯托·美查（Ernest Major）。他于1860年来到上海，起初从事茶叶和布匹的进出口贸易，对中国有了一定了解，并学会了中文的听说读写，后来接受其买办陈莘庚的建议，与其他三位友人各自出银400两，共同创办了《申报》。

由于创办《申报》时，美查已经在中国停留了12年时间，因此，他对中国社会有着较为深刻的了解和认知。因此，他要求，既然要创办一份以中国人为主要受众的、为盈利而创办的商业性中文报刊，那就一定要按照中国人的思路和喜好来办报。他要求：该报必须从华人方面着想。

正因如此，《申报》成为第一家聘用中国人为主笔的中国近代报刊。在《申

---

① 方汉奇：《中国新闻事业通史》（第一卷），北京：中国人民大学出版社，1992年版，第306页。

报》创办以前，无论是传教士还是商人创办的报刊，其主笔或者主编都是外国人，中国人主要是作为辅助而存在。如在《申报》之前创办的中文商业报刊《上海新报》，其主笔就是外国人。但是美查力主《申报》应该采用中国人为主笔，蒋芷湘成为第一位《申报》主笔，其后浙江士人长期主持该报的编辑工作。

《申报》的特征主要包括：

一是政论文章的刊登。美查高度重视舆论的作用，专门在报刊上设有"论说"专栏，点评时政，启发民智。这种利用报纸制造、影响、引导、控制舆论的做法，为后来者效仿，并在晚清各类革命中起到了重要作用。二是高度重视新闻的时效性和真实性，从而真正使得现代新闻概念得以落实。三是对社会热点问题的追踪，如对著名的"杨乃武案件"的报道，从1874年1月6日开始，持续追踪报道到1877年4月7日止，三年多的连续报道，在中国新闻史上留下了浓墨重彩，是当时中文报刊中最早最长的连续报道。四是对副刊的重视。《申报》按照国人的喜好，公开征集和发表文艺作品，符合了受众的需求，这一创造性的举措，为后起的《字林沪报》《新闻报》所效仿。

数据统计，《申报》发行77年时间里，刊载文字总量超过20亿字，页数42万页，创办了上海版、汉口版和香港版等。

（2）《文汇报》

英文版《文汇报》创刊于1879年4月17日，为英国人克拉克（J.D.Clark）创办，他于1875年来到上海，其第一份职业就是报人，在《上海差报与中国钞报》就职，后于1879年创办英文版《文汇报》，一直出版到1930年，长达半个世纪。

虽然该报的部分卷期有遗失，但源自该报文章的两本文集，现在已经成为研究晚清上海的重要文史资料。它们分别是1881年出版的《上海租界及老城厢素描》，收录有《文汇报》19篇文章，没有出版机构，作者题名为麦克法兰。1894年出版的《上海和周边地区概述及其他》，收录有来自《文汇报》的26篇文章，该报创办人克拉克为之作序，出版机构为《文汇报》编辑部。

（3）《万国公报》

《万国公报》原名为《教会新报》（*Church News*），主要创办人是美国监理会传教士林乐知，出版机构为林华书院，上海美华书馆印刷，1868年（同治七年）9月5日在上海创刊，早期为周刊，后改为月刊，也曾休刊后复刊。从发起人就可以看出，该报起初带有宗教性质，因为林乐知在创刊号《中国教会新报启》一文中曾写道："俾中国十八省教会中人，同气连枝，共相亲爱，每礼拜发给新闻一次，使共见共识，虽隔万里之远，如在咫尺之间，亦可传到外国有中国人之处。"[①]此时教会新报着重刊登阐释教义的文章，以及沟通教徒教友情况的"各地教友来信"等。后来，该报也逐渐降低了宗教方面的信息，加大了对时政的报道力度。在中国的许多美国传教士如李提摩太、丁韪良等均参与了该报的编辑工作。该报也是在中国出版时间最长、影响力最大的传教士创办的报刊。

除上述这些报纸外，上海当时还拥有《上海每日时报》《上海记载报》《上海晚差报》《上海通信》《上海晚邮报》《上海锦囊与上海差报》《晚报》《华洋通闻》等外文报刊和《上海新报》等中文报刊。

第二次鸦片战争后，报刊创办地点"由华南沿海逐渐扩展到东南沿海以及华中、华北地区，上海取代香港成为全国报刊出版的中心，而且发展成为一个国际性报刊出版中心"。[②]上述报刊只是当时上海最具代表性的报刊，从这一阶段开始，直至新中国成立以前，上海作为中国近代报刊业的中心城市地位，一直十分稳固。

三、香港、广州、汉口、天津等其他城市的报刊业情况

除了上海成为报刊业中心，在这一阶段，全国还有其他13个城市拥有或者出现了近代报刊。其基本的分布情况如下：

---

① 见《中国教会新报启》，《教会新报》1868年9月5日。
② 李昭宇、钱培荣：《晚清报刊的发展历程》，《杭州大学学报》1996年第4期，第140页。

1. 香港

除上海以外，这一阶段，香港仍拥有数量第二多的报刊。"随着殖民主义实力的大举入侵，外报在中国有了进一步的发展，出版地点也逐渐由沿海扩充到内地。到了19世纪末叶，已经形成了以英美报刊为主干，以上海、香港为主要基地的在华外报网。"①当然，由于香港天然的地理位置的劣势和上海区位上的优势，香港已经排在上海之后。"自19世纪60年代至维新运动前是香港英文报纸发展的另一阶段。在这期间报纸发展的势头显著放慢，新创办的报刊约10种上下，比上一阶段要少得多。其在全国的地位，也次于上海，而居第二位。"②不仅是数量上的差距，在质量上，上海报刊业的影响也要大得多。

这一阶段，香港共拥有中外文报刊25种，从报纸的品牌效应来看，香港拥有《德臣报》《孖剌报》《香港电讯报》等英文报刊和《华字日报》《中外新报》《循环日报》等中文报刊。

需要特别提出的是《循环日报》。虽然最早的由中国人自办的报刊，是1873年在汉口创办的《昭文新报》，但是由于其当时报刊定位的问题，导致读者数量非常少，不到一年时间就停刊。在我国近代报刊史上，影响最大的、中国人自办的第二份中文刊物，就是王韬所主办的《循环日报》。

该报创办于1874年（清同治十三年）2月4日，至1947年停刊，共发行83年。创办地为香港。这是我国第一份宣扬资产阶级改良主义思想的报刊，也是我国近现代报刊史上出版时间较长、社会作用巨大的报刊之一。从它"强中以攘外，诹远以师长，变法以自强"的办报宗旨就可以看出，这份报刊不同于外国人在中国主办的宗教类或者商业类报刊，而是以自强救国为主旨的报刊。因此，这份影响巨大的、被很多人认为是"第一份国人自办"的中文报刊，对后续的国人办报起到了非常重要的影响，也使得国人办报从一开始就带有浓重的变法、自强、救亡的色彩。

---

① 方汉奇：《中国新闻事业通史（第一卷）》，北京：中国人民大学出版社，1992年版，第243页。
② 同上，第287页。

《循环日报》虽然是日报，但实际上周日并不发行，因为该报由中华印务总局承印，但购买的机器是由英国伦敦会售卖出来的，作为教会机构，伦敦会在合同中特别要求星期日不得使用印刷机。该报的订阅费为每年五港元。报刊内容主要分为三个栏目：第一个栏目是京报选录，即从当时北京发行的关于清廷动态的京报中选取相关新闻刊登；第二个栏目是羊城新闻，即毗邻香港的广州所发生的各类新闻；最后一个栏目为中外新闻，选刊中外各国的新闻事件。除新闻以外，在每期的报首位置，均有论说一篇，即对当时时事的评论，主要由王韬本人亲自撰写。这是《循环日报》的灵魂所在，也是其影响力的主要来源。从1874年到1884年，王韬在该报上发表了千余篇政论文章，主要内容为推动变法自强或者评价政局。

虽然此时的香港报刊业也是十分发达的，但即便如此，由于香港远离大陆，先天的地理位置上的缺憾无法弥补，因此，此阶段的香港报刊业，已经被上海超越。

2. 广州

在1839年之前，广州曾是我国境内报刊数量比较多的城市，但是第一次鸦片战争以后，香港崛起，广州地位逐渐削弱，多种因素之下，广州的报业发展进入潜伏期，到第二次鸦片战争结束时仍未得到恢复。

第二次鸦片战争以后，由于广州拥有长期的办报传统，又是华南的政治经济中心，虽然丧失了在全国的领先地位，但是却在区域范围内得到复苏。到1895年，有15种中外文刊物在此创办，广州的近代报刊业重新获得发展。

3. 汉口

在这一阶段，就报刊业的发展情况来说，汉口是最值得人注意的城市。在第二次鸦片战争以前，中国内地并没有近代报刊的出现。第二次鸦片战争使外国侵略者获得了更多的通商口岸，同时也打开了通往内地的大门。这一阶段中，汉口的近代报刊业发展最为迅猛，甚至比同期许多其他通商口岸城市的数量还要多。

在这一阶段，除了上海、香港、澳门、广州这几个相对具有一定传统积淀的城市，汉口可以算得上后来居上，在数量方面，已经排名第五。

表4   1861—1895汉口报刊情况表[①]

报刊名称	创办时间	性质	报刊名称	创办时间	性质
汉口时报	1866	英文商业报纸	新民报	1880	综合报刊
阐道新编	1872	宗教报刊	武汉近事编	1883	综合周刊
昭文新报	1973.8.8	社会报刊	益文月报	1887	综合杂志
汉皋日报	1874	综合报刊	中国传教士	1887	宗教季刊
开风报	1875	宗教报刊	自由西报	1893	综合报刊
昭文日报	1880	宗教日报	字林汉报	1893	综合报刊

在上述这些汉口报刊中，有一份报刊需要说明。一是《昭文新报》，该报的意义在于，它是我国第一份由国人自办的报刊。于1873年（清同治十二年）8月在汉口创刊，创办人为艾小梅。该报不同于宗教报刊或者商业报刊，与一年后王韬在香港创办的鼓吹变法自强的《循环日报》也不一样，该报的办报主旨类似于我们今天的娱乐文艺报刊，其内容"奇闻轶事居多，间有诗词杂作"。该报最初为日报，但相比较于同期的上海，或者几十年以后的汉口，当时这种娱乐文艺报刊的受众数量十分有限，因而发行量比较少，所以后来改为五日发行一期，最终不到一年时间就停刊。综合考虑，汉口可以称得上为华中报刊基地。

4. 天津

天津是京畿门户，拥有良好的水路交通条件，也具备良好的商品经济基础，是北方著名的港口城市。第二次鸦片战争以后，天津成为北方最大的通商口岸，西方国家在天津也设立了租界，大量外国人涌入天津，1860年，天津外侨人数不足20人，到1900年已经达到两千余人。[②]另外，由于李鸿章任直隶总督兼北洋大臣，因此外交事务的处理地也从北京转移到李鸿章设于天津的直隶

---

① 史和、姚福申、叶翠娣：《中国近代报刊名录》，福州：福建人民出版社，1991年版。

② 尚克强、刘海岩编：《天津租界社会研究》，天津：天津人民出版社，1996年版，第160页。

总督衙门，这使得天津成为当时中国对外交往重地和北方政治、经济、贸易的中心。

但也正因为受到地缘政治的影响，天津报刊的创办时间较晚，相比较于其他城市，天津一直到1886年才出现第一份近代报刊——英文报《中国时报》，到1895年，天津共出版英文报刊3份，中文报刊2份。

但是，天津的报刊业虽然起步较晚，数量也比较少，但却背景不凡，实力雄厚。《中国时报》为号称"洋行之王"的怡和洋行出资兴办，并得到了天津海关总税务司德璀琳和清廷大员李鸿章的支持，影响十分大。另一份报刊《京津泰晤士报》则得到了天津英租界工部局资助，是英国在中国北部的喉舌，出版40年之久。因此，天津确立了其华北报刊基地的地位。

5. 北京

由第二次鸦片战争导致的《北京条约》第六条规定：应当允许基督教在中国范围内进行全面传教、建堂礼拜等。作为整个中国的中心，北京是外国传教士极力想要进入的地方。因此，1860年以后，越来越多的外国传教士开始北上进京。来自英国的傅兰雅、雒魏林、艾约瑟、包尔腾，来自美国的施若瑟、丁韪良等人纷纷进入北京，进行传教活动。

但是，虽然对外国传教士在中国传教的禁令已经放松，但在北京地区，传教活动的实际限制依然存在。正因如此，当上海的近代报刊数量多达近百份时，北京迟迟未能出现。1871年9月，在京的英、美等国传教士成立了"在华实用知识传播会"。随后，香港报纸报道："闻西人之侨居京师者，现拟倡设汉文日报，意欲使华人增广见闻，扩充智虑，得以览之而获益。曾于去年十一月中聚众集议商酌是款，先拟设立司理事宜。"[1]

1872年8月，北京第一份近代报刊《中西闻见录》创刊，它是"在华实用知识传播会"的机关刊物，也就是说，该报是由美国、英国传教士共同主办的。该报由美国长老会传教士、京师同文馆总教习丁韪良担任主编，英国传教

---

[1] 《西人在北京办报的集议》，刊于1872年3月2日《中外新闻七日报》，《德臣报》第2720号。

士艾约瑟、包尔腾等也都参与了编撰工作，李善兰等同文馆中的中国老师和学生也在该报上发表过一些稿件。该报的宗旨是通过介绍西方科技等知识，扩大西方在京城的影响，因而大量刊载西方各国新式工具、治理河流的新方法，以及一些天文、地理、物理、化学、算学、医学等知识；它也介绍西方各国的风俗文化和时事新闻，同时刊登文学作品和广告，但非常谨慎地不评论涉及中国的政治问题。1875年8月，随着"在华实用知识传播会"的解散，该刊也宣布停刊，共发行36期。但是，此后二十年时间里，北京城再次成为无近代报刊城市，直至1895年维新派创办《万国公报》。

至此，在这一阶段，我国形成了以上海为中心，香港和广州为华南基地、汉口为华中基地、天津为华北基地的报业地域分布格局。

由此，上海、香港、广州、汉口、天津五大城市，分处华东、华南、华中、华北，带动其他城市的办报刊活动，形成了新的地域分布格局。

第四节　内地扩张阶段（1895—1898年）

一、维新派推动下报刊业的地理分布特征及原因

1. 维新运动推动下报刊业的地理分布特征

维新运动之前，我国报刊业的地区变迁，主要是跟随外国势力的侵华路线而迁移的，这一点，从报刊所在城市均与通商口岸有关即可看出（北京为允许外国公使进驻）。而从1895年到1898年这短短三年时间里，由于维新运动的发展和维新派的带动作用，我国近代报刊业获得迅猛的发展，出现了第一次国人办报热潮。这种由国人内生的驱动力，使得我国近代报刊业的地理分布情况出现了极大不同，产生了重大变化。

此次报业的繁荣，是维新派主导之下的国人办报热潮。因此，在地区分布上，呈现出与以往截然不同的特点。维新运动兴于北京，因此，维新运动时期报业格局的改变，自北京开始，转经上海，新增了杭州、温州、平湖、苏州、

无锡、芜湖、桂林、梧州、成都、重庆、长沙、萍乡、开封和西安等城市，全国拥有报刊的城市增至40余个，覆盖省份也从原来的8省扩展到了14个省份。

这一阶段，我国报刊业仍然是以上海为中心的，但在整体空间布局上，呈现三个明显特点：一是突破了原来的沿海沿江格局，内地报刊业开始兴起；二是打破了原来的点状分布，开始连接成片；三是新的报刊业中心城市和区域的形成。

（1）内地报刊业的兴起

之前报刊业的发展，是与外国势力在华的侵略轨迹同步的。而外国势力在中国的主要据点是通商口岸城市，因此，以外国人为主导的中国报刊业，其分布情况也是沿海沿江分布，内陆城市基本上没有近代报刊的出现。

但是中日甲午战争以后，国人真正警醒，开始开眼看世界。在维新派的主导和推动下，开始掀起了第一次国人办报热潮。大批中国人创办的报刊开始出现，其分布情况也突破了外国人办报的沿江沿海分布特点，内地报刊业开始有了初步的发展。根据相关统计，在1895—1898年这三年期间，国人新创办报刊数量达到105家。[①]而从1873年《昭文新报》创刊到1895年的22年时间里，国人创办报刊数量不到20家。

这一时期，除了原有的上海、香港、广州、汉口等地报刊业继续发展以外，杭州、温州、平湖、苏州、无锡、芜湖、桂林、梧州、成都、重庆、长沙、萍乡、开封和西安等城市也开始出现近代报刊，它们分布在浙江、湖南、广西、四川、河南、陕西等从未出现报刊的省份。

新增城市中，既有杭州、长沙、成都、西安这样的省会城市，也有苏州、无锡、芜湖、重庆、桂林、开封的省内重要城市，更有温州、平湖、梧州、萍乡这样的相对不太知名的城市。而就省份分布而言，从地理空间上看没有特殊的规律性可循，南方的湖南、广西、四川等省份和北方的河南、陕西都有近代报刊的出现。

---

① 史和、姚福申、叶翠娣：《中国近代报刊名录》，福州：福建人民出版社，1991年版，第393-394页。

但是，如果深入分析这些出现了近代报刊的省份、城市的话，就会发现，其创办人要么是维新派人士，要么是支持维新派的开明士绅。内地报刊业的发展，与维新派成员或者倾向维新的开明士绅的地理分布基本一致。因为这一阶段新增的105家报刊中，"有70%以上或是维新派所办，或同维新派有关系"。[①]

（2）形成了报刊业的江浙区域和两湖区域

在这一阶段之前，全国拥有近代报刊的城市总计只有14个，分别是上海、香港、澳门、广州、福州、宁波、汕头、厦门、台湾、烟台、天津、九江、汉口和北京。其中，华南地区的香港、澳门、广州、汕头的空间距离相对较近，香港和广州的报刊业交流相对较多，但澳门的报刊业数量虽多但响非常有限，汕头的报刊业起步很晚且数量很少，未能形成区域联动机制。而其他的城市零散性特征更是明显。

因此，从地理分布特征来看，是典型的点状分布。由于通商口岸城市分属于不同省份，空间距离较远，因此从拥有近代报刊城市数量来看，一来全国大部分省份还没有出现近代报刊，二来即便出现了近代报刊的省份，也只有一两个城市拥有报刊。由于地理空间距离的阻隔，和当时比较落后的交通及通信条件，即便报刊业的创办主体都是外国传教士，其之间的互动联系也是十分稀少的，基本上属于独立发展状态。

但1895年以后，由于报刊业的创办者主要都是维新派或相关人士，政党的特征初步体现，加上此时通信条件相对有所发展，拥有报刊城市数量大大增加，因此，报刊业从之前的点状分布，开始呈现区域性特征——即在某个特定的区域之内，拥有报刊业的城市数量不断增加，他们之间的相互联系开始增强，使得报刊业的区域影响力呈上升趋势。

此时，经济较为发达、政治空间相对宽松的江浙地区和两湖地区，拥有报刊的城市较多，而且相互之间的联系较为频繁，形成了具有全国影响力的报业区域。如江浙区域拥有报刊的城市有上海、杭州、温州、平湖、苏州、无锡

---

① 丁淦林主编：《中国新闻事业史》，北京：高等教育出版社，2007年版，第60页。

等，两湖区域拥有报刊的城市有长沙、汉口以及周边的九江、萍乡、芜湖等。由于维新派成员之间的遥相呼应，这些城市的报刊业彼此之间互为奥援，相互支持，形成了报刊区域。

（3）新的报刊业中心城市形成

短短三年间，仅国人自办报刊就新增了105份，地理范围的扩大意味着新的报刊业中心城市的形成。

这一阶段，"维新派办报活动最为活跃的地区是上海和湖南"。[①]上海从第二次鸦片战争以后，就成为中国近代报刊业中心，且一直维持到新中国成立以后。但是在这一阶段之前，湖南地区尚未出现报刊业，而进入1895年以后，湖南掀起了创办报刊业的热潮。此外，作为维新运动发源地的北京，也出现了维新派主办的第一份报刊，虽然很快被关停，但依然产生了极大影响。杭州在短时间内出现了5份报刊，推动了浙江报刊业的活跃。广西、四川、河南、陕西等省份虽然出现了报刊，但尚未形成具有影响力的中心城市。而香港的报刊业此时的影响力进一步降低，趋于平淡。

这一阶段，外国人创办的报刊依然保持着前一阶段的地理分布特点。李提摩太曾在1895年谈道："继而渐入中华各省亦有立此报馆者，而尤以西人教会报为多，故前有耶稣教会派人查考中国各报始末，去年已经布列，除京报外，自始至今共有七十六种，计：新加坡一带报有六种，香港报六种，粤东报六种，台湾、厦门、汕头共报五种，福州报三种，宁波报两种，上海报三十二种，汉口报五种，九江报一种，天津报一种，北京报一种。"[②]可见外国人所办报刊主要保持着原有的分布状态。

总之，这一阶段近代报刊业数量的增加，其主要动因是国人办报热潮的出现；而国人办报热潮的出现，又与维新派的崛起和发展有着密切联系。因此，报刊的地理分布情况，与维新派的地理分布情况趋于一致。维新派成员密集、

---

① 丁淦林主编：《中国新闻事业史》，北京：高等教育出版社，2007年版，第60页。

② ［英］李提摩太：《中国各报馆始末》，《时事新论》卷一，上海广学会，1894年版。

发展较好的地区，近代报刊的数量就不断增加，湖南等地就是明证。

2.地理分布情况变动的原因

维新运动维新运动所带动的国人办报热潮是此次空间结构变迁的最大动因。在上一阶段，已经开始有中国人办报。但是从1815年外国传教士创办《察世俗每月统记传》开始，到1873年8月8日第一份由国人艾小梅在汉口创办的《昭文日报》，已经走过了58年。其间我国报刊业的所有者主要是外国人，但是多年西学东渐的影响和社会格局的不断变化，使得国内一些开明的知识分子，深刻认识到报刊业的重要作用。

19世纪70年代，容闳、王韬等已经认识到西方国家的先进之处，并倡导向西方国家学习，王韬的一千余篇评论，有许多就是介绍和传播西方的先进制度、技艺等，推动西学东渐，呼吁国内变法自强，但就当时情况来说，仅仅是个别人的行为，尚未能够上升到团体或者政党的层面。

就近代报刊业的地理分布情况，早在1878年，王韬就在《申报》上发表《论各省会城宜设新报馆》的文章，他认为，推动变法和改革、实现朝廷振兴的重要前提，就是要广设报馆，而就当时情况来看，报馆的主办者主要是外国人，办报地点主要是通商口岸（唯一的例外是北京，其原因主要是允许外国公使进驻而开设的报刊，但北京的报刊当时极为有限，且影响力微弱）。因此，王韬建议，要建立遍布全国的报刊发行网络，首先要在省会一级城市开设报馆："顾今之所设者，不过上海、香港耳，而内地各省均未之设……今若各省会城皆仿而行之，延博古通今之士以操其简，则所益者有三……"①

可惜的是，虽然王韬早在1878年就提出了这样的建议，但当时的国人虽然已经认识到了近代报刊业的重要性，却仍没有多少人愿意从事报刊行业。这与当时士绅阶层对报刊的偏见认知有极大关系。早年帮助外国人从事报刊编辑工作的中国人，以及自行办报的中国人，均被社会主流阶层视为不务正业，是末

---

① 王韬：《论各省会城宜设新报馆》，刊于1878年2月19日《申报》，转引自张之华编：《中国新闻事业史文选》，北京：中国人民大学出版社，1999年版，第14—15页。

流文人所为，为士林所不齿。

甲午中日战争后，清政府的惨败促使有识之士思考如何才能"救亡图存"，社会上层以李端棻、康有为、梁启超为首的维新派人士，深刻认识到报刊业的重要作用，开始在国内掀起了国人第一次办报热潮。1896年，李端棻在奏议中提出："今请于京师及各省会并通商口岸、繁盛镇埠，咸立大报馆。"①康有为、梁启超等维新人士纷纷响应，创办各类报刊。"可以说，近代维新变法和民主革命的领导、组织者，同时也就是主要报刊的创办者和主持者。"②在四年多时间里，国人创办报刊90余种，约占新出的中文报刊的80%，这是我国第一次国人办报热潮，"以民办报刊为主体的民族报业崛起，结束了外报长期垄断中国报业市场、主宰中国新闻舆论阵地的局面"。③

二、主要城市的报刊业基本情况

1. 北京

北京是这一时期国人创办报刊业运动的发源地，因为它是维新运动的主战场。1895年，康有为在北京创办《万国公报》（后改名为《中外纪闻》），这是维新运动的第一份报刊，它对当时封闭、守旧、思想禁锢严重的北京，冲击甚大。

1895年8月17日，《万国公报》在北京创刊。当时通过康有为的奔走联络，维新人士已经形成了一股政治力量——维新派。该报就是维新派创办的第一份报刊，康有为筹集资金创办，梁启超、孟麦华担任编辑，双日发行。从该报"万国"的取名就可以看出，其报道内容是对当时世界形势的报道。该报曾刊登《地球万国说》《各国学校考》《铁路通商说》等文章，每期发行数量最高达到3000份。1985年11月，京师强学会正式成立，除了维新派人士，也有部分官

---

① 李端棻：《奏请推广学校设立译局报馆折》（光绪二十二年，1896年），转引自张之华编：《中国新闻事业史文选》，北京：中国人民大学出版社，1999年版，第24-25页。
② 刘兰肖：《晚清报刊与近代史学》，北京：中国人民大学出版社，2007年版，第3页。
③ 黄瑚：《论中国近代新闻事业发展的三个历史阶段》，《新闻大学》2007年第1期。

员和大臣参与，维新派的组织能力进一步增强。强学会决定将《万国公报》改名为《中外纪闻》，作为自身的机关报，梁启超和汪大燮担任主笔。12月16日正式更名。

但是，北京作为清政府中央所在地，《中外纪闻》的创办受到顽固派的强力打压，御史杨崇伊弹劾该报"植党营私"。在压力之下，光绪皇帝于1896年1月20日下令查封京师强学会，封禁《中外纪闻》，该报仅出版35天。

至此，北京的近代报刊再次消失，维新派的报刊随之转到上海和其他地区。

2. 上海

上海在这一阶段的地理特殊性和区位优越性再一次体现，并成为事实上的维新派的活动中心。

康有为在北京筹办《中外纪闻》时，就已经认识到北京作为政治中心，维新类报刊的发展必然受到影响和制约。因此，强学会会刊《强学报》，必须"择合群之地"才可创办。这个"合群之地"，他认为就是上海，因为"沪上总南北之汇，为士夫所走集，乃群中外之图书器艺，群南北之通人志士，讲习其间，而因推行于直省焉"。[①]康有为认为，上海具有南北交汇的区位优势，同时也是维新派及开明人士的汇集之地，又有广泛的信息来源，创办于上海的报刊，最后可以将其影响反馈给北京。

这样的判断是非常正确的。上海的中心地位在这一时期彻底稳固。此阶段，上海共出版中文报刊48种，占全国总数的40%以上。不仅仅数量多，而且质量高，影响大，范围广。而《时务报》的创办，则最大程度上奠定了上海作为全国报刊业中心城市的稳固地位。

《时务报》是这一时期全国知名的维新派报纸，是当时维新派所创办各类报刊中最为重要、影响最大的机关报。它创刊于1896年8月9日，由康有为筹款，张之洞等赞助，黄遵宪、汪康年、梁启超等人共同创办，实际上负责的是

---

① 康有为：《〈强学会报〉序》，1896年《强学报》第一期，转引自张之华编：《中国新闻事业史文选》，北京：中国人民大学出版社，1999年版，第86页。

汪康年和梁启超两人，汪康年担任总经理，梁启超担任主笔。报纸为旬刊，以变法图存为宗旨，设置有论说、谕折、京外近事、域外报译等栏目。该报的最大特点在于梁启超的评论文章，先后刊发了《变法通议》《论中国积弱由于防弊》《论君政民政相嬗之理》等，文中梁启超痛陈爱国救亡、呼吁变法维新，由于其文笔精妙，议论恳切，在爱国知识分子和开明官僚中引起巨大反响，"士大夫爱其语言笔札之妙，争礼下之。自通都大邑，下到僻壤穷陬，无不知有新会梁氏者"，[①]以至于达到了"举国趋之，如饮狂泉"的地步。《时务报》发行后，销量从创刊时的3000多份，很快就增加到每期1.2万份，最高时曾达到1.7万份，如果再考虑到报纸的传阅量，这个发行数字在当时是非常巨大的，《时务报》也成为维新派最重要、影响最大的机关报。

3. 天津

天津是维新派在北方最重要的报刊据点，标志性事件是《国闻报》的创办。《国闻报》由严复于1897年10月26日创办，日刊，设有电传、上谕恭录、辕门抄、路透社电讯、论说、本埠新闻、国内新闻、国外新闻等，社论主要由严复撰写。与《时务报》"通上下"的宗旨不同，它主要以"通中外"为重点工作，特别重视译报和刊登西方重要政论及名著，如《天演论》等，在全国具有强大的影响力。

另外，该报对信息来源地十分重视，它不仅在国内各地都分布有通讯员，采录来自全国各地的新闻；更重要的是，它还在国外地区招募特约记者，英国伦敦、法国巴黎、德国柏林、俄罗斯圣彼得堡、美国纽约和华盛顿这些城市都有《国闻报》的特约记者，为报社撰稿。因此，"以通外情为要务"的《国闻报》与《时务报》一北一南，分别掌控了当时我国的舆论界。

《国闻报》在报馆的设立地点上，也采用了一种特殊的斗争策略，当然，这种策略是一种屈辱的无可奈何之举。由于天津与北京毗邻，直隶总督衙门当时也在天津，因此，天津的报刊业活动也受到严格控制。为了《国闻报》的顺

---

① 中国史学会：《戊戌变法》第四卷，上海：上海书店出版社，2000年版，第47页。

利出版，严复将报馆地址设立在天津租界里，同时将报馆主人定为一名未出面的福建人，后又假意转给日本人，而且为了确保人身安全，作为实际的掌控人，严复从未真正踏入《国闻报》报馆一步，决策均在家中做出。

4. 其他部分城市的报刊情况

这一阶段，由于与上海之间的空间距离近，受上海影响较大，杭州在这一时期出现了5种报刊，逐步成为浙江的报业中心；湖南、广西等省份，由于地方官员的推动，办报活动十分活跃；深处内陆的河南、陕西，其省会城市的报刊业开始起步。而与此形成对照的是，香港报刊业在这一时期归于平淡，整体影响力已大大降低。

天津是维新派在北方最重要的报刊据点，标志性事件是《国闻报》的创办。《国闻报》由严复于1897年创办，与《时务报》"通上下"的宗旨不同，它主要以"通中外"为重点工作，特别重视译报和刊登西方重要政论及名著，如《天演论》等，在全国具有强大的影响力，与《时务报》一北一南，分别掌控了当时我国的舆论界。

而这一时期最为典型的当属湖南长沙。长沙地处内陆，长期闭塞，但是它作为报刊业中心城市的崛起过程中，有两大优势：一是谭嗣同、唐才常等维新人士纷集在长沙，二是陈宝箴、黄遵宪、江标等地方重要官员的帮助和支持。因此，以《湘学报》《湘报》为代表，长沙的报刊业获得迅猛发展，并与《时务报》《国闻报》等相互补充和声援，在当时报刊业格局中，发挥了极其重要的作用。

第五节　国内外全面扩张阶段（1899—1911年）

一、该阶段报刊业地理分布变动的原因

在守旧势力的打击下，百日维新很快失败，但历史的大趋势不可逆转，此时的报刊业，其强大的功能和作用已经被社会各界广泛认可和接受，对社会发

展的影响也更加强大和有效。这一时期，整个中国报刊业再次获得跨越式的发展。

1899年之前，所有中外文报刊总数（含停刊、更名者在内）刚刚超过两百多份，但是从1899年维新运动失败到1911年清政府正式覆亡，短短十多年时间里，我国出现了2000多种各类中外文报刊，是之前所有曾出现过的报刊总数的十倍之多。

报刊业之所以能够获得爆发式的全面发展，主要有以下原因：

1. 清政府对报刊业态度的彻底转变

维新运动之前，虽然王韬、郑观应、陈衍等人早在19世纪70年代就呼吁，请求在全国范围之内创办报纸，但这种民间个人的呼声，并不为当政者所采纳。清政府对报刊一直持严厉禁止的态度。甲午战争以后，康有为屡次上书请求解除报禁、广开言路，部分开明官员也开始呼吁开设报馆，戊戌变法的领袖之一、京师大学堂首倡者、曾被光绪帝擢升为礼部尚书的李端棻于1896年在奏议中提出："今请于京师及各省会并通商口岸、繁盛镇埠，咸立大报馆。"[1]1896年3月4日，清政府委派工部尚书孙家鼐为官书局大臣，负责官书局的开办工作。在官书局成立以后，除了刊印一些拥有新思想的书籍以外，还出版了《官书局报》和《官书局汇报》两种报刊，这两份报刊是清政府第一次公开发行的近代官报，同时也反映了清政府对近代报刊的态度已经有所转变。1898年6月至9月的百日维新期间，光绪皇帝曾多次发布谕旨，正式承认官报和民报均具有合法的地位，国人第一次获得了办报的自由权利。

虽然百日维新很快失败，相关报刊也迅速被查封，但是报刊的作用也已经被清政府认可。1900年，八国联军侵华战争的爆发，使得我国彻底沦为半殖民地半封建社会，清政府的国际地位一落千丈，国内管控能力也有所松弛。在这样的背景下，变革的要求呼声日增。1901年，在慈禧太后的默许下，清政府开

---

① 李端棻：《奏请推广学校设立译局报馆折》（光绪二十二年，1896年），转引自张之华编：《中国新闻事业史文选》，北京：中国人民大学出版社，1999年版，第24—25页。

始改革，在军事、政治、法律、经济、教育、文化、社会等领域进行了一系列的改革。清末新政是这一阶段我国报刊业爆发式增长的背景。

1901年4月25日，袁世凯上书清廷："似宜通饬各省，一律开设官报局。报端恭录谕旨，中间纪载京外各省政要，后附各国新政近事以及农工商矿各种学术。遴派公正明通委员董司其事，由省局分发外邑村镇，俾各处士民均得购览。"①这是请求清政府在全国范围内设立官报体系。清廷内部的开明官员，如湖广总督张之洞、湖南巡抚陈宝箴、两江总督刘坤一等也都或公开发表言论，或上书朝廷，认为可以在一定范围内开放"言禁""报禁"。袁世凯还于北洋督署任上，在天津创办了《北洋官报》。

在这样的背景下，《大清报律》的起草被提上了日程。1905年，御史王步瀛"奏请速定报律颁行"，②光绪帝即下令商部起草相关律条。商部完成草案以后，由巡警部审核修改，于1906年形成初稿，共为四十六条，但是外务部对此提出不同看法，认为"各项法律正在修订之际，尚未悉臻完备，若将此项报律遽为订定，一时恐难通行，拟应暂从缓议"。③同时，清政府以"京外报馆由洋商开设者十居六七，即华商所办各报，亦往往有外人主持其间。若编订报律，而不预定施行之法，俾各馆一体遵循，诚恐将来办理分歧，转多窒碍"，而未予颁布。直到1908年1月16日，在各方压力之下，清政府才颁布了中国第一部新闻法《大清报律》，共45条。该报律报律规定：凡是年满20岁的正常人，都可以设立报刊，只要在正式发行之前的20天，向当地衙门所在申报即可。虽然出台以后，各方反应激烈，认为报律并没有真正保障言论自由，但是法律不仅停留在条文层面，更主要是在落实之中。

无论如何，清政府对待近代报刊的态度，已经从严厉禁止转变为开放鼓励。这一阶段，官报体系已经得到全面实施，在全国各省份，或迟或早，都出

---

① 天津图书馆、天津社科院历史研究所编：《袁世凯奏议》，天津：天津古籍出版社，1987年版，第272页。

② 光绪三十一年十一月初二日，军机处为传知速定报律谕旨事交商部片。

③ 光绪三十三年十二月，民政部、法部为议核报律事奏折。

现了官方主办的近代报刊。这些报刊对清末社会的变革，也起到非常重要的作用。

2. 创办报刊已经成为一种社会共识

在清政府官方态度转变之前，民间关于办报的思想早已成为一种共识，并付诸实践之中。

从19世纪70年代开始，屡次受到西方列强侵略的中国知识分子中，已经有部分开明人士开始探寻西方的先进之处。他们陆续将西方国家的自然科学知识、社会科学知识、风土人情状况等介绍到中国。他们专门聘请了翻译人员，负责翻译外文报纸上的文章，转而以中文刊登在报纸上，冲击着当时埋头故纸堆的旧知识分子，使他们开始抬起头来，睁眼看世界。特别是甲午战争以后，日本的强大，更在极大程度上刺激了中国旧知识分子，促使他们探寻为何日本能够战胜中国。此时，通过阅读报刊上的新知识和思想，当时中国的士绅阶层产生了极大震撼。变法图强成为许多人的选择，而创办报刊，传播新思想，也成了许多人的共同选择。当时大变革的时局，使得无论是守旧派、改良派、维新派还是革命派，都把报刊作为发表观点、传播信息的主要平台。

这一点，从该阶段国人办报数量的爆发式增长就可以看得出来。1900年以后，创办报刊的，不仅仅是士绅阶层，商人等其他各类人群也开始纷纷创办报刊。在报刊内容上，也不仅仅如维新派那样局限于政论报刊，而是出现了商业报刊、娱乐报刊、科技报刊、文化报刊等后世各种报刊类型；在发行数量上，少则几百份，多则成千上万份，报刊的发行量也相较于前一阶段出现了迅猛增长。

从受众方面，之前报刊的受众主要是外国人，之后关心政局的士绅阶层也开始从报刊中了解外界情况。维新运动以后，普通大众也开始阅读报刊，甚至在有的地方开始出现读报所，专门为目不识丁的大众阅读报纸。

3. 外国人在华办报也再次发展

在庚子之变前后，东西方列强就已经开始以各种方式进入中国。庚子之变前，外国人办报的主体是外国传教士，此外还包括部分外国商人。在创办报刊的外国人中，以英国、美国人为主，以英文报刊为主。

庚子之变以后，包括日本、德国、法国、俄罗斯等各国在内，都在中国土地上开始创办报刊。办报主体超出了传教士范畴，商人、外交官等开始大量加入办报序列；报刊的语种也呈现多样化的趋势，各国语言的报刊都逐渐出现；报刊的内容也包罗万象。外国人也形成了一股强大的助力。

此时，官方、民间和外国势力共同发力，促使该阶段我国报刊数量的爆发增长，也在一定程度上，为辛亥革命的成功做了思想上和舆论上的准备。

二、该阶段报刊业地理分布变动的特征

在地理分布特征上，该阶段报刊业主要有如下特点：一、当时所有省份，均有了自己的报刊，形成了覆盖全国的局面；二、部分省份报刊网点的密集度大大提升，报刊区域化的格局进一步加强；三、地区发展不平衡现象进一步凸显，东西、南北差距进一步扩大；四、官办报刊、政党报刊、商业报刊、科技文化教育类报刊和外国人在华报刊等五大类报刊，在地区发展轨迹上既有相互交叉，也有各自的流向；五、实现了从国内到国外的突破，海外中文报刊全面发展，在地理范围上，美国、日本和南洋地区的中文报刊业获得快速发展，数量不断增加，形成了当时独特的区域迁移特征。

1. 报刊业实现了全国范围的覆盖

这一阶段，报刊业由于官报和民报的共同发力，实现了全国范围的覆盖。

首先，清政府在全国除新疆以外建立了官报体系。清代大部分时间里，全国共有18个省，设15个巡抚。其中，山东、山西、河南、安徽、江苏、江西、浙江、福建、广东、广西、云南、贵州、湖南、湖北和陕西设巡抚，每省各一人；直隶、四川、甘肃以总督兼巡抚。光绪十年，设立新疆省；光绪十一年，设台湾省（后因甲午战争失败，被割让给日本）；光绪三十三年，设立奉天、吉林和黑龙江省，各设巡抚一人。即在1907年（光绪三十三年）以后，全国共有22个省份，以及由理藩院管理的蒙古、西藏、青海等地。

在1899年之前，全国虽然因维新运动而新增了105家报刊，而且分布范围也扩张到了内地，但是就全国范围来说，还有许多省份如山西、贵州等地没有出现近代报刊，东北、蒙古、西藏、青海等地更不用谈。

从1900—1911年，清代官报体系开始建立。所谓官报，就是清政府中枢和地方各级政府主办的近代报刊，在10多年时间里，共出版了60多种官报，从地理分布范围来看，除了西藏和新疆以外，起码在省会城市这一层级上，所有省份都有了自己的报刊。

表5 1899—1911年全国拥有报刊省份及城市情况表[①]

省份	城市	数量
直隶	北京、天津、保定	3
山西	太原	1
陕西	西安、三原	2
河南	开封	1
江苏	上海、南京、苏州、无锡、吴县、扬州、宜兴、常熟、昆山、阜宁、太仓、镇江、江阴、南通、常州、嘉定	16
浙江	宁波、杭州、温州、金华、台州、衢州、处州、严州、嘉兴、湖州、绍兴	11
福建	福州、厦门	2
安徽	芜湖、安庆	2
广东	广州、汕头、梅县、海丰、台山、番禺、潮州、香山、佛山、顺德、大埔、海东	12
广西	桂林、梧州	2
江西	南昌、赣州、九江	3
湖北	汉口、武昌、宜昌	3
湖南	长沙、衡山、宁乡	3
四川	成都、重庆	2
贵州	贵阳	1
云南	昆明	1

① 数据来源为：方汉奇：《中国新闻传播史》，北京：中国人民大学出版社，2009年版，第115页。

（续表）

省份	城市	数量
山东	济南、烟台、青岛	2
奉天	奉天、营口、海城、大连	4
吉林	长春	1
黑龙江	哈尔滨、齐齐哈尔、黑河	3
甘肃	兰州	1
新疆	伊犁	1
西藏	拉萨	1

这样巨大的变革，当然离不开政府力量的推动。1901年4月25日，袁世凯上书清廷："似宜通饬各省，一律开设官报局。报端恭录谕旨，中间纪载京外各省政要，后附各国新政近事以及农工商矿各种学术。遴派公正明通委员董司其事，由省局分发外邑村镇，俾各处士民均得购览。"[①]袁世凯的奏折中，明确提出了各省均设官报局和报刊"分发外邑村镇"的主张。张之洞、陈宝箴、刘坤一等朝廷大员也都纷纷呼吁建立官报体系。

1902年12月25日，袁世凯领导下的北洋督署于天津创办了《北洋官报》，标志着清政府在报刊领域政策的实质转变，开始利用报刊为加强自身统治服务。1903年，四川学政吴郁生上书，请逐日刊行朝廷重要新闻，政务处议复："嗣后凡有内外衙门奏请各折件，拟由军机处抄送政务处。其非事关慎密，即发交报房刊行，日出一编，月成一册。传观既迷，最易流通。"[②]1904年，御史黄昌年再次上书，请求模仿西人日报之例，将朝廷谕旨阁抄公布于众，议复为："嗣后具奏折件，除事关慎密及通例核复之件毋庸抄送外，所有创改章程及议定事件，皆于奉旨后咨送政务处，陆续发刊，以广传布。"[③]此时，官报已经从传统提塘的"宫门抄、辕门抄、谕折汇存"旧制中，产生出新的内容，更

---

① 天津图书馆、天津社科院历史研究所编：《袁世凯奏议》，天津：天津古籍出版社，1987年版，第272页。

② 戈公振：《中国报学史》，北京：中国新闻出版社，1985年版，第40页。

③ 同上，第42页。

重要的是，其主导思想已经发生了根本性改变。如果说传统提塘的阅读对象是各级官员的话，那么此时清廷议复中所谓的"以广传布"，其阅读对象已经不再局限于官员，而是指普通民众。

官报按主办单位可分做中央、总督辖区、省和县四级，在行省这一层级上，全国22个行省中除新疆外都办有自己的官报，形成了一个纵向四级、横向遍布各地的结构严密的官报网络。官报对地域的覆盖，主要表现在派购上，即借由行政力量，由上到下层层派购，自然而然地实现了全国范围的扩展。

在官报体系之外，民间报刊的发展更是如火如荼。1901年以后，随着报禁、言禁的废除，清末新政的成果开始在报刊界体现出来，国人办报再次进入蓬勃发展期，官绅士民自办的报刊纷纷涌现。1906年清政府宣布预备立宪以后，民报的发展更加迅猛，进入第二个国人办报热潮。这自然使得近代报刊业的地理覆盖范围更加广泛，全国范围内，再无没有报刊的省份。如新疆的第一份报纸《伊犁白话报》，就是由同盟会会员冯特民于1910年3月在伊犁惠远城（今霍城县）创办，当时的惠远城是新疆的中心城市，新疆将军府即设于此。至此，我国所有省份均有了自己的报纸。

2. 部分区域连片成网，报刊区域化格局进一步加强

上一阶段，仅有江浙区域和两湖区域初步形成报刊区域，但其区域性并不十分明显。全国范围来看，更普遍的情况是，一个省份只有省会或者两个城市拥有报刊。

1899年以后，特别是1906年预备立宪的实施带来的第二次国人办报热潮，使得报刊的区域性联系更加紧密，区域化格局进一步增强。

从表7可以看出，当时全国范围内，直隶、江西、湖北、湖南、黑龙江5个省份内，已经有3座城市拥有报纸；奉天省有4座城市拥有报纸；浙江省有11个城市拥有报纸；广东省有12座城市拥有报纸；而江苏一省有16座城市拥有报纸。考虑到清代的城镇化水平，在一个省份范围内，能够有3座以上城市拥有报刊，已经是相对比较集中的区域。奉天省后来居上，短短时间内，4座城市拥有报刊，这既与国人自办报刊有关，也有俄罗斯在东北的侵略活动有关。

如果从报刊数量来看的话，其地域分布的密集度更高。上海中心进一步抬升，其他城市的重要性也逐步增加。

特别是广东、浙江等地，由于地理位置的优势和报刊业的较早发展，已经有10座以上城市拥有报刊，但如果从区域性角度来说，最为典型的当属江苏省。

在江苏一省范围内，已经有上海、南京、苏州、无锡、吴县、扬州、宜兴、常熟、昆山、阜宁、太仓、镇江、江阴、南通、常州、嘉定等16座城市拥有报刊，而且各个城市之间的互动性非常强烈。

以上海和苏州的关系为例，所有报刊都想要扩大自己的发行范围，而周边城市和地区是最佳的选择。苏州是江苏省省会，人口稠密，经济发达，对于上海报纸而言，100多公里的空间距离是完全可以忽略的，务必要把苏州变成重要的行销范围，也成为重要的外埠市场。上海报纸发行到苏州，经历了委托信局、报馆自运以及火车运输等几个阶段。19世纪70年代，上海报刊业也处于起步和发展阶段，由于经费问题，上海报纸是通过民信局向苏州运送报刊，第一天印刷好，第二天在上海发行并委托信局发往苏州，苏州订户在第三天的下午三四点钟，就可以看到来自上海的报纸；到了九十年代，上海报纸竞争日趋激烈，对外埠市场更加重视，因此，上海有报馆开始自行组织力量运送报刊，漏夜出发，第二天中午即可抵达苏州进行分发，比其他报纸早一天送到用户手中，因此一下子打开了市场。到了20世纪初期，水路运输又改为铁路运输，早晨报纸送上列车，一般中午十一二点就可以达到苏州，且运费更为低廉。[1]

另外，为了获得苏州市场，上海报纸不仅仅在时效性上做文章，更在报刊内容上下功夫。对于新闻来说，一般越是本地内容，越容易引起受众的关注。因此，上海报纸上经常刊登关于苏州的新闻，以吸引苏州用户的订阅。如《申报》在1872年4月25日就增设了"苏申新闻"一栏，且特意将苏州放在上海之前，专门刊登苏州和上海新闻，而把其他地方的新闻冠以"中外新闻"的名称。通过爱如生数字化《申报》系统查询，从1872年4月30日到1875年7月31日

---

① 包天笑：《钏影楼回忆录》，北京：中国大百科全书出版社，2009年版，第107页。

三年多时间里，《申报》共刊登苏州新闻1416条，每天将近1.5条。这对于一家上海报纸来说，苏州的重要性可见一斑。

表6　早期《申报》中苏州新闻数量表①

地点	苏州	吴县	长洲	元和
数量	866	211	174	165

由江苏、浙江、广东等地可见，我国报刊业的网点密集度大大提升，从点到线，现在连接成片，形成了以京津为中心的华北区，以上海为中心的华东区，以粤港为中心的华南区，以武汉为中心的华中区，以奉天、黑龙江为中心的东北区，以成都、重庆为中心的西南区和以西安为中心的西北区。

3. 报刊业的区域发展不平衡更加明显

虽然这一阶段报刊已经实现了全国覆盖，各个省份都有了自己的近代报刊，但一个突出的表现是，区域发展不均衡现象十分明显。

如表7所见，虽然江苏、浙江、广东等省份拥有报刊的城市数量多达十几个，且报刊数量多的达到一城百报，少的也有几十份报刊，但是相较于这些发达省份，山西、河南、贵州、云南、吉林、甘肃、新疆等7个省份，全省只有一个城市拥有报纸；福建、安徽、广西、陕西、四川等5个省份，共有两个城市拥有报纸；直隶、江西、湖北、湖南、黑龙江5个省份，有3座城市拥有报纸；奉天省有4座城市拥有报纸。

从地理分布情况看，东部和南部报刊业的数量和质量，明显要优于西部和北部。江浙、两湖、两广地区的报刊业，在数量上占据了全国90%以上，在影响力上明显优于其他地区。北方除了北京和天津外，其他地方的报刊业亟须提高，而广大中西部地区，拥有报刊的城市数量很少，也不能很好地对全省产生辐射影响；另一方面，报刊的数量相比较东部和南部地区，也要少得多。如山西太原仅有《晋报》《晋阳公报》等寥寥数家刊物。

从时间情况来看，中西部地区和北部地区的报刊业起步也比较晚，山西

① 爱如生数字化《申报》系统，http://test.er07.com/eruson.jsp

的第一份近代报刊《晋报》诞生于1902年，河南第一份报纸《河南官报》诞生于1904年，蒙古到1905年、西藏到1907年、新疆到1910年才拥有自己的第一份报刊。

这种地域空间上的不均衡和发展时间线上的不均衡，与不同省份所处地理位置的不同有着密切的关系，与地方政府和士绅阶层的认知有着密切的关系，也是各省份综合实力在报刊业上的投射。

4. 各类报刊的地区轨迹有交叉，也有分野

这一时期，报刊数量的增多，也意味着报刊宗旨的复杂化。如果说前一阶段外国传教士在中国办报的主要目的是为了传播教义的话，那么到了1900年以后的中国，随着各类思想的广泛输入、政党派别的日益繁多、办报诉求的不断分化，报刊的地区轨迹也呈现不同的划分方式。

隶属于清政府的官报体系，自然而然是按照行政层级，在全国范围内逐级自上而下覆盖，当然，以当时清政府的财力水平，也很难做到县级政区出版官报，主要是在省会一级，部分发达地区的府州一级也有自己的官报。

除了官报以外，维新派主办的改良类报刊，主要是在北京。虽然在维新运动中，清政府杀害了戊戌六君子，但维新派基本来说属于改良派，他们只是希望清政府能够实现宪政，并没有彻底推翻清王朝的想法。进入20世纪，特别是清政府实施预备立宪以后，维新派也成了所谓的保皇派，在政治利益上与清王朝相互支持。

革命派的报刊，主要是在两广和江浙地区，这些地方与西方国家接触最早，各类思想的输入和传播也历时已久，对英国、法国、德国等国家的近代化进程有所了解，对清政府的革命态度也最为坚决。

商业类、娱乐类、科技文化教育类报刊则紧紧依附于商品经济活跃的地区，而由于此时我国殖民地程度大大加深，外国人在华创办报刊地区更广，台湾的日文报刊、东北的俄文报刊、山东的德文报刊等都体现了半殖民地化的特征。

特别说明的是，上海是各国势力、国内各派别杂处之地，因此，无论哪种类型的报刊，都能够在上海找到。

5. 国人办报实现从国内到国外的突破

我国报刊业，起源于外国人在国外创办的中文报纸。而在这一阶段，由于侨商、留学生、政治团体等力量的推动，国人开始走出国门，在海外创办了大量的中文报纸。《清史·报刊表》所载共计248种海外华文报刊中，1901年至1911年创办的就占到了188种，覆盖了日本、美国、新加坡、加拿大、澳大利亚、欧洲、缅甸、越南、菲律宾等国家和地区。[1]

海外华文报刊自然是以海外华人为主要受众的报刊，它的出现，一般而言需要四个条件："一是有一定数量华侨华人聚居的社区，二是有一定数量的通晓中文的编辑撰稿人员，三是有一定数量的认识中文有阅读能力的受众，四是有必要的印刷技术和印刷设备。"[2]

严格意义上来说，第一份海外华文报刊，并不是1837年在广州出版又运到南洋发行的《东西洋考每月统记传》，而是1854年在美国旧金山创办的《金山日新录》，这也是一份教会刊物，由美国基督教会创办，其主要目的是为了对当地25000多名华工进行传教。[3]此后，英国于1866年在伦敦创刊了《飞龙报篇》，澳大利亚于1894年在悉尼出版了《广益华报》，日本于1898年在神户创刊了《东亚报》，泰国曼谷和缅甸仰光于1903年分别出版了《汉境日报》和《仰江日报》。

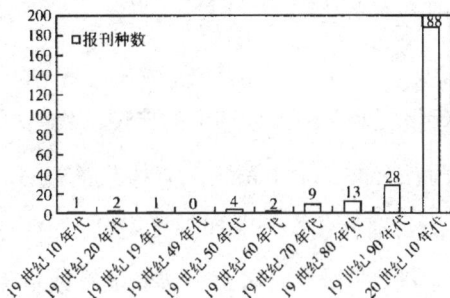

图1　1815—1911年各时期海外华文报刊数量表

---

① 方汉奇：《〈清史·报刊表〉中的海外华文报刊》，《国际新闻界》2005年第5期，第70页。
② 同上，第71页。
③ 方汉奇：《中国新闻传播史》，北京：中国人民大学出版社，2009年版，第100页。

从1815—1911年间海外华文报刊创办的数量来看，一直到19世纪70年代之前，华文报刊的数量都相对比较少，进入19世纪90年代以后，特别是进入20世纪，华文报刊数量才迅猛增加，其原因就是维新派和革命派以及中国海外留学生等各个群体在海外的共同努力。

从地理范围上来看，"这一时期的华文报刊遍布于除非洲以外的世界各地。基本上是有华人华侨处，就有华文报刊"[1]，但是从报刊数量上来看，地理分布也并不均匀：日本的华文报刊数量最多，因为日本毗邻中国，地理位置上的便利条件，使得维新派、革命派都曾在该国活动多，日本也是清末中国留学生最多的国家。此外，由于美国大开发进程中，从东南沿海地区以欺骗的方式引入了多达几万名华工，革命派也把美国视为活动的一个主要基地，因此，美国的华文报刊数量也比较多。最后就是南洋地区，这里拥有数量最多的海外华人，华文报刊的数量也比较多。

总之，这一时期我国的报刊业实现了由量变到质变的转换，不仅仅报刊业数量跨越式增长，办报主体也呈现多元化的发展态势，报刊所在的区域实现了全国覆盖并开始走向国外。

第六节　小　结

从上述对我国近代报刊业在地区迁移上的梳理，我们可以得出以下结论：

第一，报刊业作为社会的一个子系统，在其发展初期，受到了其他社会系统的严重影响和制约。我国近代报刊业在其发展过程中，受到了外国传教士、外国商人、外国政府、开明士绅、洋务派、维新派、改良派、革命派和清政府等多种势力的推动。因此，在辛亥革命前近百年的发展历程中，报刊业不断发生区域迁移。这种迁移，并非是报刊业的主动选择，而是其他力量作用的结

---

[1] 方汉奇：《〈清史·报刊表〉中的海外华文报刊》，《国际新闻界》2005年第5期，第72页。

果。当时的每一次迁移，都与重大历史事件之间存在高度的对应关系：鸦片战争之前清政府的闭关锁国政策，使得近代报刊业产生于国土之外；第一次鸦片战争打开了中国国门，报业地点随之迁往国内，先期主要在外国势力集中的港粤发展；而上海开埠、第二次鸦片战争等多种因素的综合作用，使得报业中心地迁往上海，沿江沿海格局形成；维新运动带来的国人办报热潮，则促使报刊业开始向内地推进；到20世纪初，不断加深的国家危亡，使我国报刊业再次出现了跨越式发展，并实现了从国内到国外的布局。

第二，报刊业也会对区域发展乃至整个社会变迁产生重大影响。报刊业不仅仅受到社会变革的制约，当它成长起来，成为近代社会发展的一种重要推动力量之后，就会对社会其他系统产生积极作用。这种影响，不仅仅局限于某一个方面，而是对经济、政治、文化、宗教、外交等社会各个体系全面而深刻的影响，其结果必然导致区域格局乃至整个社会的巨大变革。"近代报刊在相当大的程度上也促进了中国社会的近代化转型的进程"，并"成为社会变革运动中的首要推动因素"。[1]曾担任晚清宫廷史官十九年之久的恽毓鼎在其日记中写道："清室之亡，实亡于上海"，原因是"宣统之季，构乱之奸徒，煽乱之报馆，议和逊位之奸谋，皆聚于此"。[2]作为报刊业中心城市的上海在辛亥革命中的重要作用，就是这一点的明确体现。

第三，报刊业在地理位置上迁移，往往是沿着两条线路进行的：一是经济政治发达地区的变动，一是高知阶层的迁移。这是由报刊业本身的需求和特性所决定的。报刊业的特殊，在于其对经济、政治的高度依赖和高知识性的行业特点。经济、政治越发达的地方，或者知识密集度越大的地方，媒介产业的发展程度也就越高；反之，则媒介产业的发展就受到极大制约。也因此，经济或政治中心的移动，往往也会导致报刊业所在地的迁移。香港报刊业的衰落和上海报刊业的崛起，是经济、政治和人才等多种因素综合作用的必然结果。而上

---

① 梅琼林：《中国近代报刊发展与社会转型》，《云南社会科学》（昆明）2005年第5期。
② 史晓风整理：《恽毓鼎澄斋日记》（下卷），杭州：浙江古籍出版社，2004年版，第774页。

海之所以能够成为报刊业的中心，除了其作为经济中心和离政治中枢恰当的地理位置等因素之外，还要考虑到租界这种"国中之国"的特殊区域带来的便利，而当时报刊业在地区发展上的严重不平衡，更是各省综合实力在报刊业上的投射。

第四，近代报刊的形成，与城市的发展是密不可分的；报刊业的繁荣，也进一步推动了城市的近代化。"没有都市中心，大众媒介不可能产生；同样，没有大众媒介，都市中心的发展恐怕也不会成功。"①报业的发展，需要种种人文因素和自然因素的支撑。人口集聚度、受教育水平、经济发展水平、交通条件、自然环境，等等，都是影响和制约报刊业发展的要素。而一般来说，城市往往是一个区域内，人文因素和自然因素的最佳结合地。晚清我国区域政治经济不断发生剧烈变动，使得报刊业在分布地区上不断位移，但纵观整个过程，报刊业的所在地，往往都是省会城市或者次一级城市，也就是说，除了纯粹的出于政治等特殊因素考虑之外，城市一般是报刊业获得良性发展的首选场地。而近代报刊的兴起，"还对城市社会产生了巨大的影响，促进了地方城市的近代化"②，主要表现在对作为城市居民的人的近代化、城市文化的塑造和共同感的培养等诸多方面。

第五，来自社会系统内部力量的推动，是近代报刊业地区迁移的决定性因素。在维新运动前漫长的八十年岁月中，我国近代报刊业的主要驱动力以外国力量为主。他们在华创办报刊，是为了更好地实现传教、经商或政治等目的，而不是为了彻底地改变中国落后的状况，因此，报刊业的地区迁移，主要随着通商口岸的增设而开展。而从维新运动开始，国人自省带来的报刊业大繁荣、大发展，使得我国报刊业在短短不到二十年的时间里，不仅实现了国内的基本覆盖，还走向国外，扩大了国际影响。国人办报，才是地区迁移的决定性因素。

---

① 虞和平：《商会与中国早期现代化》，上海：上海人民出版社，1993年版，第61—62页。
② 周忍伟：《内地城市近代报刊兴起与大众传媒发展特征——以皖江城市为例》，《华东理工大学学报》2004年第3期。

第二章

近代与传统：晚清城市与近代报刊业

西方学者奥斯瓦尔德·斯宾格勒认为，在西方社会，近代报刊是城市崛起的智力引擎。[①]邵培仁提出："城市是大众传播媒介坐落的最佳地理环境，是新闻和信息的生成和传播中心；城市也为媒介提供了充足的财力资源或广告资源；城市为媒介提供了大量的有一定文化基础的和有消费能力的近程受众；城市吸纳和集中了大量受到过专门训练有素的优秀媒介人才。"[②]从我国近代报刊业的发展历程中也可以看出，城市是报刊最好的发展体，为报刊提供了各要素的全面准备。在双方的关系上，城市孕育了报刊，报刊也为城市发展提供了动力，因此，非常有必要深入探究晚清城市与近代报刊业地理分布的关系。

第一节　晚清中国城市发展的两种类型及其对报刊业的影响

1840年鸦片战争的爆发以及此后的被迫开埠通商，标示着中国进入半殖民地半封建社会的时期。这一进程中，西方列强在不断加深掠夺中国的同时，客观上将更为先进的政治、经济、科技、文化等同时传入中国，促使中国开启了

---

① ［德］奥斯瓦尔德·斯宾格勒著，田农等译：《西方的没落：世界历史的透视》，北京：商务印书馆，1991年版，第207页。
② 邵培仁：《论中国媒介的地理集群与能量集聚》，《新闻大学》2006年第3期，第102页。

艰难的近现代化进程。

中国近代化进程表现在方方面面，学术界从不同的角度开展了大量的研究，但是，"从空间的角度考察，中国社会的巨大变化首先发端于沿海沿江的通商口岸，再沿着交通道路往广大的内地扩展，由此导致了各区域的巨变。近年来，学术界关于中国现代化进程的研究，目的就是探讨这一场持续一百多年的深刻的社会变革如何从港口城市向广大的内地发展，通过双方的互动形成后来的经济格局，从而对当时和今天产生重要影响"①。吴松弟认为，中国的社会变革，是从港口城市兴起，并向广大内地发展的，两者之间体现为"港口——腹地"的关系，并在彼此的相互作用中影响了近现代中国的整体格局。

一、晚清中国城市的分化：通商口岸城市与传统城市

晚清中国城市的分化，主要表现为两种类型：通商口岸城市与传统城市。"道光二十二年以后，中国被迫对外开放，城市的发展出现了新的变化，一方面是开埠通商城市兴起，随之而来的就是进出口贸易的扩张，现代工业和现代教育的兴起发展，城市人口迅速增加，城市空间规模扩张，突破城墙的范围，特别是上海、天津等沿海沿江开埠通商城市随着对外开放和租界的开辟，城市空间更是发生了巨大的变化。但另一方面是越来越多的中小城市在外力冲击和内部危机的影响下，发展停滞、萎缩。因而在多重因素的综合影响下，晚清城市街区的发展状态出现了明显的分化。"②何一民将晚清中国城市的发展分为两种类型：一种是开埠通商城市，主要分布在沿海沿江地带，在经济发展的刺激下，近代化进程明显加快，租界等新的城市空间开始形成，并对城市布局产生重要影响；另一种类型则是传统的中小城市，在内外压力之下，发展停滞甚至萎缩。

---

① 吴松弟：《通商口岸与近代的城市与区域发展》，《郑州大学学报》（哲学社会科学版）2006年第6期，第5页。

② 何一民：《清代城市规模的静态与动态考察》，《西南民族大学学报》（人文社会科学版）2014年第11期，第219页。

之所以会出现这种城市发展的分化现象，何一民认为，"在东部沿海、沿江地区，由于对外开放，部分开埠通商城市和新型交通枢纽城市的迅速发展，与世界经济发生了直接的联系。随着社会经济出现新的发展趋势，城市也出现较大的发展，但清廷对这些城市的行政建置的调适反映却较迟滞，与其快速的经济增长和人口规模的增加极不相符……建置城市的设置和提升，与晚清社会经济发展速度和城市量、质变化极不相适应，这充分表明了晚清统治者在新的世界经济潮流面前的保守和迟钝，城市设置和措施远不能适应'变局'的时代要求"①。新的世界经济潮流与晚清统治者的保守与迟钝，使得中国开埠通商城市和传统城市两种类型的分化变得越来越明显。

从1842年广州、厦门、福州、宁波、上海等五处设为通商口岸开始，到1930年代开放广东中山港为止，清政府通过签订条约等方式被迫开放或者自行开放的口岸城市多达104个，加上胶州湾、威海卫、广州湾、旅顺口和大连湾这四处租借地和香港、澳门两块殖民地，事实上的中国通商口岸达到了110个。在省份覆盖上，除了山西、陕西、青海、宁夏、贵州等少数省份，中国绝大多数省份都或多或少设有通商口岸。

当然，不是所有的通商口岸都很快走上近代化进程，通商口岸的发展程度，与所处的地理位置有着密切的关系，"尽管各个通商口岸在不同地区的现代化进程中扮演了重要的角色，但就全国而言，最重要的是分布在沿海、沿长江的口岸，特别是沿海口岸"②。

吴松弟认为，沿海、沿江的口岸城市，无论在对外贸易额、交通运输便利性、租界设立、工商业发展程度等方面，都要远远超过内地或者沿边口岸。在中国铁路、公路、航空等新式交通发展以前，水运是最为便捷的交通方式，上海、天津、广州、福州、厦门、宁波等城市，既是沿海城市，同时又与内河水系紧密相连，腹地的工商业产品，通过这些沿江沿海城市实现便捷的对外贸

---

① 何一民：《清代城市数量的变化及原因》，《社会科学》2014年第8期，第158页。

② 吴松弟：《通商口岸与近代的城市与区域发展》，《郑州大学学报》（哲学社会科学版）2006年第6期，第5页。

易输出。在这种传统格局的影响下，当铁路、公路等新式交通开始发展的时候，这些城市的实力得到进一步的增强，并强化了晚清城市格局的分化，"近代以前以首都和各省省会为中心的交通体系，近代已逐渐转化为主要以口岸城市或省会为中心的新格局"①。沿江沿海口岸城市的发展，对周边地区也产生了极大的辐射作用，并在自身内部出现了各种新式要素。"通商口岸对20世纪初的中国经济发展具有显著的促进影响，即距离通商口岸越近的地区，城市人口越多、人口密度越大、劳动生产率越高；通商口岸为近代新式教育的出现提供了条件，包括中国留学生、新式学堂和教会学校等新生事物首先在通商口岸兴起，再向内地推广辐射，进而促进了近代人力资本的发展，最终决定了20世纪初的经济发展水平。"②

在通商口岸城市发展的同时，中国传统城市却普遍走向衰落。"需要强调的是，在部分开埠通商城市出现较大扩展的同时，相当多的传统政治型城市出现分化，普遍出现衰落，这是过去的研究较少关注的方面。在持续动荡的晚清社会中，只有所占比例较少的开埠通商城市出现不同程度的发展，中国大部分城市在内外围及的冲击下，相继出现不同程度的衰落，特别是在咸同大乱期间遭受战争重创的地区，城市残破极深，部分城市人口大量减少……相当多的地区的城市虽然没有遭受战争的直接破坏，但也受到传统经济衰落和社会动乱的影响而出现城市建成区萎缩的现象。"③中国传统城市的衰落，是整体性的衰落，既体现在政治控制力的减弱、经济的衰退、城市空间的闲置，更体现在文化教育等领域方面的落后，加上科举改制等方面的冲击，传统城市的文化事业和产业发展相对落后。

---

① 吴松弟：《通商口岸与近代的城市与区域发展》，《郑州大学学报》（哲学社会科学版）2006年第6期，第6页。

② 林矗：《通商口岸、新式教育与近代经济发展：一个历史计量学的考察》，《中国经济史研究》2017年第1期，第67页。

③ 何一民：《清代城市规模的静态与动态考察》，《西南民族大学学报》（人文社会科学版）2014年第11期，第219页。

二、不同城市类型对报刊业选址的影响

张晓虹认为，对一个区域及其内的要素进行研究，就要将其作为一个地理综合体，从地理位置、历时性和综合性三个属性角度进行分析。"区域的地理位置是……区域之所以形成的自然基础，是区域的第一属性"[①]，同时，"区域的形成是一个历史过程，无论是政治区、经济区，还是文化区，抑或是自然区都有其形成过程，而这一过程不仅是边界变动、面积盈缩，还包括该区域的地域特点及其内部的地域差异的形成"。此外，还要从综合性角度来考虑区域发展，"当我们从某一要素切入区域时，要时刻意识到区域作为一个整体，必须综合考虑相关要素之间的有机联系，才能真正把握着该要素在区域中的作用与价值，才能透过该要素深入认识区域、理解区域"[②]。

开展城市与报刊业的研究，也应该遵循上述原则。城市是报刊业的最佳载体，报刊业的发展也推进了城市的发展。当然，这种作用有着先后的顺序，首先是城市孕育了报刊，当报刊发展壮大到一定阶段以后，才会对城市规划发展起到反作用。要在区分认识城市不同地理位置、发展路径的基础上，综合考察其与报刊业之间的相互关系。

从根本上来说，清代的近代报刊业发展历程经历了颇多坎坷，受到政治、经济、文化等多种因素的制约。因而，近代报刊业在城市中的选址及作为一种行业的集聚，是需要综合考虑多种因素才能够形成的。不同类型的城市，近代报刊业在产生时间、选址空间、设立数量、报道内容等方面有着截然不同的发展。

一方面，通商口岸城市——特别是其中租界的存在和发展，成为了我国近代报刊发展的最佳选址，上海就是其中最为典型的代表。"绝大多数城市的租界，都发生了类似上海那样的变化。此外，中国最早的西医、西药、西式

---

① 张晓虹：《历史地理学发展要旨——坚守区域性、历时性与综合性的学科特色》，《中国历史地理论丛》，2017年第1期，第19页。
② 同上。

医院、新式报刊、新式学校、新式演出舞台以及出版机构，也大多首先出现在口岸城市。"①租界所带来的政治空间缝隙，是近代报刊业发展的最大依仗，也是在地理位置上集聚成群的形成机制；另外，经济的发展、文化的繁荣、需求的增加等都进一步促进了近代报刊业在数量上的迅猛增长和在空间上的加速聚集。

另一方面，中国传统城市的全面衰落，也导致了作为新式事物的近代报刊业缺乏产生的动力、发展的空间，即便是如北京这样的中心城市，报刊业在产生时间上，要远远落后于通商口岸城市；在报刊数量上，要远远少于通商口岸城市；在空间分布上，受到多种因素的制约；在报道内容上，要显得更加谨慎。

本文将以上海和北京为考察对象，通过个案分析的方法，详细论述通商口岸城市和传统城市对报刊业的不同作用。

第二节 通商口岸城市与近代报刊业——以上海为中心的考察

1917年2月8日，曾担任晚清宫廷史官十九年之久的恽毓鼎在日记中写道："清室之亡，实亡于上海"，原因是"宣统之季，构乱之奸徒，煽乱之报馆，议和逊位之奸谋，皆聚于此"。②恽毓鼎将清王朝覆灭的原因归结于上海，并具体指出奸徒、报馆、奸谋都是产生在这里。这其中，报馆发挥着至关重要的作用，因为报馆是信息生产和流通机构，之所以会有如此多的"奸徒"，就是因为报馆持续的"煽乱"，同时报馆还探讨民主政治、批评清廷等，并通过发行活动在全国范围内形成影响力，最终推翻了清王朝。

---

① 吴松弟：《通商口岸与近代的城市与区域发展》，《郑州大学学报》（哲学社会科学版）2006年第6期，第6页。

② 史晓风整理：《恽毓鼎澄斋日记》（下卷），杭州：浙江古籍出版社，2004年版，第774页。

一、上海报刊业得以发展的基本因素

上海能够成为近代报刊业的中心，"是由上海所具有的优越地理环境和两次鸦片战争所形成的条件造成的"①。对于报刊业发展来说，区位因素、经济水平、人口情况、文化景观、消费能力等都为报刊业的发展提供了良好的条件。

1. 上海区位优势的发挥是报刊业发展的基本条件

上海在北宋初年形成聚落，而后一步步发展成为村社、集镇，到北宋熙宁年间，设立了作为酒务税收机构的上海务，南宋末年成立了上海市舶司和上海镇，元代至元二十八年（1291年），上海终于设县。民国年间的王钟曾撰写今隶属于上海的《法华乡志》，其中有这样的记载："上海一隅，本海疆瓯脱之地。有元之时，国家备海寇，始立县治于浦滨，斥卤方生，规模粗具。自明至清之初，均无所表见。时市肆盛于南城，城之北，荒烟蔓草。"②从上述描述中可以看出，直到清代初年，上海依然是被人们称为"区区草县"的所在，即不值一提的小县城。

但是上海独特的地理位置决定了它的发展潜力，在1843年开埠之前，上海已经从"区区草县"上升为"江海通津、东南都会"。这是因为，上海的发展，与海禁政策直接攸关。"凡海禁之时，上海必定百叶凋零、四民失利；海禁一开，上海便立呈活跃，市面兴旺。"③清代初年，厉行海禁，"片板不准入海"，上海"四民失利，故往时所号为大富室者，今多萧然悬罄矣"。到康熙二十四年（1685年），海禁解除，并在上海设立江海关，上海开始"莞输南北、转输江海"④，"自海关设立，凡远近贸迁皆由吴淞口进泊黄浦。城东门外，舳舻相衔，帆樯比栉"⑤。雍正七年（1729），海禁完全解除，上海再次快速发展。到嘉

---

① 方汉奇：《中国新闻事业通史》第一卷，北京：中国人民大学出版社，1992年版，第306页。

② 王钟：《法华乡志》序

③ 周武：《开放传统与上海城市的命运》，《史林》2003年第5期，第13页。

④ 康熙《上海县志》序

⑤ 乾隆《上海县志》

道年间，已经形成颇具规模的港区码头。创办《循环日报》的王韬曾记载："上海适介南北之中，最为要冲，故贸易兴旺，非他处所能埒。"①另外，随着经济的繁荣，上海的政治地位也同步提升。雍正以后，原本驻守在太仓、苏州，比府衙更高一级的地方军政机关苏松太兵备道衙门迁至上海，这说明上海的政区地位也越来越高。

但是无论如何，在开埠之前，上海的地位还是不能与之后相比。因为当时上海同长江航道以及大运河航道的货物流通，是通过苏州完成的。苏州是当时国内长江下游货物贸易的重要集散地（中游为汉口），海内外的货物，都是先集中于苏州，再从苏州散发出去。上海作为中转站，因而被称为"小苏州"，这个称呼也反映了一点，当时的上海不要说在全国，即便在江南政治经济圈中，都要逊于苏州这样经济发达、文化繁荣的城市。

开埠以后，一口通商时代结束，五口通商时代来临。前文已经提及，当广州的唯一特权被分散以后，不要说在全国范围内，即便是与之毗邻的香港都迅速地与广州展开争夺，并在之后攫取了华南地区外贸的地位，更不用说广州在整个中国版图中相对较弱的地理位置。

五口通商以后，上海的地位迅猛提升。其超常规的发展速度超出许多人的想象，当时的英国驻沪领事说："近几年来，上海作为根据1843年条约实行五口通商的主要商埠，在贸易上所发生的变革和惊人发展，差不多是任何远离现场的人所无法领悟的。在拓殖和贸易史的编年史上，从未看到有比这更加惊人的情况。"②也有人震惊到把上海的发展速度称之为肿瘤，"上海发展起来，发展得比悉尼或旧金山更为迅速；发展之快，有如肿瘤"③。在短短数十年时间里，上海从一个相对繁荣的滨海县城起步，最终成长为一个国际性大都市；从传统城市转变为近代城市，它的特殊性在当时的世界上，实属独一无二。

---

① 王韬：《瀛壖杂志》，上海：上海古籍出版社，1989年版，第109页。

② 上海社会科学院历史研究所编：《上海小刀会起义史料汇编》，上海：上海人民出版社，1958年版，第583页。

③ ［美］霍塞著，纪明译：《出卖的上海滩》，北京：商务印书馆，1962年版，第173页。

对于近现代城市来说，必不可少的产业之一就是文化产业，文化产业包括了报刊业、图书业、娱乐业等业态。在上海高速发展的城市化进程中，同样不能缺少报刊业的起步和发展。因此，上海区位优势的充分发挥，也为报刊业的发展奠定了良好基础。

2.经济发展带来了对报刊业信息的强烈需求

"由于一偶然的比较，我们惊异地发现上海报刊创办的递增和外贸总额的递增，恰恰几乎是同步的。"[1]开埠前夕，上海已经是经济繁荣的城市。作为因海而兴的城市，据1832年东印度公司员工胡夏米在查看上海港区之后的估计，仅他在吴淞口观察的七天时间里，经吴淞口进入上海港的100到400吨船只就达400艘以上。他认为，上海已经是中国南北之间、沿海与腹地之间货物贸易的重要港口。[2]

但开埠以后，上海的经济发展速度更是突飞猛进。"近代上海是一个全方位开放的城市，这种开放是被动的开放，它曾给上海带来无数的屈辱和灾难，但另一方面也给上海经济带来了活力。开放，给上海带来信息、人才、劳动力、资金；开放，增强了上海与世界各地的联系，增强了上海与中国其他地方的联系；开放，使上海成为国内企业、商品、人才竞争的舞台。"[3]上海是被迫开放的通商口岸，但是这种开放，又给上海经济发展带来了无数动力，也给报刊业发展带来了无限需求。

经济的发展，首先表现在上海港口贸易的爆发式增长上。1843年底，离上海开埠仅仅过去六个星期，就已经有7艘外国商船入港，输入货值达到433729两，出口货物值达到147172两。到1844年，上海进口商品额达到50多万英镑。[4]随着上海地位的不断凸显，到了1853年，西方国家将航线从广州—香港迁移到

---

① 秦绍德：《我国近代新闻史探微——兼论香港、上海早期报刊》，载《新闻研究资料》总第48辑，第89页。
② 列岛编：《鸦片战争史论文集》，北京：三联书店，1958年版，第110页。
③ 张仲礼主编：《近代上海城市研究》，上海：上海人民出版社，1990年版，第18—19页。
④ 黄苇：《上海开埠初期对外贸易研究（1843—1863）》，上海：上海人民出版社，1979年版，第39页。

了上海，中国的港口贸易结构发生重大改变，广州作为原本唯一外贸口的地位被彻底取代，而上海的区位优势进一步提升和巩固。上海作为整个中国最为重要的进出口贸易点，被纳入到了国际航运的轨道。从1853年开始，上海的进出口贸易额已经跨越了3000万元的门槛，在4000万的峰值上下波动；1857—1860年，上海的进出口贸易额再次攀升到8000万元，几乎是开埠初期的20倍。[①]这种爆发式的增长模式，引起了世界范围的关注，此后，上海的贸易额常年占据当时中国进出口额的50%以上，当时曾有评论：上海是中国对外贸易的心脏，而其他口岸仅仅还是血管而已。

对外贸易的繁荣自然刺激了商业的勃兴。上海开埠带来的另一个影响就是商业的繁荣。首先是外国洋行在上海的广泛开设，今上海外滩一带，在当时商行林立，英国、法国、德国、美国、日本、俄罗斯等世界各国商行都纷纷进驻上海，怡和洋行、颠地洋行、查顿洋行、兴利洋行、渣甸洋行、瑞记洋行等知名洋行在上海大兴土木，建立办公地点，同时大量开展商贸活动；而在洋行之外，具有经济实力的国人也纷纷云集上海，特别是太平天国运动以后，"江浙一带富绅大贾，争趋沪滨，以外侨留地为安乐土"[②]。同时，金融业也不断发展，上海金融中心从上海县城东门外黄浦江沿岸转移到英租界，形成了以今日南津路为主干的商业区。当时的上海，"每条大马路上都有高达的洋房兴建起来，中国行庄的数目也大有增长""每天都有新行庄开张，新公司成立"[③]。

商业的发展，也促使了工业的崛起。从19世纪90年代中期开始，上海的工业也开始勃兴，拥有全国机械化工厂数量的半数以上，成为主要的世界都市工业中心之一。

上海的发展，也体现了国际化的特征。早在19世纪60年代，外国人在上海

---

① 丁日初编：《上海近代经济史》第一卷（1843—1894），上海：上海人民出版社，1994年版，第51页。

② 中国人民银行上海分行编：《上海钱庄史料》，上海：上海人民出版社，1960年版，第15页。

③ 上海社科院历史所：《太平军在上海——〈北华捷报〉选译》，上海：上海人民出版社，1983年版，第494页

的财产总值就已经超过2500万英镑。[①]进入20世纪以后，外商在上海的投资更加集中，1931年统计，外商在上海投资额为11.1亿美元，占外商在华投资总额的34.3%。[②]

与自给自足的小农经济不同，工商业的发展，首先就是对信息需求量的猛增。无论是从事国内贸易还是国际贸易，货物价格的波动、产销地的情况、航船的信息等，都对信息生产提出了极高的要求，这为上海报刊业的繁荣奠定了坚实的经济基础。

3. 人口聚集为报刊业发展提供了从业人员和市场

报刊业属于高级的、文化的产业。这两个定语在生产力水平较低、物质消费为人们消费主体的年代，具有尤为显著的意义。对于晚清的近代报刊业，无论从生产端还是消费端，都主要表现为两类人群：外国人和中国人。

之所以按照国籍对人口进行划分，是因为这种划分方式既是受众构成的客观反映，同时也是城市政治地理空间的内在要求。

表7　清末上海人口增进概况（单位：人）[③]

年份	华界	公共租界	法租界	合计
1852	544 413			544 413
1865	543 110	92 884	55 925	691 919
1910	671 866	501 541	115 946	1 289 353

首先，外国人口的猛增是上海报刊业发展的原动力。

1843年上海开埠初期，人口增长尚不明显，当时实行华洋分居，租界人口数量也不多，据统计，当时公共租界的外国人有200多人、华人500多人。其中华人主要是买办和服务于外国人的仆役等。而根据当时英、法租界的正式人口统计数字，1865年租界内的外国人已经达到2757人。[④]当时能够来到中国的外国

---

① 裘昔司：《上海通商史》，上海：商务印书馆，1926年版，第16—17页。

② 雷麦：《外人在华投资》，北京：商务印书馆，1962年版，第52—53页。

③ 数据来源于邹依仁：《旧上海的人口变迁的研究》，上海：上海人民出版社，1980年版。

④ 史梅定主编：《上海租界志》，上海：上海社会科学院出版社，2001年版，第117—118页。

人，在其本国内，也都属于社会的中上层。他们无论是从经济实力方面还是从知识文化水平方面，都具有相当的水准。

从报刊业的创办者角度，一直到维新运动之前，外国人都是中国近代报刊业的主力军，无论是传教士办报还是外商办报，客观上来说，无论是处于传教的目的还是从中国攫取商业利益的角度，抑或者是为了能够更好地入侵中国，他们的办报活动还是在一定程度上为中国报刊业的发展起到了重要的先锋作用。

而从受众角度来看，当时的报刊业，有很大一部分也是主要为外国人服务的。基本上，在中国创办的外文报刊，其受众主要就是外国人；而他们创办的中文报刊，外国人也是重要的消费群体。

其次，国人的集聚为报刊业提供了从业者和消费者。

与其他行业不同，报刊业对从业者和受众都有着较高的要求。虽然都是服务于人们的精神消费，但报刊与当时的戏剧戏曲、说书相声等行业有着本质的不同。报刊业对从业者有着极高的要求，对消费者也有着较高的要求。这一点，首先体现在文化水平和知识素养上，对从业者来说，要生产出具有竞争力的新闻和知识产品；对受众来说，要具备基本的识字能力。

开埠以后的上海，基于各种原因，聚集了大批的文人士绅。乐正曾指出，近代上海移民如果按照"最初的和最主要的动机"，可以分为主动移民和被动移民两类，在19世纪50年代到19世纪70年代之间，主要是被动移民，即为了躲避小刀会起义和太平天国战乱；而在七十年代以后，主动移民的数量不断增加。[1]无论在哪个时期，最具备迁徙能力的，首先是社会的中上阶层，因此，小刀会起义和太平天国肆虐以后，当时的"江南衣冠右族避地转徙"，"江浙两省绅商士庶人丛集沪城"。[2]到了20世纪，上海已经拥有当时中国人数最多的知识

---

[1] 乐正：《近代上海人社会心态（1860—1910）》，上海：上海人民出版社，1991年版，第172页。

[2] 王萃元：《星周纪事》，转引自叶孝慎：《上海旧影：移民世界》，上海：上海人民出版社，1999年版，第19页。

阶层。据统计，1903年，上海至少汇聚3000多名拥有一定新知识的知识分子。[①]这一部分人群在当时中国来说，属于既有经济实力又有知识能力的人群，他们寓居上海，也对报刊这种新事物充满了兴趣，促进了报刊业的发展。

另一方面，除了士绅以外，同时也有大批人口逃难到上海、涌入租界。1855年，租界人口达到2万；1859年达8万；而到了1862年，租界人口最高峰时曾达到50万。[②]类似于上海这样近代城市的作用和特点就在于，它同样需要具有一定知识文化程度工商业从业人员——哪怕是产业工人，也需要一定的识字能力。"识字的都市工人们，随劳动条件改善、生活水准提高而逐渐成为巨大的信息需求层，成为19世纪作为大众传播媒介登台的大众报纸的几万乃至几十万读者。"[③]具体到上海当时的人口情况，1865年公共租界的一次抽样调查表明，"在有职业的6580名华人中，人数居于前十位的职业依次是苦力、百货商店业主、裁缝、鸦片馆业主、洋行雇员、木匠和建筑工及承包商、杂货商和供应商、船民、船商和丝商及棉商、钱庄主和助理"[④]。这些职业中，除了苦力、船民对信息的需求量相对比较少以外，其他类人群即便识文断字的人数相对较少，但是在城市化进程中，也逐渐产生了对信息的需求，成为后来白话文报刊或者更高级报刊的潜在受众。

4. 多元文化景观为报刊业发展提供了充足原料

之所以说上海是独一无二的，是因为"它的崛起创造了独一无二的都市类型。它不是由传统的中心城市逐渐演变成近代大都市，如伦敦、巴黎；不是在主权完整的情况下形成的移民城市，如纽约；也不是完全在殖民主义者控制下发展起来的新型城市，如加尔各答、香港；而是在中西文化对撞与交汇的过程中由中外移民共同缔造的以通商为主要功能的商业巨埠……以通商为主要功

---

① 熊月之：《上海通史·导论》，上海：上海人民出版社，1999年版，第23页。

② 中国人民银行上海分行编：《上海钱庄史料》，上海：上海人民出版社，1960年版，第15页。

③ ［日］竹内郁郎著，张国良译：《大众传播社会学》，上海：复旦大学出版社，1989年版，第25页。

④ 马长林：《人口迁移与近代上海都市化》，转引自上海市地方志办公室编：《上海研究论丛》第8辑，上海：上海社会科学院出版社，1993年版，第280页。

能，意味着它已逸出中国传统以政治为首要功能的城市发展模式；而以租界为中心的城市格局又使它明显区别于中国其他条约口岸城市……就这个意义上说，上海不独在中国城市史上是一个异数，在世界城市史上亦堪称另类"[1]。周武谈道，上海是中西文化对撞与交汇的结果。徽商、晋商、陕商、洞庭商帮、浙江宁绍帮、关山东帮、江北帮、闽广帮、江西帮等来自全中国各地的商人汇聚于此，营造了特殊的城市景观。据统计，清代前期，"上海县城内外设立的会馆公所就达27家之多"[2]，而六十年代以后避祸而来的士绅游民涌入上海，开始定居，这种"五方杂处、客土杂居"的场景，又给上海的城市景观增添了地方特色。

在外国人方面，来自英国、美国、法国、德国、日本、俄罗斯、印度、葡萄牙、意大利、奥地利、丹麦、瑞典、西班牙等40多个国家地区的外国人，在最高峰时，曾有15万人。1915年以前是英国人最多，之后是日本人最多。[3]在公共租界和法租界的建设过程中，工部局和公董局所负责的城市建设，也将国际化的城市景观引入进来。曾担任上海犹太总会会长的艾里·卡道里爵士曾对上海赞不绝口："世界上再也找不到另一个像上海这样惬意的城市——既具有东方的特征，又有西方色彩，两者形成鲜明对比，犹如东方的巴黎。"[4]

这种中西交汇造成的结果就是："上海一隅，洵可谓一粒米中藏世界。虹口如狄思威路、蓬路、吴淞路，尽日侨，如在日本；如北四川路、武昌路、崇明路、天潼路，尽粤人，如在广东；霞飞路西首，尽法人商肆，如在法国；小东门外洋行街，多闽人洋号，如在福建；南市内外咸瓜街，尽甬人商号，如在宁波。国内各市民、外国侨民类皆丛集于此，则谓上海为一小世界，亦无不可。"[5]上海成为多元文化的摇篮。这里人口、制度、教育、宗教、民族、语言、

---

① 周武：《开放传统与上海城市的命运》，《史林》2003年第5期，第17页。

② 同上，第16页。

③ 邹依仁：《旧上海人口变迁的研究》，上海：上海人民出版社，1980年版，第112—117页。

④ 程童一：《开埠：中国南京路150年》，北京：昆仑出版社，1996年版，第616页。

⑤ 胡祥翰编：《上海小志》卷10，杂记。

报刊、饮食、服饰、建筑、娱乐等所有的一切，都有着独特的魅力。

这种充满了特异风情的城市文化景观，为上海报刊业的发展提供了无穷无尽的信息来源，报刊上充斥着新的思想、新的文化、新的歌剧、新的音乐、新的服饰，而且，这些信息并非仅仅来自上海，而是来自全国，来自全世界。

5. 消费能力是报刊业发展的经济动因

报刊业属于文化消费，它对受众的经济条件有着一定的要求，这主要体现为消费能力方面。上海经济的繁荣以及人们认知观念的超前，使民众的消费认知和消费能力相较于同期中国其他地方，有着质的区别。这种消费能力为报刊业发展提供了相对广阔的市场。

上海开埠以前，就已经是富庶的东南都会，民众已经形成了"以洋来者为贵"的崇洋风气，"世俗物用都以自洋来者为贵，无论物产何地，美其名则加一洋字示珍也。更可笑者，贵游豪侈，一切奢丽生色，亦争艳之为洋气云"。[1] 此时的上海民众，已经具有了相对超前的消费理念。而开埠以后，"上海是希望之邦，选择上海就是选择新的人生之路，就是选择美好的未来。人对美好事物的一种本能的追求欲望，造成一股巨大的推动力，把一批又一批的外地人推出家园，推向上海"[2]。当全国各地、世界各地的人们汇聚在这里，消费的激情和欲望会被进一步激发和点燃，"上海真是一个万花筒……只要是人，这里无不应有尽有，而且还要进一步，这里有的不仅是各种各色的人，同时还有这各种各色的人所构成的各式各样的区域、商店、总会、客栈、咖啡馆和他们的特殊的风俗习惯、日用百物"[3]。而上海优越的生活条件，也对外地的有钱阶层有着无与伦比的吸引力，犹如今日人们对北上广深的追求一样。

这种具有一定经济能力和消费能力的人群，是报刊业的主要直接阅读受众，也不吝于花费钱财来购买报刊，这也为上海近代报刊业的繁荣提供了

---

① 胡式钰：《窦存》卷三《事窦》
② 乐正：《近代上海人社会心态（1860—1910）》，上海：上海人民出版社，1991年版，第173页。
③ 爱狄·密勒著，包玉珂译：《冒险家的乐园》，上海：上海文化出版社，1956年版，第23页。

市场。

二、租界、望平街与上海近代报刊业

1904年，著名期刊《东方杂志》曾撰有一文，比较上海志士与内地志士的区别。"比年以来，上海新事业虽甚无可观，然自苏报风潮以后，内地文人颇有受此激荡，而顽梦因以大苏。于是，内地有所谓志士者，日以加多。然因受报纸、新书之教育，故内地志士恒崇拜上海之所谓志士者。上海之所谓志士者，因身处四通之地，闻见自广，而更事亦多，积岁既久，阅历亦深，而内地初开化之少年，若与之比较，所逊远矣。"[①]上述这段话中，谈到了上海志士和内地志士之所以产生较大的差别，主要缘由在于内地志士在报纸、新书等方面的相对匮乏，因而对上海志士产生了崇拜之情。文中所提到的"苏报风潮"，就是指当时在全国名噪一时的《苏报》案。而此案的最终处理，对中国近代报刊业的发展影响至为深远。

1. 上海租界的发展

要谈到上海的近代报刊业地理分布情况，就不能不谈到租界。租界是一种特殊的政治地理单元，"任一政治地理单元都有一定的政治地理结构，政治地理结构包括政治空间结构和政治实力结构。政治的空间结构由政治地理单元中领土范围、边界、位置、形状和中心性区域等空间要素组成，其中每一空间要素都对政治地理单元的特征产生深刻的影响。尤其重要的是，只有各种空间要素有机结合在一起形成政治空间结构，这些要素才能发挥作用"[②]。在晚清中国半殖民地深化的过程中，分布在各个通商口岸城市中"租界"，是一种超脱了所在主权国家管理的特殊的政治空间，是事实上的"国中之国"。熊月之对上海曾有这样的评价："在古今中外城市史上，没有一个城市像近代上海那么内蕴丰富，情况复杂。这里有三类市政机关，三个司法体系，四种司法机构（领

---

① 《内地志士与上海志士之评判》，《东方杂志》1904年第11期，第76–77页。

② 陆林：《人文地理学》，北京：商务印书馆，2004年版，第130页。

事法庭、领事公堂、会审公廨与中国法庭），三个警察系统，三个公交系统，三个供水系统，三个供电系统，电压有两种（法租界是115伏，公共租界是220伏），有轨电车的路轨宽度也分两种。"①从市政管理机构、司法体系、司法机构、警察系统、公共服务系统等方面，上海均体现了租界的特征。

上海租界的发展，是基于《南京条约》的规定。《南京条约》第二条曾经规定："自今以后，大皇帝恩准大英国人民带同所属家眷，寄居大清沿海之广州、福州、厦门、宁波、上海等五处港口，贸易通商无碍；且大英君主派设领事、管事等官住该五处城邑，专理商贾事宜，与各该地方官公文往来；令英人按照下条开叙之例，清楚缴纳货税钞饷等费。"②1843年，清政府和英国签订"续约"，对外国人的权利又进一步具体化。其中两条内容如下："第四条，广州、福州、厦门、宁波、上海五港口开辟之后，其英商贸易处所只准在五港口，不准赴他处港口，亦不许华民在他处港口串同私相贸易……第六条，广州等五港口，英商或常川居住，或不时来往，均不可妄到乡间任意游行，更不可远入内地贸易，中华地方官应与英国管事官各就地方民情地势，议定界址，不许逾越，以期永久从此相安。"③

上述三条条款中，首先明确了外国人可以在五处通商口岸合法地进行商贸活动，近代报刊业作为现代产业中的一种，自然也是一种商业行为，即便是传教士所创办的宗教类报刊，也都可以以商业性的名义出版，这相当于赋予近代报刊业发展的合法性，这与之前严厉禁止外国人办报的做法形成了鲜明的对比。其次，允许外国人在中国长期居住，并就"地方民情地势，议定界址"，这位租界的划分提供了法理支撑，使得两年后的英租界、法租界等得以成立。最后，通商以后，商业方面的事宜由英国政府设领事、管事专门负责管理，也就是说，中国政府丧失了对租界商贸活动的管理权。

---

① 马学强、张秀莉：《出入于中西之间：近代上海买办社会生活》，上海：上海辞书出版社，2009年版，第1页。见熊月之总序。
② 王铁崖编：《中外旧约章汇编》第1册，北京：三联书店，1957年版，第31页。
③ 同上，第35页。

1843年12月，上海道台与英国领事划定了外滩英国租界的南北界限。1844年，有"洋行之王"称呼的怡和洋行和宝顺洋行已经先期租赁了一批土地。1845年11月29日，经清政府和英国政府批准，苏松太兵备道宫慕久与英国领事巴富尔共同公布《上海土地章程》（*The Shanghai Land Regulations*），正式在上海设立英租界。1846年，英租界的西界也被确定为今河南路一带。1848年11月，英租界的西界继续西扩，推进到今西藏路一带；同时，应美国圣公会传教士的要求，上海地方官划出虹口一带作为美租界；同年，法国政府向上海派驻驻沪领事。1849年4月，上海法租界成立。由于1853年在上海爆发的小刀会起义，使得大量中国人涌入英美法租界，华洋分居的局面被打破，租界的管理压力骤增，"政治整合是指若干较小政治地理单元，因为某种权力和利益的需要自愿组合成具有共同利益并期望采取共同行动的更大政治地理单元的过程"[①]。因此，1854年7月，英法美3国成立联合租界，并组织市政机构"上海工部局"，建立了警察武装，对租界进行统一管理。1862年，法租界从联合租界中独立出来，成立了公董局；1863年，英美租界正式合并为公共租界。

"政治实力结构是政治地理单元相对活跃的要素，实力结构的变化决定着政治地理单元及其相互关系的发展变化。"[②]租界的面积一直处于不断扩张之中，到1899年，公共租界的面积已经达到33503亩（约22平方千米），整个公共租界分为中、北、东、西4个区，东界扩展到周家嘴（今平凉路军工路转角处），西面则一直扩展到静安寺，北面达到了上海和宝山两县的交界处。法租界的面积扩展相对较慢，到1914年9月正式与北洋政府划定界线时，达到15150亩（约10平方千米），主要位于上海原卢湾区（已并入黄浦区）和徐汇区两区内，东部狭长地带延伸入今黄浦区。

不断扩张的上海租界，意味着租界内经济的不断增长，同时也促使许多新的城市景观不断出现，更给上海市的近代化进程带来了诸多正面影响，上海租

---

① 陆林：《人文地理学》，北京：商务印书馆，2004年版，第131页。

② 同上，第130页。

界的建设情况已经成为当时发达地区模仿的对象。另一方面，也意味着人口数量的不断增加。据统计，到1910年，上海总人口已经达到1289353人，其中，归属于上海政府管辖的人口为671866人，而公共租界共有人口501541人，法租界115946人，租界人口将近上海市人口的一半。①

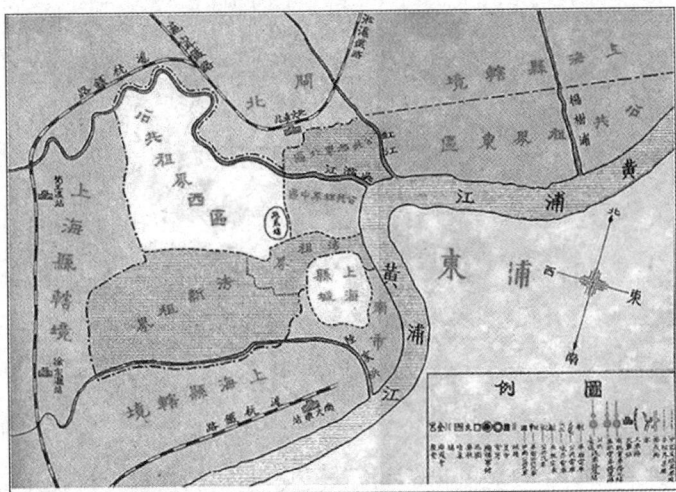

图2　晚清上海租界地图

2. 望平街上的中国近代报刊业

在城市各地理组成要素中，道路是非常重要的一种景观，它兼具自然空间的属性和人文景观的属性。道路是不同地理空间的连接体，作为经脉承担着城市交通的职能；同时，它也是一种最外显化的公共空间，与周边的建筑等有着相互影响关系，承担着各类行政职能；它更是一种文化的空间，是近现代环境下市民经济、娱乐、聚会乃至思想表达的场所。

在租界近代化进程中，道路的修建是基础性的工程，望平街的形成就是这一进程的产物。在这里，聚集了上海大部分在中国颇有影响的报馆，同时，图书出版、印刷机构等也汇聚于此，也凝聚了大量的报业人才，形成了报刊从信

---

① 邹振环：《清末的国际移民及其在近代上海文化建构中的作用》，《复旦学报》（社科版）1997年第3期。

息来源、采集、编辑、印刷、发行等全流程，呈现出生机勃勃的生态环境，拥有了"中国舰队街"的美誉。

舰队街（Fleet Street）是英国伦敦市内一条非常有名的街道，其命名是因为紧紧靠着舰队河，从19世纪初开始一直到20世纪80年代，舰队街都是英国媒体行业的总部，特别是报刊业的集中出版地，因此被称为英国报纸的老家。舰队街向西穿越伦敦市的边界后就变成斯传德大街；往东，通过路德门圆环后变成斯传德之丘大街。一直到1980年代舰队街都是传统上英国媒体的总部，因此被称为英国报纸的老家。今日舰队街依旧是英国媒体的代名词。

舰队街的出版活动大约起始于1500年。当时，第一位将近代印刷术从荷兰引入到英国的威廉·卡克斯顿（William Caxton）的学徒沃德（Wynkyn de Worde）在舰队街上开设了一间印刷店。大约同时期，另一位名叫理查·平森（Richard Pynson）的人在圣邓斯坦教堂（St Dunstan's church）旁创立了自己的出版和印刷事业。在这两位之后，越来越多的报刊和印刷出版机构在舰队街上创办。他们之所以集中在舰队街上创办报刊，是因为这里紧挨着几所著名的教堂，而作为当时伦敦为数不多的知识分子的集中地，教士和神父对信息的需求相对较大而且有一定的消费能力。到1702年5月，真正意义上的英国第一份日报——每日新闻（*Daily Courant*）在舰队街创办，开启了新的纪元，鼎盛时期的英国舰队街，大约有100多家全国性或地区性报馆，包括著名的《泰晤士报》《每日电讯报》《独立报》《卫报》《星期日泰晤士报》《观察家报》《镜报》《快报》《星报》《太阳报》《每日邮报》等。舰队街之于报刊业，类似于我们今日所说的互联网公司集中扎堆的美国硅谷。这种在地理空间上的集聚，是行业发展的必经阶段。

上海开埠前，不要说望平街，租界的概念都还未被国人知晓。当时望平街区域仅仅是上海老县城北门外的一片农田。开埠以后，英租界当局最先修筑的道路是棋盘街（今河南路）和花园弄（今南京路），望平街甚至不在租界范围之内。

望平街的形成，与一位传教士有着密切的关系，他就是英国传教士麦都思，即前文提及的1816年被派到马六甲协助米怜工作的传教士，他在马六甲的工作主要是协助米怜出版《察世俗每月统纪传》，并在巴达维亚建立了新的印刷所。米怜去世以后，他在巴达维亚创办了第二份中文报刊——《特选撮要每月纪传》。1843年，麦都思代表英国伦敦会，成为第一位抵达上海的外国传教士，并很快与美魏茶、慕维廉、艾约瑟等传教士在上海创建墨海书馆，印刷出版中文书籍，王韬曾协助麦都思开展工作。此外，他还在今山东路一带建立了英国伦敦会上海总部，并建设了天安堂、仁济医院等，由于他的行为带动和吸引了不少外国势力在周边进行各类建设，当时这一带地理范围被称为"麦家圈"。直到1848年，英租界向西扩张，麦家圈一带才被划入英租界范围。

1854年工部局成立之后，很快就颁布了筑路计划，在南京路以南地区，又先后修建了东西走向的九江路、汉口路、福州路和广东路。19世纪50年代末，又在仁济医院门前修建了南北向的道路——庙街，以福州路（当时名为布道街）为界限，以南的道路被称为麦家圈，以北习惯称为望平街。1865以后，工部局根据"南北走向以省命名，东西走向以市命名"的原则，将"望平街"改称为"山东路"，但在当时人口中，仍然习惯称为之"望平街"。

望平街的长度大约为两百米，街道宽度为十米左右，北起于南京路（时名为大马路），向南贯穿九江路（时名为二马路）、汉口路（时名为三马路），到福州路（时名为四马路）截止。

望平街作为"中国舰队街"，起源于麦都思1843年创办的墨海书馆（后发展为中国知名的出版机构），但奠定其报刊业集中地地位的则是1872年在此创办的《申报》。前文曾提及，《申报》是近代中国发行时间最长、影响最大的报刊之一，甚至可以称之为中国现代报刊的开端，被称为研究中国近现代史的"百科全书"。当英国商人美查在望平街创办《申报》以后，这条街道就成为半个多世纪以内上海设立报刊业的首选之地，成为上海报馆最为集中的地方。据统计，望平街先后设立报馆或者发行处的大小报刊约有近百家，鼎盛时期同时有四五十家报刊同时发行；截至1911年，在望平街上同时存在七家具有全国影响力的大报，分别是《申报》《新闻报》《时事新报》《神州日报》《民立报》

《中外报》和《启民爱国报》。到了武昌起义爆发以后，望平街由于其迅捷的信息来源和立场不同的各种评论，在很大程度上左右了当时全国的舆论，成为全国关注的中心，获得了"英国舰队街，中国报馆街"的称呼。

图3　晚清望平街实景图

上图所示，望平街和三马路（今汉口路）交叉口的北侧，东西两边分别矗立着两座大楼，从上图可以看出，西侧是申报馆，往南紧挨着文正印局，再往南则是时报馆；在东侧是新闻报馆，往南紧挨着民生印刷所、立新洋纸号、商报馆，等等。当时有竹枝词形容这种情况为："集中消息望平街，报馆东西栉比排。还有几家营别业，迁从他处另悬牌。"①林立的报馆所引发的信息集中，使得来此打探各类信息的人群复杂且众多，报人、报童、各式的消息贩子和通信员自不用提，不少政府要员、富商大贾也都派人或亲自在此等候消息，以至于这条十米宽的道路十分拥挤。"当时上海各报馆均设于望平街一带，每晚出

---

① 顾炳权：《上海洋场竹枝词》，上海：上海书店出版社，1996年版，第292页。

号外，报道当日消息，并在报馆门口张贴。市民群众每日聚集在报馆门外，探听消息，人山人海，万头攒动。"①

上海是中国近代报刊业的中心，而望平街则是上海近代报刊业的中心。这种地位形成于晚清时期，在民初则更加强盛，到抗战前夕才开始衰落。

三、租界和望平街对近代报刊业的客观保护作用

1. 自由主义报刊理论思想下的租界与报刊

我国近代报刊业的发展，有很大一部分是依存于租界而存在的。"凡新闻业发达的地方，几乎都是租界发达之地：上海租界作为近代中国新闻传播的中心，向全国辐射，而天津、汉口等租界所在地，也成为华北、华中的新闻传播中心。租界的新闻传播事业成为近现代中国新闻传播史上一个特殊的种群，租界的存在，为近代新闻传播的发展提供了契合的生长点和相对有利的客观环境。"②这种现状，被称之为政治学上的"缝隙效应"。

从1845年英租界的设立开始，到1949年新中国成立，百年时间里，中国先后出现了27个租界，但上海租界不仅设立时间最早，而且面积最大，相当于其他分布于中国各地的租界面积总和的1.5倍。③租界为何能够为近代报刊业的发展提供存在和发展的客观环境呢？

在中国，租界对近代报刊业的客观保护作用，既与自由主义报刊理论有关，也与中国当时报刊业的实践情况有关。

首先，从1644年英国思想家约翰·弥尔顿发行了《论出版自由》这个小册子以后，在新闻思想领域，诞生了自由主义思想。自由主义报刊理论起源于欧洲，盛行于美国，时至今日，已经成为人类思想和社会实践的一条重要原则。它的观点主要有：第一，报刊独立自主，不受政府的干涉。自由主义报刊理论

---

① 方椒伯：《上海工商届在光复前后的动态》，《辛亥革命文史资料纪念专刊》，第220页。

② 陈冠兰：《近代中国的租界与新闻传播》，《新闻与传播研究》2008年第1期，第2页。

③ 数据统计依据：张洪祥：《近代中国通商口岸与租界》，天津：天津人民出版社，1993年版，第330页。

本身就是为了当时英国皇室的独裁统治而提出的思想，因而天然地要求保持自身的独立自主，只对法律和社会公共利益负责，政府不得采取任何措施干涉、收买或控制报刊，唯一职责是保护新闻自由。第二，报刊拥有对政府的监督权。作为行政、立法、司法以外的第四势力，报刊有权对政府及其工作人员的情况，通过舆论监督的方式予以管制，确保公共利益。第三，"自由意见市场"和"自我修正"理论。政府应当允许国民利用报纸等大众传播媒介充分地、自由地、公开地表达自己的意见和建议。第四，对事实的信念。新闻活动应该客观地反映现实，让人们能够真正了解外部世界的变动情况，培养出合格的公民。[1]

从上述关于自由主义报刊理论的相关观点，我们可以明显地看出，自由主义理论与政府之间，存在一种或多或少的对立关系。而这种对立关系，在封建社会与报刊业之间体现得最为明显，自由主义报刊理论就是为了对抗封建王朝才出现的社会思想和理论。封建政府奉行严苛细密的言论管制，而信奉自由主义的报刊又极力推崇言论自由，两者之间是一种不可调和的相互对抗关系。

在晚清中国，报刊业的创办者，无论是为了传教的外国传教士，还是为了打开中国市场大门的外国商人，又或者是呼吁变法图强的国人，他们创办的报刊，必然与清王朝的利益不一致，或者说是直接对立的，那么清王朝对近代报刊业的态度就可想而知。

租界的出现和存在，在客观上保护了近代报刊业的发展。因为租界的掌控者一般都是已经步入资本主义社会的西方列强，他们一般信奉自由主义报刊理论，更何况上述这些人群的办报宗旨和报道内容，在一定程度上是符合西方列强在中国诉求的。

近代报刊业在租界的发展，与清政府当局对租界管辖权的丧失直接相关。在各种机缘以及西方列强的不断攫取下，租界最终成了集行政权、立法权、司法权、警务权、军事权等于一体，清政府无法管辖的"国中之国"，英国驻上

---

[1] 李良荣：《新闻学概论》，上海：复旦大学出版社，2013年版，第6-7页。

海领事阿礼国曾露骨地表示，上海租界是"一个独立自主的国家"。

根据《南京条约》的规定，租界当局最初获得的权力只有商贸权，但是，1853年上海小刀会起义攻占了上海县城，以及太平天国东进，促使大量难民涌入上海租界，"各国领事虽然矜持中立立场，但他们不得不越来越多地承担地方政府的责任，其中包括涉及中国居民的审判事务……这一切使得当地的中国人甘愿默认外国居留地的自治权，而且还处理帮忙保卫它。这种中外之间的共同利害关系就是上海能成功地取得独立地位的秘密所在。到1854年，建立新秩序的要素已纷纷出现，而且逐渐形成了一些新制度"①。因此，在1854年7月，英、法、美三国公使馆公布了自行修订的《上海英美法租界土地章程》，成立了管理机构"工部局"，并成立了警察机构，已经形成了类似于西方自治城市的体系。

更为重要的是，列强还取得了在租界的领事裁判权和对华人的会审权，特别是后者，对中国近代报刊业具有重大意义。

1853年上海小刀会起义后，中国官员主要忙于应付起义，对租界内的事务，无论华洋一概无暇置问，因此当时发生的华人违禁行为等，一概由英美领事受审。到1854年工部局和巡捕房成立以后，权力丧失更多。1864年，英国领事巴夏礼提出，凡是租界内的华人案件，必须有外国领事陪审方可进行，上海道台竟然同意，并开始在英领署前的草坪上审理一些轻微案件，即早期的洋泾浜北首领事衙门，也是后来会审公廨的前身。1869年，会审公廨正式成立，明确规定凡是在外国工作的中国人或者在中国境内被外国人雇佣的中国人，涉及诉讼案件时，必须经由外国领事。1905年，更进一步规定，"凡居住洋泾浜此租界内之华人，无论何案，经会审公廨提究传讯所出之提传各票，应由领袖总领事画押盖印，方能施行。若被告系外国商民雇用者，其提票兼须该东人之本国领事画押盖印，方能提行。"②

---

① ［美］费正清编，中国社会科学院历史研究所编译室译：《剑桥中国晚清史》上卷，北京：中国社会科学出版社，1993年版，第260页。

② 王铁崖编：《中外旧约章汇编》第2册，北京：三联书店，1957年版，第287页。

在这样的政治空间情况下，租界内的言论自由权相对得到保障，虽然也有清政府亲自或通过租界当局进行的种种管制，但租界内的报刊业总是要比中国其他地方要更为自由些。

2. 上海租界对中国近代报刊业的客观保护作用

"如果没有公共租界，就没有中国的公共舆论界。"①晚清时期，上海作为中国的报刊业中心，也是舆论中心，各种政治势力均在上海创立自己的报刊。租界对报人和报馆有着客观的庇护作用。

一方面，在对报人的庇护方面，租界利用司法体系来对报人进行相应的保护。1862年，被认为是中国近代报纸第一人的王韬，在被清政府通缉抓捕的情况下，就是从英租界潜往香港。王韬于1848年到英国传教士麦都思的墨海书馆工作，得以高频度接触西方最新思想，了解了西方社会的实情，实现了思想的转变，产生了变法图强的理念，但是清政府的昏庸无能使他屡次碰壁。1862年，他化名黄畹，给当时的太平天国上书提出建议，但不幸上书的条陈落在了清军的手中，王韬因此被通缉抓捕。逼不得已的情况下，在时任英国驻上海领事麦华陀的帮助下，王韬成功从租界逃脱，避居在同样受英国管辖的香港，并在香港创办了近代国人第一份具有影响力的报纸——《循环日报》，开始大声疾呼变法图强，成为早期的改良派代表人物。

1898年戊戌变法之后，康有为于9月20日从北京逃亡天津，21日从天津乘船前往上海。当时的上海道台蔡钧接到朝廷电报后，在吴淞及上海各处严密布置，务求将康有为第一时间抓获，但上海道台的浩大声势反而促使英国领事馆认识到了康有为的重要性，进而通知蔡钧，如果康有为真的躲在英国客船上，必须由租界巡捕房抓捕后转交给中方，这就给康有为的逃脱提供了一种可能。24日康有为抵达上海后，上海领事馆第一时间派员濮兰德在中方之前将他护送到英国兵船上，康有为顺利出国，逃过一劫。而梁启超则是到日本驻北京公使

---

① 顾曼德：《上海报纸的跨国现象》，见马长林编：《租界里的上海》，上海：上海社会科学院出版社，2003年版，第107页。

馆寻求帮助，并从在其帮助下，逃亡日本。

"清季、北洋到国民党三政府都发现，租界始终起着'保护'叛乱者的作用，尽管作用和程度不同。"①最为典型的当属《苏报》案。1903年7月，设立在公共租界的《苏报》先后发表了章炳麟、邹容的革命文章，引起了清政府的极大恐慌，迫切想要将他们抓捕归案，但当时的租界工部局极力维护其治外法权，"未经会审公堂审讯，决不将被告向中国官方引渡"②，而当时半官方性质的《字林西报》也在报纸上发表评论："外人在租界一日即有一日应得之权利，中国人在租界一日即有一日应受外人保护之权利，而华官固不得过问也。"③

恰在《苏报》案发之际，北京发生了震惊中外的记者沈荩狱中被杖毙事件。沈荩因在报刊上揭露清政府与俄国签订东三省及蒙古密约，而被逮捕入狱，并在狱中被杖毙，这是中国第一位因新闻事业而殉职的记者。事件发生以后，《大公报》等报道沈荩被杖毙的惨状，激起了全国性的舆论，国际社会对此事也高度关注，许多外国使节和夫人都纷纷觐见慈禧，对杀害记者的行为表示谴责。《泰晤士报》等国际报纸也报道了此事。

在这样的背景下，英国公使明确表示，《苏报》案诸人必须在会审公廨办理，"苏报诸人，当在租界鞫讯，但不可交与华官，使果有罪可据，则加以应获之罪，亦不能出租界一步"④。沈荩案的影响甚至波及国际社会，英国首相、美国政府等都训令驻华公使不能将苏报案诸人移交给中方，美国方面甚至将主张把苏报案诸人移交给中方的上海美总领事古纳调任。最终经过会审公廨判决："判押章炳麟三年，邹容二年……期满驱逐出境，不准逗留租界。"⑤虽然邹容因病在狱中去世，但此事给当时的报人带来巨大冲击，"如果不是在租界被

---

① 罗志田：《革命的形成：清季十年的转折（上）》，《近代史研究》2012年第3期，第6页。
② 上海市档案馆：《工部局董事会会议录》第15册，上海：上海古籍出版社，2001年版，第615页。
③ 张篁溪：《苏报案实录》，见中国史学会编：中国近代史资料丛刊《辛亥革命》第一册，上海：上海人民出版社，1957年版，第381页。
④ 戈公振：《中国报学史》，上海：上海古籍出版社，2003年版，第186页。
⑤ 《申报》1904年5月22日。

审，如果没有英、美等国及租界当局的坚持，章、邹二人的命运，恐怕不是监禁，而是与沈荩一样了"①。中国早期具有抗争精神的报人，纷纷把租界作为自己的庇护之地。

另一方面，在报馆的保护方面，租界同样发挥了重要作用。

早在《苏报》案之前，外国人在华办报的主要地点就放在租界，后来中国人在办报之时，也认识到了租界的作用，因此才能形成望平街租界这样的地理集聚情况。《苏报》案发生以后，此案的昭示意义非常大，"其侧面的影响，是清廷虽以雷霆万钧之力，欲提办章、邹诸人，卒以事出租界，外人为维护其既得之行政权的缘故，卒未使它达到野心的目的；以后的上海言论界、出版界多数集中于公共租界，这件事情有莫大的关系"②。为了获得租界的庇护，当时上海的大部分报纸都把报馆设立在租界内，并在外国领事馆注册，这几乎成为当时的一种惯例，也是望平街形成的原因。③而且当一种报刊被直接或者间接封禁以后，报人和报馆资产均不受多大影响，换掉原有的名字，改头换面继续出版就可以。如当时著名的《时报》是以日本人的名义注册的，于右任著名的三民日报——《民呼日报》《民吁日报》《民立报》等都是以外国商人的名义注册登记的，《民呼日报》被封禁以后，仅仅过了20多天，于右任将资金和设备等转入《民吁日报》名下，在法租界重新登记注册，后来上海道台试图查禁该报，先与法国领事协商，才可以注销报纸的许可；再通过会审公廨判定永远停刊、印刷设备不得再用于印刷报纸等，其过程真可谓是大费周章。就在《民吁日报》被封禁的进程中，于右任又在望平街成立了《民立报》，后来成了国民临时政府的机关报。

与上海情况相仿的，还有汉口、天津、青岛、广州乃至香港等通商口岸城市，在这些地方，租界对近代报刊业的发展都有着重要作用。

---

①　陈冠兰：《近代中国的租界与新闻传播》，北京：中国书籍出版社，2013年版，第182页。

②　胡道静：《上海的日报》，上海：上海市通志馆期刊1935年抽印本，第42—43页。

③　顾曼德：《上海报纸的跨国现象》，见马长林编：《租界里的上海》，上海：上海社会科学院出版社，2003年版，第111页。

　　汉口的区位优势也是十分明显的。它地处长江中游，上接四川重庆，下通江浙上海，同时它自己本身也是华中重镇，时人有所谓"九省通衢""九省之会""七省要道""八达之衢"等代称或习称，乾隆时期就已经十分繁华，"汉口一镇耳，而九州之货备至焉，其何故哉？盖以其所处之地势使然耳。武汉当九州之腹心，四方之孔道，贸迁有无者，皆于此相对代焉。故明盛于江夏之金沙洲，河徙而渐移于汉阳之汉口，至本朝而尽徙之。今之盛甲天下矣。夫汉镇非都会，非郡邑，而火烟数十里，行户数千家，典铺数十座，船泊数千万，九州诸大名镇皆让焉。非镇之有能也，势则使然耳"①。到了民国，"当江汉交汇之处，水道之便无他埠可拟。循大江而东，可通皖赣吴越诸名区，以直达上海。循大江而南，可越洞庭入沅湘，以通两广云贵。又西上荆宜而入三峡，可通巴蜀，以上溯金沙江……所谓九省之会也"②。长江中游的大区位优势集中于汉口一地，促成了其优越的商贸地位，经济发展程度非常高。

　　1861年3月20日，英国驻华海军司令贺布、驻华使馆参赞巴夏礼等一行会同汉阳府进行实地查勘，划定租界界址，"查勘，定准汉口镇市以下街尾地方，自江边花楼巷往东八丈起，至甘露寺江边卡东角止，量得共长二百五十丈，进深一带一百一十丈"③。3月21日，与湖北布政使唐训方正式订立了《汉口租界条款》。此后，汉口租界也如上海租界一般，不断外扩，面积越来越大。同时，也仿照上海例，享有了多项管辖权。汉口的经济如上海一样尤为发达，它在"九省通衢"的名号之外，有了"东方芝加哥"的外称。

　　汉口报刊业的发展，同样是在租界的地理空间上发展起来的。无论是早期的外报还是随后出现的民报，其主要创办地点均设在租界内（官报体系自然是在中方地界的），这一点从张之洞督鄂期间曾开展的报禁声明中的两则就可以窥见："二对在汉口华界开设之报馆，禁止购阅、递送，房屋充公，在租界开

① 乾隆《汉阳府志》卷12
② 民国《夏口县志》卷12《商务志》
③ 袁继成：《汉口租界志》，武汉：武汉出版社，2003年版，第519页。

设者亦不准传递购阅；三照会各国驻汉口领事，禁止租界华人借用洋牌开办报馆。"①天津、青岛等地的情况也是如此。

第三节　传统城市与近代报刊业：以北京为中心的考察

清政府统治时期，广袤的中国土地上，近代报刊业发展的时空性并不一致，呈现出明显的地域差异。当广州、上海的近代报刊业迅猛发展的时候，作为全国的政治、经济和文化中心，恰恰由于其作为帝国统治中心的特殊性，封建专制思想依然牢牢控制着这里，使得本应早就发展起来的近代报刊业，在这里迟迟未曾出现，即便出现也迅速被打压。"北京作为京师之地，是清政府控制最严的地区之一，而且不是开放的港口城市，所以近代报刊在北京出现较晚。"②这是北京模式有别于上海模式之处，也是中国广大内陆地区近代报刊业发展的特征。

1815—1911年间，北京报刊业始终是以宣武门、正阳门外大街区域较为集中的，即北京的"宣南地区"。在细微变动上，也可以划分为三个时期：第一个阶段为1815—1871年，传统官报和京报存留阶段。从地理分布上，主要集中在北京市的宣武、正阳门外大街；第二阶段为1872—1895年，北京终于出现了第一份由外国人创办的近代报刊，办报地点也从外城开始延伸到内城。第三阶段为1899—1911年，这一时期形成了以宣南为中心、内城东区也开始集中出现报刊的分布特征。

---

① 苏云峰：《中国现代化的区域研究——湖北省（1860—1916）》，台北："中央研究院"近代史研究所，1987年版，第546—547页。

② 岳升阳、林玉军：《宣南文化与北京清末民初的报刊》，《北京社会科学》2004年第1期，第146页。

一、北京传统报纸的地理分布（1815—1871年）

1. 北京传统报刊的基本情况

我国古代的报纸，可以分为官报和民报两大体系。

官报即是由政府出版的报纸。古今中外，要维持国家统治，就必须注重信息的上下通行。秦始皇统一六国后，修建驰道、统一文字都是为了能够做到政令的迅速传达。到了西汉，地方各郡国在京都长安都设有办事处，这个办事处被称为"邸"。当时皇帝的谕旨、诏书、大臣奏折以及其他重要事件，会在宫门口张贴出来，以供官员知晓及传抄，这就被称之为"宫门抄"或者"辕门抄"。各邸会派吏员将之誊录下来，然后由信使通过驿站传递给各地方，以便地方官员能够及时了解朝廷动态，类似于我们现在驻京办所承担的新闻职能。这种信息的搜集和传递模式，就被称之为"邸报"，也有"邸抄""朝报""条报"等称呼。公元前59年，罗马帝国恺撒大帝同样创办了《每日纪闻》，内容也主要是重要军政信息。

从生产环节上来看，清承明制，官报的发行主要经由通政使司、六科、提塘三个环节。通政使司的主要职能是"接受外省之题本"[1]，就是将来自全国各地的奏章等内容进行呈奏；同时，它还决定了最终选取哪些内容在邸报上进行刊载。从信息生产流程角度，它主要负责头尾两个环节，而且偏重于决策，不直接参与具体工作。六科即吏、户、礼、兵、刑、工等六科，六科最主要的职能便是负责谕旨和章奏的发抄工作。顺治十七年（1660年）制颁的六科规则中有"严发抄日期以慎关防""细阅本章以慎抄参""稽查邸报以防虚伪"[2]等条目，其内容主要是明降谕旨和允许发抄的臣僚章奏，六科一方面自身要进行抄录工作，称之为科抄；另一方面即可通知下一环节的提塘来进行抄录。提塘即是各省督抚选派专人驻京，一般由武进士及候补、候选守备咨部充补，职掌传递本省来往公文，此外还包括六科发抄的明降谕旨和臣僚章奏，"谕旨及奏疏

---

① 黄本骥：《历代职官表》，上海：上海古籍出版社，2005年版，第135页。

② 史松等编：《清史编年》第一卷，北京：中国人民大学出版社，1985年版，第562页。

下阁者，许提塘官誊录事目，传示四方，谓之邸抄"①。至此，三个环节完成沟通衔接，邸抄完成，即可发往全国各地。

从刊载内容上来看，主要是上谕和臣僚奏章三种。清朝内阁在北京的东华门外设有一个专门的机构名谓"抄写房"，提塘及京报诸人就是在那里抄写。当时上谕主要是皇帝谕旨，而臣僚奏章一般只选择很少一部分刊载原文，大部分都仅有目录。

从读者来看，主要阅读对象是各级政府官员。官报的内容体系决定了其主要的阅读对象，作为官员，必须要对朝廷动态有所了解。因此，上至殿阁大学士，下至知府县令，都需要通过官报知晓本职工作以外的各类信息，除了中央信息，还可以通过臣僚奏章来了解各地动态。

在民报方面，我国民报基本上是依附于官报而发展起来的。汉唐邸报主要只在官方传播，但是到了商品经济发达的宋代，甚至出现了专门抄录邸报贩卖获利的商人——他们将邸报中的内容抄录出来，再加上民间的各种逸闻趣事，刊印成册之后，不仅面向官员，也同时向社会民众传播。到了清代，"当年东华门外，设白本报房一所，该所雇用数十名文贫，由内阁领到宫门钞，众文贫分写数百本，派人送投各衙门，各大员邸第……但因代价昂贵，中下级官吏及商民等无力订阅，于是黄皮报房应时而出……经营黄皮报房者，均为山东人，所谓京报房是也"②。

但需要注意的是，清代的官报和民报之间并没有十分明显的分野，无论从相互关系还是刊载内容上，都存在高度的相互依存关系，"中国晚清时期的新闻传播，除了时遭查禁的小报外，主要是报房京报，它主要刊载朝廷准许发布的官方文件，事实上只是封建统治者的传声筒，与近代意义的大众传播媒介还有很大差别"③。因为北京当时的民报主要依附于官报而发展，在一定程度上仅

---

① 黄本骥：《历代职官表》，上海：上海古籍出版社，2005年版，第73页。
② 管翼贤：《新闻学辑成》第六辑，《民国丛书》，上海：上海书店，1989年影印本，第46册，第280页。
③ 陈冠兰：《近代中国的租界与新闻传播》，《新闻与传播研究》2008年第1期，第2页。

仅是官报的延伸，而且在内容上，官报和民报的分野也不是十分巨大，因此，官报民报具有一定的重叠性。这种办报关系、办报内容、销售对象的重叠性，决定了北京传统报刊行业在地理空间上具有相对一致又略有区别的特征。

2. 北京官报和民报的地理分布情况

要讨论北京报刊业的地理分布，就必须要首先谈到清代北京城的内外城结构。顺治元年（1644年）清军入住北京之后，将八旗军民分别驻扎在北京内城，与原本住在内城的汉人共同生活在一起，但不久旗人和汉人之间的纠纷不断出现，因此，在顺治五年（1649年），清王朝下令将原住在内城的汉人全部外迁到外城，内城只留下旗人居住。这种人为的分隔，也使得报刊业出现了地理上的特征。

北京的官报和民报都集中在内城南侧与外城交界处，但是在分布特征上，两者既有地理位置的毗邻性，同时也略有差异性。这主要是因为双方官报和民报的不同特征而决定的。

清代提塘从所处城市来看，主要分为京塘和省塘。与今日的驻北京办事处、驻省会办事处类似：京塘就是位于北京的提塘，清初原设为十六个提塘；省塘则是各府及少部分县设立在省会的办事处。他们的职能都一样，就是要把最新的信息传递给派驻机构的官员。

清代的京塘，在位置选择上，既不能设在内城，又不能离内城太远，必须要选择在内外城交界的地方最为合适；同时，还要考虑离发抄的六科等部门不能太远；另外还要考虑提塘本身日常工作需要，必须在商业发达区域更为合适。综合上述条件，京塘的主要设立地点就比较明显——那就是在内城南城与外城交界处。内城南侧共有三个城门，从西到东分别是：宣武门、正阳门、崇文门。清代的北京城，有所谓"东富西贵"的说法，"旧日，汉官非大臣有赐第或值枢廷者皆居外城，多在宣武门外，土著富室则多在崇文门外，故有'东富西贵'之说。士流题咏率署'宣南'，以此也"。[1]因为宣武门外是中、高层官

---

① （清）夏仁虎:《旧京琐记》卷八《城厢》

员的聚居地，因此，地方督抚要在北京设立收送信息的京塘，宣武门和正阳门外是较好的选择。

京塘的具体地点也符合上述推测，"这些办事处大多位于北京城南，除广东提塘外，绝大部分都在北京外城前门大街以西，宣武门外大街以东，西河沿以南，南横街以北的这样一小片街区内，是清代北京经济、文化活动的中心，和会馆、商店、剧场、茶楼、酒肆、书店密集的地方。离负责发钞的六科等政府部门也不算太远，大量的塘务办事机构设在这里，既方便了自己的工作，也使这一带逐渐地被称为清代北京新闻传播活动的中心"①。

表8　清代光绪十二年京塘分布表②

提塘名称	地点	提塘名称	地点
直隶提塘	陕西巷路东	江西提塘	椿树上二条胡同路南
河南提塘	香炉营头条胡同路北	浙江提塘	宣武门外贾家胡同
山西提塘	棉花六条胡同路南	四川提塘	大外廊营路东
山东提塘	宣武门外裘家街	湖南提塘	保安寺街东口路北
陕甘提塘	西河沿路南渭南馆	福建提塘	麻线胡同周宅
江南提塘	棉花头条胡同路南	广西提塘	大安南营路北
湖北提塘	西阁旺庙街路西	广东提塘	鲜鱼口豆腐巷路东
云贵提塘	香炉营头条胡同路北		

官报之外，民报也不断发展，"直到清王朝覆灭，见于记载和有原报可查的背景民间报房，不下10余家。它们的名号是：聚兴、聚升、合成、杜记、集文、同顺、天华、公兴、聚恒、洪兴、永兴、同文、信义、连升等"③。就报馆的位置来说，"大部分报房都设在正阳门外大街西侧的一些小胡同里，如同顺报房在百顺胡同，聚兴报房在铁老鹳庙胡同（今铁鸟胡同）。以设在铁老鹳庙胡同附近的为最多。铁老鹳庙那一带因此成为清末民间报房报纸发行活动的中

---

① 方汉奇：《中国新闻事业通史》第一卷，北京：中国人民大学出版社，1992年版，第192页。

② （清）李若虹：《朝市丛载》卷三，光绪十二年。

③ 同①，第206页。

心"①。

民报之所以同样选择在毗邻宣武门的正阳门外西侧，是因为民报对官报体系的高度依赖，无论从信息源、报刊形式、内容还是对象上，都依赖于提塘提供的官报。紧挨着宣武门，就可以以最快速度获得提塘的内容。另一方面，正阳门和宣武门一样，在当时都属于繁华之所，是士人比较集中的地方，但正阳门相较于宣武门，又有相对优势的地方在于，它紧挨着崇文门，按照北京城"东富西贵"的人群分布格局，崇文门区域虽然中高层官员不多，但底层官员、吏员以及富裕商人比较多，这些人才是民间京报最主要的阅读对象。因此，如果从分布特征上来看的话，官报和京报都集中在内城南外侧，但官报主要集中在宣武门外大街，而京报主要集中在正阳门外大街，双方既有交集又略有区别。

但是整体上来说，在这一阶段，当南洋、广州、香港和上海的近代报刊业相继发展起来之后，北京作为首都，即便在第二次鸦片战争之后的很长一段时间里，依然没有出现近代报刊，其主要原因就在于帝国中枢管制上的森严。这种局面，要到1872年才被打破。

二、从外城到内城（1872—1895年）

1872年之前，北京城仅有位于宣武门和正阳门外大街的官报、民报机构，内城无论是传统报刊还是近代报刊，都没有出现。

从1872年到1898年，整个北京城仅仅出现了一份近代中文报刊——《中西闻见录》，而且该报仅仅出版了三年就宣布停刊，但其作为北京第一份近代中文报刊的意义却十分重大，而且从创办的地点来看，成功地实现了从外城到内城的突破。

1856年，第二次鸦片战争爆发；1860年后，清政府先后与英国、法国、俄国签订《北京条约》，其中中法《北京条约》第六款重申，"应如道光二十六年

---

① 方汉奇：《中国新闻事业通史》第一卷，北京：中国人民大学出版社，1992年版，第206页。

（1846年）正月二十五日上谕，即晓示天下黎民，任各处军民人等传习天主教、会合讲道、建堂礼拜"。据此，北京作为全国的中心，陆续有外国传教士进入并开始传教，而北京第一份近代报刊依然是由外国传教士创办的。

1860年以后，英国传教士傅兰雅、雒魏林、艾约瑟、包尔腾以及美国传教士施若瑟、丁韪良等纷纷来到北京开辟新的教区，虽然此时的北京城依然存在各种各样的管制，但传教士们为了更好地传教，采用了各种方式，包括兴办免费学校、介绍西方科学技术知识等手段。即便如此，相比较于在香港和上海的大动作，他们在进入北京很长一段时间里，依然不敢有创办报刊的举动。

直到1871年9月，在京的英、美等国传教士成立了"在华实用知识传播会"，该会的主要目的就是为了能够更好地向中国人介绍西方科学技术知识，他们同时讨论了创办一份会刊的可能性。随后，香港报纸报道："闻西人之侨居京师者，现拟倡设汉文日报，意欲使华人增广见闻，扩充智虑，得以览之而获益。曾于去年十一月中聚众集议商酌是款，先拟设立司理事宜。"①但即便如此，也一直到1872年8月，才正式创办了北京第一份近代报刊——《中西闻见录》。

北京第一份近代报刊的出现是如此之晚，这与传教士的谨慎态度有着密切的关系。虽然英美传教士在第二次鸦片战争后不久就来到北京，但他们保留着非常谨慎的态度。美国传教士丁韪良于1863年夏天抵达北京，1865年受聘为京师同文馆教习，1869年升任为总教习。在同文馆工作期间，他与官场及知识界高层人士往来频繁，并熟悉着中国官场的运行规则，这才为《中西闻见录》的创办提供了一定的帮助。

即使如此，与在上海等地报刊对清政府的批评以及社会事件的评论不同，《中西闻见录》秉持"不谈政治"的原则，甚至作为传教士所办报刊，连宗教内容都很少刊登。该报的主要内容是"其书内所论者，乃泰西诸国创制之奇器、防河之新法以及古今事迹之变迁"，同时，"书中杂录各国新闻近事并讲天

---

① 《西人在北京办报的集议》，刊于1872年3月2日《中外新闻七日报》，《德臣报》第2720号。

文、地理、格物之学"。^①因此，该刊的主要内容分为两大类：一类是科学技术知识，一类是新闻事件。但科学技术知识在该刊中占有主要篇幅，包括一些在当时来说对中国十分实用的技术，如防治河患的文章等，此外还有诸如《观察金星》《新制电机》《安设电线》《新增铁路》《起船海底》《测天远镜》《铸造洋钱》《赤道雪山》等天文地理知识的内容。在新闻方面，偶尔有关于东西各国的新闻，但清政府新闻十分罕见，北京本地新闻更是几近于无。

虽然这份刊物于1875年8月随着"在华实用知识传播会"的解散而宣布停刊，但其意义却十分重大。作为在北京诞生的第一份近代中文报刊，《中西闻见录》虽然只存在了三年时间，但丁韪良等在其上所耗费的心血却未必见少。由于所处位置的特殊性，在清王朝的心脏地区，丁韪良等既要征得政府的同意，又需要掌握一定的人脉关系，同时在内容上还不能过于敏感，因此这份报刊的创办可谓小心翼翼。

从人文地理的角度来看，《中西闻见录》的出版具有两方面意义：

第一，在全国范围内，它昭示了整个中国境内近代报刊业发展的可能性。

北京与广州、上海等其他城市不同，它具有政治意义上的特殊性。不同于其他地方性城市，在北京发生的一举一动，都会被全国范围内进行解读。《中新闻纪录》在北京的顺利出版，无论其内容对社会发展起到的作用是如何的微小，也无论其在传教方面的主动放弃，它的出版，说明了北京城作为清政府的首都，也被允许出现了近代报刊。那么，它的昭示意义就自然而然地被予以解读和传播，它意味着：在理论上，整个中国都开放了自己的近代报刊业市场。这一点，无论对外国各势力来说，还是对中国各级官员以及具有前瞻性的民众来说，都具有强烈的震撼意义。

第二，在北京范围内，它实现了从外城到内城的突破。

《中西闻见录》的创办地点，是在北京施医院。该医院是由英国伦敦会医

---

① 丁韪良：《中西闻见录选编》，见《近代中国史料丛刊三编》第32辑，台北：文海出版社（影印本），第3页。

学传教士雒魏林创办的。1861年，曾先后在澳门、舟山、香港、上海等地创办或管理医院的雒魏林从英国来到北京，计划开展医疗事业。在早期传教士的各项传教方式中，医疗也是非常重要的一个组成部分。10月23日，雒魏林在英国使馆旁边寻找到一处房子，由英国使馆出面购买，他进而转租，建立了北京第一家现代诊所，取名了"伦敦布道会北京华人医院"，即后来著名的协和医院的前身。由于该诊所是传教士所创办，当时的中国民众将之称呼为"施医院"。

清代北京的英国使馆，位于崇文门内。咸丰十年（1860年）英法联军攻占北京以后，英军占领了梁公府（原淳亲王府），并最后将之设为英国使馆。《顺天府志》曾有记载："王讳允佑，圣祖七子，谥曰度。裔孙奕梁降袭，后俗称'梁公府'，今废为英国使馆。"[①]淳亲王府即今日东交民巷区域，属于内城的南城区域，在崇文门内大街附近。

这一报馆地点的选择，与报刊创办者有着密切关系。虽然《中西闻见录》也希望能够为更多的中国人所接受和了解，但毕竟其创办者是外国传教士，为了自身的安全等考虑，在报刊的创办地点上，必然选择接近与自身利益一致者。因此，其地点的选择必然依赖于英国或者美国大使馆。雒魏林在英国大使馆附近创办西式诊所，《中西闻见录》设立在雒魏林所开设的诊所内，而该诊所又位于内城地区。因此，北京第一份近代报刊就突破了清王朝内外城的区分，成功地在内城地区创办并发行。

三、宣南中心的确立和内城东区的发展（1895—1911年）

1. 宣南地区成为报刊业中心的地理要素分析

1895年以后，宣南地区逐步成为北京的近代报刊业中心。无论是传统报纸还是近代报刊，宣南地区能始终作为北京报业的首选区域并最终成为中心地带，有着如下原因：

第一，宣南是北京汉族中高层官员和士绅阶层的聚居区，为报刊业的发展

---

① 《顺天府志》

提供了基本的从业者和受众。

从顺治五年（1649年）满汉分置内外城开始，内城只需满人居住，汉人一律迁到外城。这对北京城的功能分区以及人口聚集产生了重要影响。汉人中的中高层官员以及经济相对宽裕的士绅阶层，在选择居住地的时候，同样需要考虑不能离内城太远，而且生活条件等要相对方便。当时相对繁华的宣武门外成为主要聚居地，并最终形成了独特的宣南文化。而由于宣南是官绅的聚居地，提塘、会馆等外省驻京机构也派驻在这里，"于是宣南一带成为士人会馆最为集中的地方，会馆房产多达400余处。这些条件为近代士人开展政治活动、创办报刊，提供了理想的场所"[1]。宣南地区不仅仅是清末的北京近代报刊中心，甚至一直延续到民国时期也同样如此。民国初年曾对北京新闻记者的注册地进行统计，宣南地区人数最多，说明了其为报刊业的中心；1935年《老北平旅行指南》一书中列出的42种报纸，宣南地区有23家，同样说明宣南此时的重要地位。[2]

第二，地理位置的继承性。

宣南地区是北京传统官报和京报的主要举办地，因此已经具备了良好的报刊业发展基础，在印刷和发行网络方面，具备了一定优势。

在印刷方面，琉璃厂地区发达的印刷业是清末报刊业的一大依仗。琉璃厂原为海王村，元明清三代都是为朝廷烧制琉璃的窑厂，因地形开阔，在清初满汉分置之后，由于内城不得有戏楼等娱乐性商业，这些行业就外迁到琉璃厂附近，初步带动了当地的文化娱乐产业的发展。乾隆年间《四库全书》的编纂，使琉璃厂成为当时全国最大的图书流通中心，因而带动了纸店、刻字铺、装裱店等行业的集聚，到了清末民初，"琉璃厂周围一带出现了一批从事书报印刷的书局、印书局、印字局、印刷所、印报处等，它们往往同时或相继承印多种报刊。例如，位于琉璃厂附近的同益印书局在北洋时期印刷的报刊就不下30

---

①　岳升阳、林玉军：《宣南文化与北京清末民初的报刊》，《北京社会科学》2004年第1期，第147页。
②　马芷庠：《老北平旅行指南》，北京：北京燕山出版社，1997年版，第386–389页。

种，有时同时承揽数份报刊的印刷"①。

另外，宣南地区还有本埠最大发行队伍。康有为创办《万国公报》后，能够在一个月以后就达到了3000份的发行量，这固然与该报采用免费发行、送报上门的方式有关，但发行量如此迅速的增长，与传统京报的发行队伍有着密切关系。传统京报就位于官绅集中的宣南地区，对本区域情况十分熟稔，掌握着北京士绅阶层的详细居住地点，因此其能够开展有效的发行工作。

第三，宣南后期也成为外埠报刊的发行地。

发行中心的区位优势一旦确立以后，那么就不仅仅在本埠发行方面具有优势，在外埠报刊的发行方面同样具有优势。汪康年、梁启超在上海主办的、具有全国影响力的《时务报》就是最早在北京发行的外埠报纸之一，发行所就设立在宣南。光绪二十三年（1897年）二月廿五日，杨锐曾致书汪康年："弟处分送之时务报、求是、农学、知新、萃报，已遵命移交澳报馆经理……以后按期汇送琉璃厂土地祠内总报馆查收为荷。"②清末民初，宣南地区的南柳巷、永兴寺、魏染胡同等地，已经逐步发展成为报刊发行的集散地，"琉璃厂西门外，南北分名为南北柳巷，中有永兴寺……先时一般书局及裱工作多僦居于此，现已改为发行新闻纸之市场。"③说明宣南地区也成了报刊发行的中心。

综合以上要素，在区位因素的基础上，宣南地区在受众市场、印刷厂地、发行网络等方面都产生了集聚效应，并最终成为北京近代报刊业的中心。

2. 北京近代报刊业的具体分布情况

从1815年发展到1895年，八十多年以后，国人已经深刻认识到报刊在各类社会事务中的重要性。1895年6月，康有为、梁启超等在北京商议变法图强之事，认为必须要开通风气；而要开通风气，就必须要开设报馆。"度欲开会，

---

① 于彤、徐琰：《北洋政府时期北京报刊通讯社一览》，《北京档案史料》1990年第2期，第66页。

② 汪康年：《汪康年师友书札（一）》，上海：上海古籍出版社，1987年版，第2407页。

③ 陈宗蕃：《燕都丛考》，北京：北京古籍出版社，1991年版，第303页。

非有报馆不可，报馆之议既浸渍于人心，则风气之成不远矣。"①康有为也在对光绪帝的上书中，多次强调要开设报馆。在维新派的推动下，出现了第一次国人办报热潮，而由于这次办报热潮的发源地就在北京，因此，北京的近代报刊业开始相对活跃起来。

1895年（光绪二十一年）8月17日，北京第一份国人创办的近代报纸，同时也是维新派创办的《万国公报》创刊，报馆地点在宣武门外后孙公园。万国公报初期采用双日刊的形式，从形式上来看，其与近代报刊还有着较大的差距：如依然采用了与传统京报类似的排版方式，采用传统线装书的方式成册，没有刊出出版年月日等，但是从内容上来说，这已经是不折不扣的近代报刊。因为它与传统报纸上机械性地刊登上谕和大臣奏折不同，其内容更加新式，反映的是当时世界变动的情况以及宣传政治、工业、商业、农业、学校、报刊等各方面改革的内容，且评论性比较强。因此，《万国公报》从内容上来说，明确是近代报刊。

由于当时北京还没有铅印机器，因此《万国公报》的印刷是委托给京报报房采用雕版方式来印刷的，同时在发行渠道上也借用了京报的渠道，免费派发给京城的官员士绅阶层阅读，因此，其销售量也很快增加。到了11月，当中国第一个政党性质团体、资产阶级维新派政党——强学会正式成立以后，《万国公报》改名为《中外纪闻》，作为强学会的机关报，宣传变法思想，发行地点没有改变。

《万国公报》和《中外纪闻》的出版地都设在宣武门外后孙公园，该处名称沿袭于顺治年间吏部官员孙承泽的宅邸名称，当时孙府为"孙公园"，后分为前孙公园和后孙公园，并演变成街巷的名称。1869年，在李鸿章兄弟的倡议下，淮军将领出资将其购买，并作为安徽会馆，后成为戊戌变法的活动场所之一。

从位置上看，后孙公园处于宣南地区。康有为所居住的南海会馆以及其他

---

① 丁文红、赵丰田编：《梁启超年谱长编》，上海：上海人民出版社，1983年版，第40页。

许多维新派人士所居住的地点，都在宣南地区。这是因为与提塘一样，各省在京的会馆也多设立在官员较多、地处繁华的宣南地区，而来自各地的维新派人士大多居住在本省会馆，也就自然而然在宣南地区会集。

但是，还是由于封建王朝的禁锢，维新运动虽然发起于北京，但其推动的国人办报热潮却主要出现在其他城市，北京在《中外纪闻》停刊后，又成为无近代报刊的城市，直到1900年2月日本人创办的《北京新闻汇报》出现，

1906年开放报禁以后，形成了第二次国人办报热潮。从1906年开始，清廷实行预备立宪以后，相继制定和颁布了五项有关报刊的法规：1906年的《大清印刷物专律》、1906年的《报章应守规则》、1907年的《报馆暂行条规》、1908年的《大清报律》和1911年的《钦定报律》。在这些法律法规中，有关于报刊出版地的具体规定，如《大清印刷物专律》规定："凡以印刷或发卖各种印刷物件为业之人，依本律即须就所在营业地方巡警衙门，呈请注册……并各详细叙明实在，及具呈人之姓名籍贯住址，又有股份可以分利人之姓名籍贯住址。"[①]《大清报律》第一条也规定："凡开设报馆发行报纸者，应开具左列各数，于发行二十日以前，呈由该管地方官衙门申报本省督抚，咨民政部存案：一、名称；二、体例；三、发行人、编辑人及印刷人之姓名、履历及住址；四、发行所及印刷所之名称及地址。"[②]按照规定，北京市内不分内外城，都可以开办报馆。上述这些法律条文的规定，为我们理清之后北京报刊业的具体创办地点提供了便利。

在清政府颁布相关法律之后，即便全国其他地区的报刊业已经发展得轰轰烈烈，特别是革命派主办的报刊遍布全国，但唯独北京地区国人自办的近代报刊发展仍十分缓慢。到1909年12月《帝国日报》创刊，这是在北京最早出现的革命派报刊。此后，各类报刊开始纷纷出现。据统计，截止到1912年，北京出

---

① 《大清印刷物专律》第二章，见倪延年：《中国报刊法制发展史》（第四卷），南京：南京师范大学出版社，2006年版，第56页。

② 《大清报律》第一条，见倪延年：《中国报刊法制发展史》（第四卷），南京：南京师范大学出版社，2006年版，第56页。

版的各类报刊总共有41种，包括《帝国日报》《国风日报》《商务报》《新民公报》《北京日日新闻》等。

根据后来报馆登记情况，从分布区域上看，如果以内城正阳门为中心，划分为西南方向的宣武门外城以南地区、东北方向的正阳门内城东侧区域、西北方向的宣武门内城以南地区的话，那么，这三个区域的报刊业发布情况各有不同。

宣南区域集中了80%以上的报馆，《京话报》《启蒙画报》《京话日报》《北京女报》《大自由报》等30余份报刊都在该区域内出版发行，基本上宣南地区的胡同里，大部分都分布有近代报刊；其次是内城正阳门东侧出现了报馆的相对集中区域，《华字汇报》《北京日报》《京话广报》《白话普通学报》《公理报》《进化报》等9种报刊集中在这个区域。在上一阶段，丁韪良、雒魏林等可以在内城办报，是因为他们借助了英国大使馆以及外国人的名义，而且也仅有一家报刊；但是在这个阶段，国人也可以在内城办报，这说明报刊业的地理分布已经完全突破了内外城的限制，分布的空间范围更加广大。而在位于正阳门内城西北侧的区域，有《顺天时报》和《官话北京时报》创办。东南角则仍没有报刊在那里创办。

第四节 小 结

报刊业自身的特性，决定了其总是要向着城市集中的。近代城市的发展，与大众传媒产业之间是相辅相成、相互促进的关系。

一方面，城市的发展以及城市文明的形成，需要大众传媒的传播功能。按照传播学奠基人之一拉扎斯菲尔德关于大众传播的"三功能说"，大众传媒具有监测环境、协调社会、传承文化等三个主要功能，后又有学者补充了娱乐功能，形成了大众传媒的四大功能。这四种功能，对近现代城市的形成具有重要意义：从监测环境功能来说，大众传媒通过不间断地传播外部世界最新情况的变动，为城市的发展提供充足的信息来源，为城市居民提供相对的安全保障；从协调社会功能来说，大众传媒的报道内容包括了社会的各个阶层，无论是在何种立场上来对社会阶层进行报道分析，其必然会产生各阶层之间的相互联系与沟通，从而实现对区域内不同社会阶层矛盾的协调，这对近代城市的发展具有重要意义，也是大众传媒被称为"社会减压阀"的重要根源；从文化传承角度，大众传媒是近现代社会大众文化最重要的生产机构、传播机构和引领机构，在城市文化的建构方面更具有直接作用；从娱乐功能来说，大众传媒是说唱、戏曲、电影、杂技等城市文化娱乐活动最主要的发起者和载体。因此，大众传媒对近代城市的形成十分重要。

另一方面，"近代城市文化也是报刊传媒的文化底蕴和内容源泉，近代城市文化的繁荣促进了近代报刊媒体的发育、形成和兴盛"①。城市为近代报刊业的发展提供了从业人员、信息来源、阅读受众、发展资金等。从城市诞生以来，它就拥有比农村地区比例要高得多的知识阶层，这些掌握了一定知识文化的人群，既是报刊业潜在的创办者或者工作人员，也是报刊业的阅读对象，他们对"新闻"有着特别的追求。另外，城市也是报刊最主要的信息来源，城市往往是区域中心，无论是政治、经济，又或者是军事、外交、文化等方面，城市都是决策的发出地、事件的发生地，从而为报刊提供了数量最多也最为重要的新闻内容。同时，城市也往往是经济发达的区域，而大众传媒发展所需要的广告等资金，都主要是从城市中获取而来。

因此，清末中国近代报刊业的发展，从城市模式上来说，可以分为上海模式和北京模式。上海模式也可以成为租界模式，这是中国近代报刊业能够迅速发展的一种模式，因为在这些城市以及城市区域内的租界中，清政府的管制力量被降到了最低，而经济力量被迅速释放出来，随之而来的中西文化的交流撞击又为报刊业发展提供了人文土壤。中国早期通商口岸城市中近代报刊业的发

---

① 江凌：《试论近代两湖地区城市文化与报刊媒体的发展》，《上海交通大学学报（哲学社会科学版）》2011年第2期，第63—64页。

展，都遵循着这一路径；而北京模式则代表了中国传统城市中近代报刊业的发展，在清政府势力的压制之下，这些城市的近代报刊业不仅数量较少，而且发展缓慢。如果从辛亥革命后再以百年的眼光来看，一般而言，越是近代报刊业发达的城市，其目前的发展水平就越高，清代近代报刊业的城市发展水平，已经在某种程度上决定了该城市未来的发展水平。

就城市内部的地理分布来看，通商口岸城市中的租界为近代报刊业的发展提供了庇护的空间，因此，租界成为城市中近代报刊业的主要创办地；而在传统城市中，报刊业的发展则依附于该城市中原有的政治经济发达区，并深受政府管制的影响。

第三章

扩散与下沉：我国近代报刊业的发行

中国报学史第一人戈公振曾说过："新闻之'新'，由时间之距离而起。"[①]自人类社会出现以来，就伴随着对信息的需求，而信息具有时空传播的特征，即信息传播体现为在时间上或者空间上，或者时空同步的传播。原始社会在大河旁边的石头上画上鱼的形象，是为了告诉后来者这条河里有鱼；奴隶社会的周代建立烽火台，是为了能够突破空间阻隔在最短时间内传递外族入侵的信息；封建社会已经开始建立了遍布全国的驿站系统和定期向全国各地发出的邸报，目的是将朝廷的各项信息传递给地方官员和边境军人；到了资本主义社会，报刊业已经成为专门的信息产业类型；而在现代社会，我们经常所说的"直播"，就是一种在同时间内跨越空间的传播方式。

对于报刊业来说，发行工作就是将要所刊载的信息，在最短的时间内传递到最广的区域，送达最多的受众。因此，发行工作与时间和空间有着极为紧密的关系。

[①] 戈公振：《中国报学史》，上海：上海古籍出版社，2003年版，第12页。

第一节　我国传统报刊的发行情况

一、报刊业发行工作及发行范围

就报刊传播的全流程来说，主要包括采、写、编、印、发等几个环节。其中，采写编是新闻作为信息产品的生产环节，主要完成者是记者、编辑等岗位。采访，是指记者对社会上发出的众多事件进行新闻价值的评判，从中选择出值得报道的事实，进行采访等信息搜集、整理工作；写作，是指记者在完成新闻事实资料的搜集和整理工作以后，将其转换为新闻文本的过程，无论是消息、通讯、评论等新闻体裁，都属于写作范畴；编辑，是指记者完成的新闻文本，还需要编辑根据办报方针和体裁内容等方面的全面衡量，进行内容的增减加删、版面位置的确定等工作。通过采写编，新闻文本就已经完成，这是报刊业的首要环节，也是最为重要的环节。编辑工作完成后，就进入印刷环节。报纸的特性决定了其属于一次性产品，即报纸内容是每天或者定期更新的，那么承载新闻文本的纸张也就需要每天或者定期进行印刷，不能被重复使用。印刷环节完成以后，就进入最为关键的发行环节。

"报刊发行，指报刊经由分送机构输送散发至读者的过程。"[1]发行就是要将印刷厂印刷好的报刊，通过各种方式和途径递送到订户的手中。"发行是报刊走向受众的主要环节，是报刊实现其社会价值与经济价值的途径，也是报刊生存和发展命脉。报刊发行现象与报刊同时出现在新闻传播活动的历史长河，与报刊业的兴衰荣枯关联紧密。"[2]发行对于报刊业来说，具有重要意义，对于报刊业来说，发行就是希望能够将刊载信息的报纸，在最短时间内，送达最广阔的地理范围，被最广大的受众所知晓。

---

[1]　武志勇：《中国报刊发行体制变迁研究》，北京：中华书局，2013年版，自序。

[2]　同上，方汉奇：序。

由于用户是分散在各个特定的地理位置的，那么发行工作必然就带有空间性的特征；又由于报刊这种产品是高度关注时效性的新闻，因此发行工作也必须要在一定的时间限定范围内完成。由此，发行工作的时空要求是十分重要的，可以说，发行工作的成功与否，直接决定了这份报刊是否能真正实现其自身的价值。

依据报刊发行地理空间范围的不同，可以把报刊分为国际性报刊、全国性报刊和地方性报刊三种类型。国际性报刊即报刊是在全世界范围内发行的，如美国的《纽约时报》《华盛顿邮报》《华尔街日报》和英国的《泰晤士报》等著名国际大报，它们的发行范围并不仅仅局限在本国，在世界各地都可以看到这些报纸。其次是全国性报纸，一般是指在一国范围内发行的报刊，如我国的《光明日报》《南方周末》等报刊。第三类是地方性报刊，主要是在所属行政区域内发行，如省级的《山西日报》、市级的《太行日报》、县级的《平陆日报》，等等，基本上都是在本地发行的报刊。

依据报刊业的发行方式，可以分为本埠发行和外埠发行两种。所谓本埠发行，就是指报纸在所在城市发行。一般来说，报刊都是在城市创办，或者报刊最终都会集聚到城市来创办，非特殊情况下，农村地区很少出现报刊。本埠发行也就主要是指在报刊创办地城区范围内建立起来的发行网络。外埠发行就是指在创刊地城市以外的区域发行，可以是省内发行，如《平陆日报》在运城市发行，那就属于外埠发行；也可以是在省外发行，如果范围再广，那就成为全国发行，该报刊就成为全国性报刊；而极少部分报刊能够做到全世界范围内的发行，这种报刊一般来说都是具有高度影响力、且公信力非常强的报刊。无论是本埠发行还是外埠发行，在覆盖范围的基础上，还有网络密度这个问题。本埠发行由于地理范围相对比较狭小，因此能够做到全城的无死角覆盖，而在外埠发行方面，网络密度就显得十分重要。要提升报刊的影响力，就不能仅仅停留在送到某个区域的某个点，而是要在控制发行成本的基础上，尽可能按照合理的地理分布，增加发行点，形成对区域内的全覆盖，这样才能很好地增加发行量、提升影响力。如在电子媒介发展起来以前，遍布城区内各条街道的报刊零售点，就承担了非常重要的发行任务。

二、我国传统报刊的发行及其影响要素

早在宋代，我国传统报刊的发行就已经有了明确的机构及规定。宋太宗太平兴国六年（981年），进奏院状报成为政府统一管理和发行的官报，为了达成"庶几朝廷命令之出，天下通知"①的目的，出台了诸多关于进奏院状报的发行规定，如"进奏院逐旬发外州军状报"②的条目，就规定了对于京师以外的其他地方，发行周期为十日一次，发行范围为外州。以当时宋代的驿站建设情况和财政情况，基本上能够做到全国发行。

而到了明代，"邸报是能够做到基本每天发行的"③，京城官员能够当天浏览，而外地官员则出现了时间差，离北京并不十分远的保定府曾有记载："宣化驿每五日一次，差夫马取"④，而"那些较偏远的省份和府县，可能要经过好几个月的时日才能读到记载朝廷发生最新事件的邸报"⑤。即便如此，相比较于宋代明确地对京城以外地区十日才刊发一次邸报的做法，明代部分地区能够做到五日一发，已经算是在时效性上的一种提高。从覆盖范围来说，明代也同样实现了对全国范围的全覆盖。

清承明制，在发行上，同样是由提塘负责。乾隆二十一年（1756年），正式批准各省提塘设立公报房，"各省发递科抄事件，例应责令提塘办理，以杜私抄讹传泄漏之弊。嗣后令各提塘公设报房。其应抄事件，亲赴六科抄录，刷印转发各省。所有在京各衙门抄报，总由公报房抄发"⑥。这是因为到了清代，

① （清）徐松辑：《宋会要辑稿》59册，职官二之五一，北京：中华书局影印本，1957年版，第2397页。

② （清）徐松辑：《宋会要辑稿》165册，刑法二之二九，北京：中华书局影印本，1957年版，第6510页。

③ 尹韵公：《论明代邸报的传递、发行和印刷》，《新闻研究资料》第48辑，第116页。

④ （明）《保定府志》卷26"减邸报"。

⑤ 武志勇：《中国报刊发行体制变迁研究》，北京：中华书局，2013年版，第8页。

⑥ 《清会典事例》卷703

人们对信息的需求已经比较旺盛，特别是在北京这样的首都地区，民间报房也开始有所发展，他们打探各种宫中消息并在外传播，造成不良影响。因此，清政府明确设立公报房，提塘官要亲自赶赴六科进行抄录，但是在实际操作过程中，由于提塘官多为武官兼任，其文化水平有限，且抄书工作也十分辛苦。因此，后来负责抄录工作，实际上也变成了提塘官雇佣的落魄文人，即所谓的"文贫"。当时"驻京提塘官十有六人。直隶、山东、山西、河南、江西、福建、浙江、湖北、湖南、四川、广东各一人，陕甘、新疆一人，云南、贵州一人，漕河一人，由督抚保送本省武进士、举人及守备咨补。后改隶邮传部" [①]。除了相对粗疏的官报全国发行之外，此时也出现了相对于官报体系的民报——《京报》，这种主要在北京城内发行的报刊，也建立了基本覆盖整个北京城的人力发行网络。

下面将介绍影响我国传统报刊发行范围的各种要素：

1. 手抄为主的生产方式

报刊的印刷方式看似与发行无关，但实际上却有着直接关系。因为与书籍不同，报刊发行对时效性有着极高的要求，而印刷方式则直接影响着时效性功能的发挥。

我们今天所处的电子时代，信息接收终端是一次性购买、重复性使用的。受众购买一台电视、一部手机以后，在设备没有报废或者用户没有主动更换之前，可以通过电子信号传播的方式，实时接收发出的信息，但报刊的发行不同，新闻内容是呈现在实体的纸张上的，而纸张不能被重复使用，这就决定了报纸必须每期都重新生产制作一次，那么印刷方式就显得至关重要。

印刷方式直接决定了印刷量，印刷量又在很大程度上决定了发行量和发行范围。我国报刊在发行工作的起点上，经历了抄书和转抄——雕版印刷——木活字印刷——金属活字印刷——现代印刷等多种形式。每一种形式的更迭，都产生了发行量的扩张；而发行量的迅猛增加，又扩大了发行范围。

---

① 《清史稿》卷140《职官（一）》

"在明朝社会那样的印刷条件和技术背景之下，报纸的主流仍然是手钞，时而也有雕版印刷，木活字印刷只是在明末才渐渐起步，它们三者并存而行于明代的新闻传播事业之中，而泥活字、金属活字没有、也不可能闯入印刷报纸的殿堂。"①因此，清代末期之前，邸报最主要的发行起点方式就是抄书。抄书就是将朝廷允许公开发行的信息，以人工抄写的方式进行复制。"当年东华门外，设白本报房一所，该所雇用数十名文贫，由内阁领到宫门钞，众文贫分写数百本，派人送投各衙门，各大员邸第。"②显而易见，这种方式除了不可能避免的错抄、漏抄等之外，最致命的问题在于非常低下的效率。尹韵公推测，明代"邸报每期刊登的消息当在10条左右……每期邸报的字数，按平均每条消息5百字计算，每期邸报的字数最低限度为5千"③。我们可以想象，即便在今日，抄写五千字也是需要耗费大量时间的。单人每天能够完成最多十份的完整摘抄，已经是了不起的成果了。因此，明清时期提塘官在六科的抄录以及邸报送达地方以后，往往是会进行摘抄，也就是说，在完整的最少五六千字的内容中，选取本地区行政长官可能感兴趣的内容，摘抄出来，这样就可以降低自身的工作量，但这种发行方式，必将对信息内容造成巨大减损，也降低了邸报的整体价值。

当然，明清时期的雕版或者活字印刷技术已经得到了很大程度的发展，如清代《钦定武英殿聚珍版程式》就是乾隆时期木活字印刷典籍，是我国重要的印刷文件工艺，但是这种印刷往往是应用在四书五经或者内容固定的各种文本上。对于需要每日发行、字数量大的邸报来说，雕版或者当时相对容易破损的泥活字、木活字等都不太应用。批量大规模印刷要到了清末才开始出现。

2. 驿站为主的交通条件

发行是在一定的地理空间上进行的，空间距离就直接影响了发行的时间和

---

① 尹韵公：《论明代邸报的传递、发行和印刷》，《新闻研究资料》第48辑，第12页。
② 管翼贤：《新闻学辑成》第六辑，《民国丛书》，上海：上海书店，1989年影印本，第46册，第280页。
③ 同①，第116页。

范围。而要跨越空间距离，就需要借助一定的交通工具。交通工具的形式以及效能直接影响发行时间和发行数量。

本埠发行，在自行车普及以前，一般都是靠发行员步行来完成的。如清代京报的发售，基本上都是报房雇佣送报人每天将报纸送到订户手中。清代齐如山曾经写道："北京城内所有送报的人都是山东人，都是背着一个用蓝色布做成，五尺多长，五寸多宽，两头有兜的报囊，囊上钉有白布写黑字的京报二字"[①]，他们在划定的发行区域内，步行将报纸送到。一般来说，本埠发行都能够做到当日报纸当日送达。

至于外埠发行，受交通条件的影响就十分大。在没有现代交通工具的古代社会，官报主要是通过驿站体系来传递邸报的，民报则通过"负贩"的方式进行。驿站主要通过马匹方式来进行传递，而邸报的传递并非在驿站的工作范围之内，且驿站马匹还要承担其他许多公文的传递，因此其承重量相对有限，所以能承运的报刊数量也是有限的。传递到地方以后，再次进行传抄或者翻印，然后再次通过人力或者驿站的方式发行。"外地官吏阅读到最近一期邸报的时间，取决于官吏本身供职的衙门所在地跟京城之间的距离，距离越近，周期越短，距离愈远，周期愈长。"[②]清末以前，民间报刊很少进行外埠发行，就是因为成本太高而收益较低，因为越到地方，消费群体的数量就越少，而报刊的翻印也相对比较难，对于民报举办者来说，实在难以承担。所以民报的发行，主要是本埠发行，顶多通过民间传阅的方式，报刊或许会传递到周边地区或者其他更远的区域，但这跟报刊发行又没有什么关系了。

表9　明代邸报京师与部分地方发行时限表[③]

地点	路程（里）	计站	时限（天）
陕西都司	2650	43	86
秦州卫	3320	55	110

---

① （清）齐如山：《清末京报琐谈》，台北《报学》杂志1952年8月第1卷第3期。

② 尹韵公：《论明代邸报的传递、发行和印刷》，《新闻研究资料》第48辑，第128页。

③ （明）申时行等修：《明会典》卷149《驿传五·急递铺》，北京：中华书局，1989年版，第3057页。

（续表）

地点	路程（里）	计站	时限（天）
岷州卫	4100	61	120
河州卫	4200	63	126
洮州卫	4200	63	127
阶州守御千户所	3700	59	118
文县守御千户所	4240	67	134
西固城	4500	61	120
陕西行都司并甘州后卫	5400	87	174
西宁卫	4570	75	150
庄浪卫	4460	70	140
四川都司	5185	86	172
松藩	5965	96	192

3. 本地外埠不同的发行渠道

发行渠道是指报刊等经过一系列中间机构或者人员送达消费者手中的通道，包括了各个流通环节，有长短和宽窄之分。

长短渠道对应的是报刊发行的本埠和外埠。本埠发行的渠道比较短，外埠发行的渠道一般比较长。宽窄是指发行渠道对发行区域的地理覆盖密度，一般来说，本埠的发行网络相对较窄，而外埠的因为网点少，一般相对较宽。

清代北京城内的官报，是由官方派人递送到各个衙门以及王公大臣府邸的，因为发行对象的局限性（不允许民间直接订阅），因此发行对象有限，发行地点固定，也谈不上什么密度，直接派人送达即可。而京报在北京的发行，已经形成了固定的网络区域，"各人有各人的道路，同一报馆之送报人，不许越界送报。例如，卖聚兴报房的人，在此胡同送报，则其他卖此报之人，便不许再送。然后卖洪兴报房之送报人尚可。但也常打架，重者聚殴。他们都是穿一长稍过膝的蓝布大褂，外系一条布褡包（腰带），因为从前若穿小姨夫裤褂或者散着腰（不系褡包）进人家，是不大规矩的事情。他们送报须进门，所以都穿着长褂，系褡包……他们送报的道路非常重要。自己老了，可以传给儿子，若外人想接送，则须出钱买这条道，亦曰倒道……除送报有余利外，一年三节，都讨节钱，你要给他一个大钱，那是不成的，给两个便足，若给五个，那他高兴极了……这种送报人都有公会，人心极齐，本会中人，如越界送报等事，是不易见到的。"[1]

外埠发行对发行渠道的要求就高多了。明代邸报的官方发行渠道，一般是从中央——省——部分府这样的层级，到了府这一级之后，邸报就只能靠传抄了。即便在府这一级，也不是所有官员都做到人手一份，"邸报传至保定府这样的地方高级衙门后，就在官员们之间'轮流传看'，遇着邸报登了跟某位主管官员有关系的事情，就'令吏书抄写传送'，这样保定府辖下的衙门，也能看到邸报了。邸报就是这样一层一层地传递下去的。当时的各级衙门内，都养着几位抄报书手，专门抄写行传下来的邸报"[2]。这说明，在明代，发行层级非常少，且发行数量也非常少。到了府以下的行政区域，基本上只能靠传抄这样的方式来进行，甚至要专门雇佣人手来进行抄报工作。由此可见，当时的发行渠道基本上属于长渠道，而且发行网络相对比较粗疏。

4. 近代通信技术的应用

通信技术是对信息传递方式的跨越式提升。古代社会，人们进行包括报刊在内的信息传递，无论是步行还是马匹、舟车，甚至烽火台、信鸽等，都需要实体存在，而实体在空间范围的移动，总是具有一定限制条件的。在古代社会，烽火台传递信息的速度相对较快，但能够传递的信息量是十分有限的，可以说简单至极。我国最主要也是最快捷的传递方式，就是官方驿站的快马传递。沈括在《梦溪笔谈》中谈道：宋代驿站的公文传递分为三个等级，分别是步递、马递、急脚递。很明显，步递就是步行传递，用于一般非紧急公文的传递，后两者都借助马力的快速来传递，其中急脚递速度最快，每天可以经行四百里，但只有在战时紧急军情才可以使用。各朝代莫不如此。

但是通信技术对发行方式和范围可以产生巨大作用，电报作为人类历史上

---

[1] （清）齐如山：《清末京报琐谈》，台北《报学》杂志1952年8月第1卷第3期。

[2] 尹韵公：《论明代邸报的传递、发行和印刷》，《新闻研究资料》第48辑，第110页。

的第一种电子传播技术，它将信息传播实现了量级的跨越和提升。它真正可以使信息在短时间内跨越相当长的空间距离，进而使得报刊真正实现"日报"的功能。甚至时至今日，我们已经能够做到全球范围内的实时同步报道，这就是通信技术发展带来的结果。"三种互补的发明——印刷术、铁路和电报——联手创造了报纸令人望而生畏的威力。"①

清代末年，外国人将电报引入中国以后，在军事、政治、新闻等各个领域都有应用，甚至电报一度也成为外国侵略中国的一种利器，但清政府将之视为奇技淫巧，并不广泛应用，即便在1874年因日本侵略台湾而开始认识到电报的作用，也并没有开始大规模的建设推广，更不用说应用在新闻领域。电报在报刊领域作用的真正发挥，要推迟到民国年间。

5. 官绅为主的购买能力

购买和消费能力同样直接影响着发行工作。

从国家角度，在封建社会，为了维护对面积广阔的帝国的统治，从秦代开始，各个朝代就必须要建立全国的信息流通体系——驿站。每年为了维持驿站的运作，使中央信息能够有效传递到各个地区，都要耗费巨量的资金。明代末年的流民之乱，其起因之一就是为了节省经费开支而精简驿卒，李自成就是当时驿卒中的一员。而就个人来说，无论官绅还是商民，都存在对信息的需求，这也是中国很早就出现邸报的原因。对于身处地方的官员阶层来说，对皇帝和中枢最新信息的了解和掌握是十分必要的。

发行需要成本，获取信息就需要支出费用。古代中国，对于大部分人来说，信息的消费并不属于生活必需，能有财力订阅报刊的人，数量相对较少。因此，官方公费和民间自费订阅就成为两种正常的发行费用支付方式。

对官方体系来说，一方面，由于位于北京的提塘官本身就是通过抄书的方式来获得邸报，因此即便在京城也雇佣人手，但考虑时效性的问题，抄写数量

---

① ［法］加里布埃尔·德尔塔、［美］特里·克拉克著，何道宽译：《传播与社会影响》，北京：中国人民大学出版社，2005年版，第216页。

不会很多，地方上同样如此；这样的话，就需要考虑雇佣专门抄书人员的费用，同时还需要考虑发行过程中对驿站人员的额外支出。总计下来，清末以前，地方要获得朝廷邸报，其支出费用是十分高的，如明代保定府每年在邸报方面的支出就达到"每年该银四十五两六钱，遇闰月加银三两八钱"[①]，这还是节省以后的费用。明代著名小说《金瓶梅》中，也有西门庆为了从邸报中得知一则消息而花费五两银子的情节，在当时，五两银子相当于县衙门书手两个月的工资。

在民间体系，"但因代价昂贵，中下级官吏及商民等无力订阅，于是黄皮报房应时而出……经营黄皮报房者，均为山东人，所谓京报房是也"[②]。相对于官方的白皮报房，黄皮报房主要针对的是中下级官吏和普通的商民。

因此，包括报刊价格在内的费用问题也是制约发行量的重要因素之一。

6. 文化水平

不同于广播、电视和现在的电脑、手机等媒介形式，报刊对受众有着较高的要求。广播是听觉媒介，电视是视觉媒介，电脑和手机已经进入全媒体时代，无论是听觉、视觉还是全媒体，它大体上都属于形象符号传播方式，对受众知识文化水平的要求都相对比较低，即便人们不识字，但可以听得懂、看明白广播、电视等上面的内容。但是报纸不一样，它是由抽象的文字组成的，需要人们首先掌握一定的知识文化，才能够顺利地进行阅读。这从根本上限制了报刊的阅读对象。

古代社会，庞大的普通民众是没有接受教育的能力和条件的，因此造成了极高的文盲率。如明代末年，根据光宗泰昌元年（1620年）官方统计，全国共9835426户、51655459口人，[③]但是顾炎武曾记载，明末时期，"合天下之生员，县以三百计，不下五十万人"[④]。也就是说，明代晚期，知识分子人数约有50万

---

① （明）《保定府志》卷26 "减邸报"。

② 管翼贤：《新闻学辑成》第六辑，《民国丛书》，上海：上海书店，1989年影印本，第46册，第280页。

③ 《明熹宗实录》卷4

④ 顾炎武：《顾亭林诗文集》卷一《生员论（上）》

人左右。生员基本上相当于知识分子的最低要求了，那么按照官方比例来说，仅仅在1%左右，如果考虑到隐匿人口数量，那么连1%都不能达到。而明代报纸的读者群，主要就是位于京城和地方的官吏阶层、还未入仕的知识分子阶层、部分军事将领等，这些人的数量决定了邸报的印刷量和传抄量。顾炎武这些人非常有可能会是邸报的发行对象。尹韵公对此预测："我们假设他们当中的百分之二十的人是邸报的忠实读者，那就是说，邸报在知识分子阶层中的传抄量和发行量约在10万份左右。"①这是因为，即便拥有识字能力，也还要有一定的经济实力才能支撑这种消费。

7. 认识观念

人们对报刊等大众传播媒介的认知是在不断变化发展之中的，这种认知也强烈地影响人们的媒介态度和选择。和现在人们离不开手机恰恰相反，在近代报刊业刚刚出现的晚清时期，官员士绅阶层对报刊业是持反对或者鄙夷态度的，认为上面所刊登的消息"荒谬无知"；这种态度到十九世纪六七十年代才开始在少部分最先接触外国人的中国士人中有所改观，到维新运动时期才取得中国士人阶层的广泛认可，报刊业的地位才真正获得提升，价值获得认可，并在后续的各项社会变革中发挥着重要作用。

8. 竞争对手

每一个行业都有竞争。封建社会，官报可以在财政资金的支持下，建立遍布全国的发行网络，但是因为投入产出比的问题，漫长时间里，从全国范围来说，并没有出现在全国具有影响力的报刊。

但是，从宋代开始，在少部分政治、经济和文化比较发达的地区，特别是在京师以及江南地区诸如苏州、扬州这样的繁华城市，一个城市内已经出现了多家民间报房。而作为最为重要的效益实现的环节，发行工作也就具有了一定的竞争性。明清时期，这些重要城市内发行行业的竞争关系已经出现，例如，

---

① 尹韵公：《论明代邸报的传递、发行和印刷》，《新闻研究资料》第48辑，第127页。

清代北京就已经出现了聚兴、聚升、合成、杜记、集文、同顺、天华、公兴、聚恒、洪兴、永兴、同文、信义、连升等10余家报房，这些报房之间为了达成更好的发行量，自建或者通过加盟的方式，设立了遍布北京的发行队伍，促进了发行量的增加。

1872年《申报》创刊以后不久，就与同城发行的《上海新报》展开了一场激烈的发行竞争，前者通过低价发行、降低纸张成本等方式，短短几个月之后，就把《上海新报》逼到难以维持的境地，宣布停刊。[①]

9. 品牌宣传

虽然"品牌"是近现代广告业发展起来以后才有的学术概念并推广使用，但是在人类社会发展史上，对品牌的认可和追求却是早已存在。特别是在文化产业方面，中国古代文人对特定产品是非常认可的。在笔、墨、纸、砚等方面，来自特殊产地或者特定品牌的产品，是十分受知识分子青睐的，由此也产生了诸如湖笔、徽墨、宣纸、端砚等说法；在书籍方面，宋代临安出版的书籍往往就会被文人高度认可；甚至于连文人本身都可以成为品牌，如宋代柳永词就已经达到了"凡有水井处，必有柳永词"的说法。这就说明，对报纸来说，早在古代社会，其品牌的认可度也是十分重要的，更何况报纸刊登的都是新闻，而新闻与文学作品不同，"真实"是新闻的第一要素。如果一家报纸发出假新闻，那么就会产生极为恶劣的影响，也会极大地损害其自身的品牌形象。

晚清，在各类报刊纷纷创办的情况下，报刊的品牌更是显得至为重要，如《申报》就是被当时诸多官员认为是相对比较真实客观的、也能够获取更多信息的报纸；《时务报》风行时期，许多省份曾主动订阅该报，甚至捐款相助。

总之，无论是古代还是近现代，报刊的发行范围都是受各种因素综合影响的。

---

① 方汉奇：《中国新闻事业通史》第一卷，北京：中国人民大学出版社，1992年版，第321-322页。

第二节　近代报刊业本埠为主的发行阶段

1815—1882年这一阶段，我国近代报刊业的发行主要是以本埠发行为主，外埠发行尚处于起步阶段。这个阶段的起点是第一份近代中文报刊的出现，而之所以截止于1882年，是因为这一年上海《申报》刊载了第一篇新闻专电，标志着中国新闻事业开始进入电讯时代。[1]

一、早期中外近代报刊的本埠发行

1. 早期外国人主办报刊的发行范围

我国最早出现的近代中文报刊是1815年创办于马六甲的《察世俗每月统计传》，这份由外国传教士创办的报刊，在当时虽然极力想要在中国大陆地区出版发行，但限于清政府的政策问题，只能远赴海外，在马六甲创刊。

《察世俗每月统记传》初创时，采用雕版印刷的方式进行印刷，也正是雕版方式的费工费时费料，因此这份报刊以月刊的形式，每月发行一期，并采用中国书本的方式进行装订。最初，该报每期的印量为500本，至1819年增加到1000本，后来又增加到2000本，至1819年5月，已刊印37860余本；截至1821年停刊，共刊出70多期。[2]《察世俗每月统记传》的发行宗旨就是为了向中国人传教，因此，尽管是在马六甲，其主要读者对象还是海外华人。

关于发行方式及发行范围，在该刊第一期《告帖》中有这样的说明："凡属呷地各方之唐人，愿读察世俗之书者，请每月初一、二、三等日，打发人来到弟之寓所受之。若在葫芦、槟榔、安南、暹罗、咖留吧、廖里龙牙、丁几

---

① 陈昌凤：《论电报的运用对中国式新闻叙事与新闻专业化的影响》，见黄瑚主编：《新闻春秋（第九辑）——第三次地方新闻史志研讨会论文集》，上海：复旦大学出版社，2009年版，第323–324页。

② 卓南生：《中国近代新闻成立史》，北京：中国社会科学出版社，2002年，第28页。

宜、单丹、万丹等处各地之唐人，有愿看此书者，请于船到呷地之时，或寄信与弟知道，或请船上的朋友来弟寓所自取，弟即均为奉送可也。"①《告帖》即相当于办报说明，其中包括了办报的宗旨、由来、内容、发行等方面的内容。

从这篇告帖中，我们可以得出发行方面的以下结论：

第一，该报在发行价格上，属于免费发行，即不收取订阅费。这样的原因是该报的宗旨是为了传教，早期传教士曾创办的医院、学校、善堂等机构中，有很大一部分是免费的，通过免费的方式来吸引民众的关注，进而能够达到向民众进行传教的目的。因此，该报也是采用免费策略，这样的好处是受众不用考虑费用支出，极大地降低了发行的难度。这也是之后一部分传教士报刊采用的方法，通过免费方式补贴用户，促进发行的增长。

第二，该报的主要发行对象是"唐人"，也就是海外华人。该报虽然是在马六甲创办，但是以中文形式进行刊发，其目的显然还是为了对华人的传教，通过华人的宗族关系和地缘关系，实现对大陆华人的间接影响。

第三，该报的发行日是定期发行和不定期发行并存。由于是月刊，发行日的选择相对比较宽松，因此，每月的初一、二、三这三天是定期发行日，除了这三天以后，其他日期通过预约或者寄信的方式也可发行。

第四，分为本埠发行和外埠发行。本埠发行就是马六甲一个区域，发行方式主要是自取，发行地点是米怜的住所；而对本埠以外的南洋其他地区，由于交通工具主要是船只，所以前提是有船到达马六甲的时候，或者让朋友代取，或者寄信给米怜，米怜都可以免费派发给他们，但是这种说法显得十分被动，没有主动发行的意思。

这是米怜在创刊时的设想，实际的发行情况并不止如此。在马六甲本地的发行情况确实如米怜所说，是受众自取的；但在外埠发行方面，却并非如《告帖》中所说的那样被动，相反米怜采取了积极主动的做法，将发行范围不仅扩大到南洋地区，而且到达中国境内。他"借友人通信游历船舶之便，以传布于

---

① 《察世俗每月统计传》序，见《察世俗每月统计传》1815年8月5日第一期。

南洋群岛、暹罗、安南各地华侨荟萃之区，而中国境内亦时有输入"①。虽然没有能力建立正规的外埠发行体系，但米怜并不是被动地等待受众上门求报，而是借助"友人游历"等方式，积极主动地将报刊主动向南洋其他地区派送，甚至不远万里派送到中国境内。戈公振也曾在《中国报学史》中记载："每逢粤省县试府试与乡试时，由梁亚发携往考棚，与宗教书籍同分送。"②即由梁发携带报刊的合订本回到广东进行散发。1818年，梁发就因散发该报以及进行传教，而被广东官府抓捕，被营救出来以后，再次返回马六甲帮助米怜进行报刊的出版工作。

米怜积极主动的发行工作取得了良好的成绩，1819年，米怜曾写道："本报发展，尚在萌芽阶段，更无报酬可言。年来月印五百册，借友人通信游历船舶之便利，以销售于南洋群岛、暹罗、交趾支那各国华侨荟萃之区，而内地亦时有输入焉。近者改印一千册，需要大增，销路渐畅，三四年后，或能增至二千册以上，未可知也。"③从1815年的每期500册，增长到1819年的每期一千册，而米怜大胆预测的两千册，也在1820年很快变成现实。

这份报刊虽然是在马六甲创刊，但是对于马礼逊、米怜、麦都思等人来说，虽然理想和现实之间存在差距，但是他们的根本努力目标，还是针对中国本土进行发行的。因此，其行文特点、刊载内容、发行范围等，都是以中国本土为目标而进行的。当然，由于距离中国本土的距离太过遥远，仅坐船就需要四五十天的航程，因此，这份报刊发行到大陆地区的次数应该不会太多，所以，梁发带到中国本土的，应该属于合订本，而且时效性可以说是非常差的。

1822年米怜去世以后，他的助手麦都思离开了马六甲，前往巴达维亚，并在那里创办了《特选撮要每月纪传》，这份报刊与《察世俗每月统记传》没有太多区别，同样呈现了目标发行范围和实际发行范围的差异。但是麦都思在主笔和主编这份报纸的时候，特别进行了中国和南洋当地的地理知识对应性介

---

① 米怜：《基督教在华最初十年之回顾》（1819年），马六甲英华书院1820年出版。

② 戈公振：《中国报学史》，上海：上海古籍出版社，2003年版，第76页。

③ 同上，第77–78页。

绍，这既说明了麦都思对中国人和中国本土发行市场的高度重视，也为麦都思后来在上海创立墨海书馆，形成望平街而埋下了伏笔。

外国传教士真正在中国本土进行发行，还要推迟到1833年创刊的中文月刊《东西洋考每月统记传》。1833年4月，郭士立回到广州，并着手筹办报刊；1833年8月1日（道光十三年七月），《东西洋考每月统记传》在广州正式发行。这份报刊同样采取免费派发的方式，第一期先后印刷了900多本，并主要在广州城内发行。由于其是免费发行，而且广州的风气相对开明，因此，很多中国人成了该报的读者，但是订阅用户很少，毕竟在当时阅读这种带有宗教色彩的报刊并不为士林所认可，所以很多人都属于私下的阅读。

郭士立也尝试了形式非常简单的外埠发行，即将少部分该报免费寄给北京、南京、苏州等城市的中国知名人士，但是基本上没有任何反响。后来郭士立由于工作繁重，将该报交给"在华实用知识传播会"代办，该会曾将报纸的合订本分为上下两卷，印制了一千多套，在新加坡、马六甲、巴达维亚和槟榔屿等华人聚居地区发行，后来由于鸦片战争的影响以及其他因素，该报停刊。

两次鸦片战争以后，中国被迫开放了诸多通商口岸，而且租界的出现也使得外国人在中国的活动范围更加广大。相应地，随着外报在中国出版地的不断增多，从整体情况来看，外报的发行范围也不断扩大。

2. 早期中国人主办近代报刊的发行情况

清代中国传统报纸的出版地主要就在首都北京，因为官方的邸报就是在北京完成出版的，所以依赖官报的民间报纸出版地也是在北京。官报可以借助官方的驿站体系在全国发行，民间京报则主要在本埠发行。当时的北京，已经形成了完整而有体系的本埠发行网络。首先，同一家报房的发行范围都是划定好的，"各人有各人的道路，同一报馆之送报人，不许越界送报。例如卖聚兴报房的人，在此胡同送报，则其他卖此报之人，便不许再送"[1]。其次，不同报房的人，是可以在同一区域内发行的，这样不算是越界送报，只是增加了同一区

---

① （清）齐如山：《清末京报琐谈》，台北《报学》杂志1952年8月第1卷第3期。

域内报纸发行的密度。第三，发行线路还是可以继承的，"他们送报的道路非常重要。自己老了，可以传给儿子，若外人想接送，则须出钱买这条道，亦曰倒道"①。这说明当时京报的发行时间已经长达起码几十年了，当然相应的线路也是固定的。第四，他们甚至还形成了发行公会，"这种送报人都有公会，人心极齐，本会中人，如越界送报等事，是不易见到的"②。

　　至于近代报纸，无论是1873年汉口创办的《昭文新报》还是1874年香港创刊的《循环日报》乃至1882年前位于全国各地的国人报刊，其主要的发行区域都还是在本埠。《循环日报》创刊以后，"也将具体发行工作分成两部分，一是本港地区，一是香港以外的其他各地。本港地区凡订阅该报的用户直接到中华印务总局（即《循环日报》馆）自行订购。香港以外地区则主要通过《循环日报》设于各地的'代理人'办理订购事宜"③。但是无论从其初期免费赠阅、用户自取的发行策略来看，还是后期的发行数字来看，本埠都毫无疑问是最大的发行区域。

二、活字印刷术的推广及对发行的影响

　　1873年12月13日，著名报刊《申报》在其当日头版上发表文章——《铅字印书宜用机器论》，呼吁号召出版业使用机器铅印。其文曰：

　　　　"中国之刷印，尚藉人工，西人之刷印，则用机器。以机器代人工，则一人可敌十人之力，若改用牛，其费更省。近日上海、香港等处中西诸人以此法刷印书籍者，实属不少，其功加倍，其费减半，而且成事较易，收效较速，岂非大有益世之举哉……试以本馆之新闻纸而论，每日八板，纸大且薄，若以人工刷印，力颇难施，因购机器全架，每日刷印四千张，仅用六人，不过两时有余，即能告竣。诸君之欲以铅字集印

---

① （清）齐如山：《清末京报琐谈》，台北《报学》杂志1952年8月第1卷第3期。
② 同上。
③ 萧永宏：《〈循环日报〉之编辑与发行考略》，《江苏社会科学》2008年第1期，第180页。

书籍者，曷为惜此区区机器之费，以致旷日持久，不能成功哉！古人有言，成大功者不惜小费，诸君曷不详细三思之。本馆原不必效丰干饶舌，但至圣训人'君子成人之美'，故不敢惮烦，为诸君借箸而代筹也。诸君其采纳焉。"①

在这篇文章里，《申报》首先说明了机器活字印刷相较于中国传统雕版印刷的优势和好处——人力更省，费用更低；其次，介绍了上海、香港等地已经有中国人和外国人开始使用活字印刷；再次，具体介绍了自身采用机器印刷的好处，《申报》为了节省成本，所用的纸张并不是中上等纸张，而是一般的普通新闻纸，纸张面积大而且比较薄，人力刷印很容易破坏纸张，而采用机器活字印刷之后，六个人两个小时可以印制四千张报纸。所以《申报》极力呼吁都采用机器印刷来提高报纸的产量。

报刊要扩大发行量，首先就要解决印刷量的问题。报刊的印刷不同于书本，书本一旦完稿刊印，除非再出新的修订版，其内容相对固定，特别是一些经典文本，在清代以前的中国，采用雕版印刷是完全可行的，而且印刷质量也比较高。但是报刊不一样，月刊还能够勉强用雕版完成，但发展到日报阶段的时候，每天几千字乃至几万字的印刷量，雕版是根本无法应对的。因此，报刊业从月刊走向日报，就意味着必须要解决印刷问题，而且要解决印刷量的问题。这一问题的解决，就是借助金属活字印刷机的应用和普及。

苏精在《铸以代刻：十九世纪中文印刷变局》一书中，将西式活字印刷在中国的发展过程分为三个时期：第一阶段，从基督教传教士来华到鸦片战争前的讨论与尝试时期，当时已经开始了汉字的活字印刷的准备，但存在诸多困难；第二阶段，从鸦片战争到同治年间，这一时期西式活字在台约尔、李格昂等人的努力以及传教士的推广下，进入实用阶段，并做好在华传播基础的准备；第三阶段，从同光之际到戊戌变法期间，西式印刷在中国获得发展，并且迅速实现本土化。在这一时期，"西式活字获得加速发展的机会，同时也有中

---

① 《申报》1873年12月13日头版

国人开始自行铸造活字。中国印刷出版业者一项新的标榜是以西式活字和机器排印，中国人在这时期中取代传教士成为西式印刷在华传播的主力。到19世纪结束前，西式活字已经明显取代木刻成为中文印刷的主要方法，并且连带引起近代中国图书文化在出版传播、阅读利用和典藏保存等方面的变化"[1]。

印刷方式的革新给报刊业发展带来了极大便利。在中国近代报刊业发展史上，1873年是印刷方式变革的一年。在这一年，国人所创办的真正意义上的第一份中文报刊《循环日报》和外国人创办的中国最著名报刊《申报》，都采用了金属活字印刷的方式来出版报刊，为发行量的猛增奠定了坚实的基础。

1873年，王韬购买了英华书院。英华书院在中国近代出版史上具有重要地位，该书院是由马礼逊1818年在马六甲创办，1833年试行中文活字阳文钢模、阴文铜模，1843迁到香港，1873年被王韬买下，更名为中华印务总局，1874年王韬创办了《循环日报》。可以说，购买英华书院，是王韬能够开办《循环日报》的重要举措之一。也是在这一年，著名的《申报》公开呼吁要采用金属活字印刷书籍报刊；京师同文馆购买了一套活字印刷机器及字模等，并开始印刷相关文书，同文馆印刷所成为事实上的皇家印刷所。因此，1873年不仅对中国近代报刊业的发展具有重要意义，在中国印刷出版史上也是划时代的年份。

三、民信局与这一时期的外埠发行

这一阶段，我国近代报刊主要是本埠发行，但是对外埠发行的努力也从来没有停止，而是在一步步地扩张。在这个进程中，随着交通条件和通信技术的发展，民信局对外埠发行起到了非常重要的作用。

如同马礼逊、米怜和麦都思远在南洋，都尝试把报刊发行到中国本土；出版地在中国本土的传教士报刊，更是不满足于报刊仅仅在本埠发行。

1857年1月，上海第一家近代中文教会报刊《六合丛谈》（*Shanghai Serial*）创刊。该刊主编——英国伦敦会传教士亚历山大·伟烈亚力（Alexander Wylie）

---

[1]　苏精：《铸以代刻：十九世纪中文印刷变局》，北京：中华书局，2018年版，第3页。

在创刊号《六合丛谈小引》中谈道："然通商设教，仅在五口，而士人足迹未至者不知凡几，兼以言语各异，政化不同，安能使之尽明吾意哉？是以必须书籍以通其理，假文字以达其辞。"[1]这里所说的"通商设教，仅在五口"，是指目前教会所能活动的场地，仅仅是五个通商口岸，所以，报刊的出版地，也只能在这五个通商口岸。但是，亚历山大·伟烈亚力明确提出，还有许多他们现在未曾或者不能到达的地方，这些地方语言各有不同，政治情况复杂，因此，必须要做好书籍报刊的发行工作，使这些地方的中国民众能够接触到宗教宣传。这里其实就是提及了报刊业的外埠发行问题。

1868年9月，美国传教士林乐知在《中国教会新报》创刊号的办报说明中也曾写道："俾中国十八省教会中人，同气连枝，共相亲爱，每礼拜发给新闻一次，使共见共识，虽隔万里之远，如在咫尺之间，亦可传到外国有中国人之处。"[2]这也说明了林乐知要将在上海创办的报刊，发行到全国范围。

在清代中国传统和近代报刊的外埠发行中，民信局发挥了重要作用。如果说驿站是官方发行体系的话，那么民信局就是民间发行体系。它起源于明朝永乐年间，最早在经济繁华、交通便利的浙江宁波出现，其主要职能是为平民百姓传递私人信件，兼办汇款和包裹等。"到清道光、咸丰、同治、光绪时期，达到发展的顶峰，全国民信局总数达3000多个。"[3]根据《清稗类钞》的说法，"大而都会，小而镇市"，"东西南北，无不设立"，"就国内言，虽远至边陲如辽东、陕、甘、新疆各省，亦勿忧民信局之设立"。[4]清代晚期，民信局已经建成了遍布全国的通信网络体系。

当报刊业发展起来以后，报纸的收寄也成为民信局的重要业务之一。当时的近代报刊业，在本埠发行上采取自取和自建发行队伍相结合的方式，而外埠的派送主要就依靠民信局。

---

① 《六合丛谈小引》,《六合丛谈》1857年1月26日。

② 见《中国教会新报启》,《教会新报》1868年9月5日。

③ 徐建国：《近代民信局的空间网络分析》,《中国经济史研究》2008年第3期，第153页。

④ 徐珂著：《清稗类钞》第5册《信局》，北京：中华书局，1985年版，第2290页。

清代传统的京报，就是采取和民信局一样的方式，"据北京报房中人言，清初有南纸铺名荣禄堂者，因与内府有关系，得印缙绅录及京报发售。时有山东登属之人，负责贩于西北各省，携之而往，销行颇易。此辈见有利可图，乃在正阳门外设立报房，发行京报，其性质尤南方之信局也。"①

至于近代报刊，无论中外，更是多有借助民信局的网络。

《申报》元老、著名报人李嵩生在谈及早期《申报》的销路时曾说："（同治）十三年终，销数增六百余张，光绪二年五月，销数益广，每日达二千余张，三年，忽增至五千张。六年，重要各都市，无不有本报。如北京、天津、南京、武昌、汉口、南昌、九江、香港、安庆、保定、广东、广西、四川、湖南、杭州、福州、苏州、扬州、宁波、烟台等处。"②也就是说，发展到1878年的时候，经济比较发达的重要城市，都已经出现了《申报》，那么是如何实现这一点？答案是"外埠各信局皆代售本报"。③

著名报人包天笑也谈及小时候是如何阅读到《申报》的："我对报纸的认识，为时极早，八九岁的时候，已经对它有兴趣。那时我们家里，已经定了一份上海的《申报》，《申报》在苏州，也没有什么分馆、代派处之类，可是我们怎样看到《申报》呢？乃是向信局定的……而且苏州看到上海的《申报》，并不迟慢，昨天上午出的报，今天下午三四点钟，苏州已可看到了。"④

李嵩生和包天笑分别从报刊从业者和读者的角度，印证了当时《申报》在外埠发行方面对民信局的借用。

国人报刊业同样利用民信局进行外埠发行。《循环日报》在创办初期，也努力发展了外埠市场。该报1874年2月4日创刊，到了2月12日，仅仅8天以后，该报就发出公告，外埠设有"代理人"的地区："广州2处，澳门2处，沙面1处，

---

① 戈公振：《中国报学史》，上海：上海古籍出版社，2003年版，第48页。

② 李嵩生：《本报之沿革》，申报馆编：《最近之五十年》（下，第二编），《近代中国史料丛刊三编》第90辑，台北：文海出版社（影印本），第31页。

③ 同上。

④ 包天笑：《钏影楼回忆录》，北京：中国大百科全书出版社，2009年版，第106-107页。

佛山1处，东莞1处，虎门1处，厦门1处，福州1处，牛庄1处，河南1处，日本京都、横滨各1处，安南西贡1处，星加波1处，边能埠1处，旧金山1处，新金山1处，雪梨埠1处，庇鲁埠1处。其他地区如汕头、宁波、上海、镇江、九江、汉口、烟台、天津、日本长崎、神户等地俱由轮船招商局统一代理订购。"[1]到了1880年3月，广州和澳门的代理人由原来的2处增加为4处，厦门、福州由原来的1处增加到2处，另外，台湾和陈村也设置了代理人。同时，更改了部分外埠的发行方式，旧金山、新加坡、新金山、天津、宁波、汉口、台湾、陈村、东莞等"此九埠俱由信馆寄递"。[2]

从上面不同时段的公告可以看出，《循环日报》对外埠发行的高度重视，其外埠发行已经遍及中国以及海外。在中国，各主要通商口岸城市、广东的部分发达城镇、地处内陆的河南等都有代理处；在国外，东亚的日本、东南亚的新加坡和越南、大洋洲的澳大利亚和新金山、北美洲的旧金山以及南美洲的秘鲁等地都已经有了该报的代理处。虽然从该报1893年最高2500份的发行数量来看，摒除主要集中在本埠的发行量，外埠的发行数量应该不会太多，但无论如何，从分布点上来看，已经称得上是"全球发行"了。其发行除了"轮船招商局"代理的一部分，其他的主要就是由民信局完成的。

至于上海报刊业中心地位确立以后，报刊业的中心地、上海望平街更是云集了大量的民信局工作人员，"望平街这条短短的街道，整天都活跃着，四更向尽，东方未明，街头人影幢幢，都是贩报的人，男女老幼，不下数千人。一到《申》（即《申报》）、《新》（即《新闻报》）两报出版，那简直是一股洪流，掠过了望平街，向几条马路流去，此情此景，都在眼前"[3]。民信局每天在望平街的发行人员数量可以达到几千人之多，这也说明了民信局力量的强大。

民信局之所以能做到这样的发行空间覆盖，是因为他们已经建立了一个遍

[1] 《本局布告》，《循环日报》，同治十二年十二月二十六日。

[2] 《本局告白》，《循环日报》，庚辰年（1874年）二月十九日。

[3] 曹聚仁：《上海春秋》，上海：上海人民出版社，1996年版，第97页。

布全国乃至国外的空间网络体系。徐建国对清末民信局的空间网络进行分析，他指出："这个通信网呈'T'字形分布，以上海为网络展开的枢纽，以沿海和沿江的经济枢纽城市为中心，向周围地区及周边省市延伸。无论是从民信局分布的密集度，寄递地点的广泛性，还是从业务量上来分析，东部地区要明显高于中西部地区，尤其是广大的西部落后地区并不在民信局通信网络的覆盖范围之内，使民信局空间网络呈现出通信网络的稀疏性、寄递线路的选择性、寄递地点的有限性、同业之间的无序竞争性等特点。"①

总之，当时的民信局在近代报刊业的外埠发行方面，起着重要的作用。

第三节　近代报刊业本埠、外埠并重的发行阶段

通信技术的发展，是报刊业发行范围扩大的主要动力。戈公振曾写道："故现实性与时宜性之发展，当然与各时代之交通机关并行。如驿传，轮船，铁路，电报，电话，无线电话，无线电报，飞行机等之种种进步，均极影响于报纸之新闻……所以有现在程度之现实性，不仅赖交通机关之能力，报纸自身之努力亦未可轻视，如报馆自设电报房以求新闻纸迅速是也。"②戈公振谈到了新式交通工具和通信技术对报刊发行所产生的重要作用。

1882—1911年是我国近代报刊业发行范围扩大的另一个阶段。从1882年《申报》发出第一条电讯专稿开始，到火车等新式交通工具的使用，以及1896年大清邮政的正式开办，中国的发行范围进一步扩大，近代报刊业进入本埠、外埠并重的发行时期。

---

① 徐建国：《近代民信局的空间网络分析》，《中国经济史研究》2008年第3期，第153页。
② 戈公振：《中国报学史》，上海：上海古籍出版社，2003年版，第13页。

一、电报与中国近代报刊业发行范围的扩大

电报是由美国科学家塞约尔·莫尔斯（Seyor Morse）发明的。他在1844年发出了人类史上的第一封电报。当时，他应用自制的电磁式电报机，通过65公里长的电报线路，发出了第一封电报，其内容是《圣经》的诗句：上帝行了何等的大事。65公里虽然不长，但是在人类史上，电报的发明却具有无比重大的意义。电报是以电波的方式进行传输，基本上能够做到发送端和接收端的同步进行。这种跨越空间的能力，使得电报很快被应用于社会。两年以后的1844年，美国与墨西哥之间发生战争，美国各报纸就将电报应用到新闻报道和发行之中，实现了信息的快速传递。

"所有报纸都必须利用电报新闻并依赖于它，否则就会被淘汰，新闻业注定比以往更有影响，及时报道的新闻将给大众的意识带来更多的活力。重大新闻的迅速传播将在社区的群众中引起对公共事务的强烈关注——整个国家在同一时间内关注同一事物，从国家的中心到边陲将保持着同一种感情和同一个搏动。"①

对于追求时效性的新闻行业来说，电报是划时代的工具。报刊业的特点，就是将世界各地发生的重大事件，经过遍布各地的记者和通讯员采集写作之后，传回到编辑部；编辑部经过编辑排版印刷之后，将报纸再发行到世界各地。因为报刊业报道的都是客观事实，这种事实往往会对社会产生重大的影响，因此报刊业必须高度重视时效性，而最为阻碍时效性的，就是空间距离。试举一例说明：1874年，日本发动侵略台湾的战争，由于台湾孤悬海外，消息的传递需要经过船只渡海送达大陆再经过驿站才能传递，所以战争初期，清廷对台湾战况一无所知，无法应对，导致连连失利。戈公振也曾记载："当一九〇三年英国修改关税会议于伯明罕（birmingham）举行时，其地距伦敦百七十基罗米达（注：即kilometer，千米之意），而殖民大臣张伯伦（G.Cham-

---

① 卞冬磊、张稀颖：《媒介时间的来临——对传播媒介塑造的时间观念之起源、形成与特征的研究》，《新闻与传播研究》2006年第1期，第40页。

berlain）演说后，相隔只十五分钟，其词已传布于伦敦全市；此为极有名之一事。各报馆之通信网，其范围日以扩大，昔只临时装置，今且每日为新闻纸搜集矣……则报纸之搜集材料，对于一分一秒之迅速，努力竞争，亦系自然之趋势。"①

19世纪70年代以前，世界各国都已经纷纷开始快速发展电报。1851年，英吉利海峡海底电缆铺设成功，标志着英国电报已经跨越了海洋，连接欧洲大陆。王韬在1867—1870年游历欧洲时，曾记载了这样的一幅场景："车道之旁贯接铁线千万里，不断以电气秘机传递言语。有所欲言，则电气运线如雷电之迅，顷刻千里，有如觌面晤对，呼应问答。"②说明当时欧美等国都已经将电报普及化。

但当时的中国，存在极为严重的封闭自大思想，无视世界的发展变化，将电报视为奇技淫巧。当英、美、俄等国向清政府建议修建电报时，在清廷内部还引起了一场巨大的论争和博弈。③结果是不了了之，直到1874年日本侵台战争发生以后，才引起来李鸿章、沈葆桢等朝廷大员的重视，开始考虑办理电报事宜。1877年，丁日昌奉旨在台湾修建电报线路，但是由于经费不足，仅仅修建了从台湾府到旗后的95里。这是国人最早自办的电报。1879年，李鸿章在大沽、北塘海口炮台架设了通往天津的电报专线。之后，1880年9月，李鸿章上书朝廷，"现自北洋以至南洋，调兵馈饱，在在俱关紧要，亟宜设立电报，以通气脉"④，清政府允准，于是在1881年，晚清第一条天津——上海电报干线通报，全长3075里。

第一条电报干线通报以后，晚清学人姚公鹤在《上海闲话》中记录了这件事："至电线设置，自光绪元年总署奏准开办后，迄光绪三年五月五日（6月15

---

① 戈公振：《中国报学史》，上海：上海古籍出版社，2003年版，第13页。

② 王韬：《漫游随录》，见钟叔河：《走向世界之书》，长沙：岳麓书社，1985年版，第108页。

③ 孙藜：《晚清电报及其传播观念（1860—1911）》，上海：上海人民出版社，2007年版，第10—45页。

④ 中国史学会：《中国近代史资料丛刊·洋务运动（六）》，上海：上海人民出版社，2000年版，第336页。

日），上海电线成。而第一次发电，则由李文忠行辕中通电至制造局。其电文为'行辕正午一刻'六字。官民视为怪事，不减铁路之开车。当时《申报》著有论说，其主旨仍不免目为奇技淫巧云。"①

这里特别需要予以说明的是，第一条电报的内容是"行辕正午一刻"，当时两地相距3075里，电报从一端到另一端，基本上实现了巨大空间距离的同时收发。电报对时空跨越的作用由此可见。

在随后发生的中法战争中，该条线路发挥了重要作用，电报也开始在中国大规模修建，基本上覆盖了除西藏以外的全国所有省份，构成了大体完整的干线通信网。②

到了清代末年，总计建成电线线路9万余里，"东北则达吉林，黑龙江俄界，西北则达甘肃、新疆，东南则达闽、粤、台湾，西南则达广西、云南，遍布二十二行省，并及朝鲜，外藩，殊藩万里，呼吸可通。"③

早期的电报线路如同驿站一样，主要服务于军事和政治等官方信息的传递，民间信息是不能使用的。1881年12月28日，中国第一条长途公共电报线路开始运营，不到20天以后的1882年1月16日，《申报》头版发出了中国报刊史上的第一条电讯稿，内容是光绪皇帝给欠解铜款的云南按察使衔候补道台张承颐以"摘去顶戴"的处分。这则消息全文发布了这一则上谕，是我国利用电报在国内传递新闻的开始，但具有讽刺意味的是，半年前，也恰恰是《申报》对当时中国上海——天津电报专线嗤之以鼻，批评其为奇技淫巧。

自此以后，中国近代报刊业开始认识到电报在新闻采集和发行方面的作用，并迅速采纳。钟超群认为："电讯者，缩地万里，瞬息即达，俾采集者得于最短时间发表，以完成其新闻之任务也。"④

① 姚公鹤：《上海闲话》，上海：上海古籍出版社，1989年版，第1页。
② 邮电史编辑室：《中国近代邮电史》，北京：人民邮电出版社，1984年版，第66页。
③ 中国史学会：《中国近代史资料丛刊·洋务运动（六）》，上海：上海人民出版社，1961年版，第446页。
④ 钟超群：《广东新闻事业中之电讯》，申时电讯社：《申时电讯社创立十周年纪念特刊》，上海：申时电讯社，1934年版，第227页。

电报引入近代报刊业以后，发行工作产生了重要的质变，原本需要借助民信局进行的外埠传输，现在可以通过电讯的方式进行中继。一些全国发行的大报，开始在重要的城市设立分印点，通过电讯将报刊内容传输过去，分印点接到内容以后，按照固定版式填充新闻内容，然后利用金属活字印刷技术进行快速印刷，在本发行区域范围内快速进行派发。通过这种方式，报刊的时效性得到极大保障，远在千里之外的读者也能在第一时间阅读到报刊。

二、新式交通与中国近代报刊业发行范围的扩大

发行范围的扩大，与晚清新式交通工具的使用也有着重要关系，特别是铁路的运营，对报刊业发展起着重要作用。

1. 晚清铁路发展概况

自1825年英国出现世界上第一条可供公众使用的铁路以来，铁路就开始在全世界范围内获得快速发展，到1848年，英国已实现通车里程8000多公里，当时的西方列强基本上都开始修建自己的铁路线路。铁路这种新式交通工具对当时社会产生了重大影响，与铁路相关的电信业、冶金业、制造业等长足发展，甚至铁路由于其站点的人口、货物集聚功能，可以营造出一个个城镇。

外国传教士是最早将铁路介绍到中国的一批人，他们在所创办的报刊上，介绍铁路的优势，呼吁中国也开始修建铁路；徐继畬受其影响，在《瀛寰志略》中也有对铁路的介绍。当时的清政府及王公大臣，主要精力集中在西方人的"坚船大炮"上，对铁路并不感兴趣。

1863年7月，上海27家洋行共同致函，请求时任江苏巡抚李鸿章修建铁路；之后中国海关总税务司赫德等也都通过各种途径呼吁清政府修建铁路，但都被拒绝。

清光绪二年（1876年），英国人在上海修建了一条铁路，从上海闸北出发，向北抵达吴淞口，当时为窄轨轻便铁路，全长仅14.5公里，这条铁路被称为吴淞铁路，也是中国第一条铁路。但因有骇物议、惊扰民众，很快被清政府购买后废置。1881年，第一条中国自建的铁路——唐胥铁路开始运行。1889年，清

政府正式宣布兴办铁路。中日甲午战争后，举国上下开始真正认识到铁路的作用，"国势日强，几与各大国抗衡，寻其收效之著，实莫如铁路一端"①。康有为也在公车上书中把铁路成为富国之法。之后，举国开始兴建铁路，从1881年到1911年，30年间清朝一共修建了50条铁路，总长度达9100多公里，遍布全国18个省市。

2. 新式交通工具与近代报刊外埠发行范围的扩大

轮船、火车以及民国后汽车的出现，对报刊业发行范围的扩大起着重要作用。

以报业中心上海发往苏州的报刊为例：

19世纪70年代，上海所有报纸发往苏州，都是通过民信局来发行。每天，各家报馆把苏州受众订阅的报纸，自行送到民信局在上海的分局码头。民信局会在当天晚上通过船运的方式发往苏州。这些船被称为"脚划船"，不但可以用手来摇橹，还可以用脚划船，通过水路，大概十几个小时到达苏州，之后再由民信局的信差送到各订户手中，也就是说，苏州受众大约在每天午后三四点钟就可以阅读前一天的上海报纸。

19世纪80年代之后，随着洋务运动的发展，一些地区的交通和邮递设施有了一定改善，特别是江南地区，随着各口岸城市之间轮渡的相继开通，往返航班较为便利，地区之间的交流往来更加便捷，上海的一些报房就取消了民信局的发行方式，而是自行雇人乘坐轮渡运输，这样的好处是运费有所节省，而发行量可以增加。

到了18世纪90年代，1893年创刊的《新闻报》为了争取时效性，当天晚上印刷好的报纸，当即雇人挑到南翔镇百坑缸地方的河浜，先雇有一艘脚划快艇，报纸一送到就漏夜驶航，次日中午即可到苏州都亭桥，再由都亭桥的代理点分售，这样就比《申报》《字林沪报》早到苏州一天。效果也很明显，《新闻报》一下子就占据了苏州市场。这个秘密后来被《申报》《字林沪报》发现，

———————
① 《申报》光绪二十年二月十六日

纷纷仿效。[1]

铁路对近代报刊业的发行作用更大。1908年沪宁铁路通车后，上海报纸到苏州的方式再次发生变化，从一开始的小脚船，到轮渡，至此改为铁路运输。报馆每天早上出报后，雇佣专车立即送往车站，赶早班快车运往苏州。铁路运输更为快捷，一般早晨十一点左右就可以到达苏州，而且铁路为鼓励报纸等大宗印刷品运送，对达到一定数量的报纸可以用总包的方式运送，这种方式比普通邮寄价格低廉。上海《时报》创刊人狄楚青曾谈道："《时报》本埠销数，向来远不及申（《申报》）、新（《新闻报》）两报，然而外埠销数往往超过之，即如苏州一处，曾日销三千份，以苏沪火车即通，上午即可看当日报也。"[2]虽然狄楚青的说法略有夸张，因为当时苏州向来是上海报刊业外埠发行最为重要的市场，《申报》和《新闻报》在此地的发行量一直是仅次于本埠的，但他谈到利用火车迅速将报纸进行发行，这确实是一种更为有效的发行方式。在《时报》之后，《申报》和《新闻报》也摒弃了原来的连夜让人坐船运输的方式，改用更为快捷、安全、有效的火车来进行报纸的运送。

到了民国以后，汽车也开始被应用于报刊发行。1935年苏沪公路修通以后，《申报》和《新闻报》两家报社为了更早地将报纸送达苏州，甚至开始自行采购汽车进行运输。《新闻报》还专门发布启示："本报消息详捷，言论公正，内容丰富，久为读者所称道，故勿远勿近，兹因公路通车，为读者先观起见，不惜巨大牺牲，于本月十七日起，特自备运报汽车，提先输送，约每晨七点钟，即可到苏，所有报费，仍照向章办理，并不另加分文，未订阅者，请即向本分馆接洽订购，或电话通知，无任欢迎。"[3]《申报》虽然没有规定具体时间，但宣称当为沪报最早到苏的报纸。但相较于火车，汽车运报由于各种偶发因素限制过多，实际效果并不是十分明显，"新、申两报，自上海总馆运出，至早

① 马光仁：《上海新闻史》，上海：复旦大学出版社，1996年版，第91-92页。
② 天笑：《辛亥革命前后的上海新闻界》，见中国人民政治协商会议全国委员会文史资料研究委员会编：《辛亥革命回忆录（四）》，北京：中华书局，1963年版，第78页。
③ 《上海新闻报本月十七日起每晨七时到苏》，《苏州明报》，1935年8月17日。

时间在六时左右，则到苏自非八时半左右不可，八时半则苏州各报均已发出，迨派报人返去再取沪报，则与从前火车运报之时间又不相上下"[①]。最后，汽车运报的结果是："为日不久即延至八时、九时、十时、十一时之左右到苏，较之该报所定之时间迟延。"[②]

基本上来说，每一种新式交通工具的出现，都意味着报刊业发行范围的不断扩大。

三、大清邮政与中国近代报刊业发行范围的扩大

前文曾谈及，清代晚期，民间报刊业的外埠发行曾一度主要依靠民信局来进行，这是因为当时的官方发行体系——驿站不承担民间信息的传递工作。

但是时代发展变化，国家邮政事业体系的成立，不断排挤和驱逐民信局，也在很大程度上极大地扩展了近代报刊业的发行范围。

晚清中国的邮政事业，开始于1866年，当时是由海关兼办邮递，到1896年，大清邮政正式开办。当然，这仅仅意味着主办方从由外国人控制的海关转交给了清政府，但大清邮政的实际运行者仍然是外国人为主。从1896年以后，大清邮政作为国家邮政体系，其地理覆盖范围不断扩大，业务规模不断扩张，业务种类不断增多，成为中国社会经济发展中的一个非常重要的行业。

晚清政府之所以愿意创办新式邮政，主要有以下三个原因：

首先，新式邮政是国民经济的重要行业，也是国家财政收入的重要组成部分。因此，在晚清时期负责兼办邮递和试办邮政的海关洋员，曾经多次向清政府要求开办国家邮政。在当时上传的各类文书中，他们都极力描绘新式邮政能够带来的经济利益，这对当时财政拮据的清政府而言，算得上是一个巨大的诱惑。正如当时总理衙门请求设立国家邮政奏折所言："查邮政一事，有裨饷源，外洋各国，行之已久。"[③]大清邮政正式创办以后，初期开支较多，但是后期确

① 铁叶：《申报卖噱头，派报人吃夹当》，《吴县晶报》1935年8月21日。

② 《吴县晶报》1935年10月20日。

③ 中国近代经济史资料丛刊编辑委员会：《中国海关与邮政》，北京：中华书局，1983年版，第90页。

实已经成为清政府收入的组成部分，实现了开办的初衷。

其次，创办新式邮政也是为了维护国家利益的一种举措。西方列强在进入中国以后，为了便利本国侨民通讯，曾在没有许可的情况之下，擅自在中国的通商口岸地区开设了各自的邮政机构。据统计，1870年西方国家在中国共设立了4家邮政公司，到1896年大清邮政正式创办时已经达到了25家，到了1906年，外国商人在中国开设的客邮公司已经达到了65家。[1]邮政是国家主权的组成部分，"按万国公法，此国官民不能在彼国境界开设邮局，此在本国以外开设邮局之事，在泰西各国视之，即与在他人之地建造炮台、派兵驻守，开征税项等蔑理之事无异，且均属欺压地主之权"[2]。当时，这些外国邮政公司不仅收寄本国侨民信件，同时也收寄中国人的信件；不仅收寄中国寄往外国的邮件，而且还收寄中国国内互寄的邮件。当时担任海关总税务司司长的赫德就曾经说过："日本和其他国家在通商口岸设立邮改机构，说明人们对邮政局确有需要，中国为了维持自己的体面起见，也应该开办邮政来满足这个需要，而不是让别的国家去办。"[3]此后，兴办大清邮政的呼声日高，从封疆大吏到总理衙门，纷纷上折奏请开办大清邮政。

最后，在大清邮政开办之前，中国也有官办的驿站和民办的民信局，但是同新式邮政相比较，这两者都有着严重的缺陷：官办的驿站，只寄递公文而不允许寄递私人信函，每年耗费了国家大量的财政支出，但是却不能盈利，而且弊端重重；民间开办的民信局虽然能够寄递私人的信件，但由于当时的道路交通、通信条件等方面的问题，信件邮递多有延迟，甚至造成所托运之物丢失等问题，且民办局存在价格不一等问题，信誉度相对较差。

因此，大清邮政创办以后，基于之前的经验，获得了迅速的发展。1866年海关开始兼办邮政业务，到1878年，已经在天津、北京、天津、大沽、牛庄、烟台、镇江等地开设了邮局网点，并于1879年开始向其他口岸推广，到了1895

---

① 邮电史编辑室：《中国近代邮电史》，北京：人民邮电出版社，1984年版，第17页。
② 中国近代经济史资料丛刊编辑委员会：《中国海关与邮政》，北京：中华书局，1983年版，第100页。
③ 同上，第3页。

年，全国24处设有海关的通商口岸城市都已经成立了新式的邮政机构，形成了相对完善的邮政空间网络体系。

在正式成立大清邮政以后，主办者也特别注意和传统的民办局之间的关系处理。赫德认为："开始办理时仍然要谨慎从事，逐渐发展。制定章程办法时，应当防止对于现有的机构作不必要的干涉，以免影响有关人们的生计，并替官方引起麻烦和困难。"[1]因此，当大清邮政创办初期，首先是接受各通商口岸城市的邮政业务，并继续巩固和发展原有的25个城市的网络体系，对当时尚未设立内地邮政分局地方的信件，仍然由民信局进行递送，甚至当时有明确的规定，"凡有民居仍旧开设，不夺小民之利。并准赴官局报明领单，期与各电局相为表里"[2]，在大清邮政的开办章程中也有这样的规定："信件若寄送内地，即用已设之民局代替……凡往来内地不联约各处之信件，其内资多寡应由民局自行酌定。"[3]到了1902年又规定，凡是仍未设立邮局的地方，如有投递信件者，可由附近挂号民局代送代收。这种对民信局利用和引导的做法，减缓了因剧烈变动而导致的民生问题，同时也减轻了新式邮政自身发展的阻力。

大清邮政成立以后，由于其官方的权威性，加上对原驿站体系的地理继承性，因此相较于民信局来说，具有了更为广阔的地理覆盖面，同时，也更能够实现对偏远地区的到达。到清朝覆灭前夕的1910年（宣统二年），大清邮政的邮路里程已达三十万一千里增至三十五万二千里。[4]

表10　1901—1911年大清邮政网点统计[5]

局别/年份	1901	1902	1903	1904	1905	1906	1907	1908	1909	1910	1911
总局/副总局	30	30	34	40	41	38	44	44	47	49	49
分局/内地局	134	263	320	352	396	484	509	548	605	736	908

[1] 中国近代经济史资料丛刊编辑委员会：《中国海关与邮政》，北京：中华书局，1983年版，第78页。
[2] 同上，第81页。
[3] 同上，第82页。
[4] 仇润喜主编：《天津邮政史料》第二辑下，北京：北京航空学院出版社，1989年版，第701页。
[5] 孙君毅：《清代邮戳志》，北京：中国集邮出版社，1984年版，第60页。

（续表）

局别/年份	1901	1902	1903	1904	1905	1906	1907	1908	1909	1910	1911
代办所	12	153	609	927	1189	1574	2250	2901	3606	4572	5244
合计	176	446	963	1319	1626	2096	2803	3493	4258	5357	6201

同时，它也摒弃了以往不承担民间传递的旧俗，开始承接民间业务，其中，就包括大量的报刊邮寄业务。"不独私信、公文递寄称便，即内地各种报章及时务有用之书皆易输入，民智日开，风气自变。"①大清邮政体系对报刊发行工作的推动，从不断攀升的业务量就可以看出。如1896年，天津局投送的本埠邮件中，主要就是报刊类："一是天津报馆发行的大部分《快报》，按专门安排每年固定收报馆75元的投送费；二是本地商号寄出的通知单和帐单；再有就是每周出版一期的《京津时报》。邮件每天投送三次。"②邮政局为了跟民信局展开竞争，甚至对一部分报刊在特定时间免除邮费。1907年统计数字，当年大清邮政局收寄数量中，新闻和书籍两类加起来已经占到了总收寄量的45.6%。③而且在发行时间上，大清邮政也有着明显的优势，可以更快地送达报刊，它对发行工作的推动是十分明显的。

第四节　阅报处、城市景观与发行下沉

报刊的本埠和外埠发行，都主要是指报刊在城市或者市镇空间内的递送。但是到了发行的最末端，即受众读报环节，又面临着许多问题：读者的识字能力问题、消费能力问题、消费观念问题以及政府对报刊的态度，等等。因此，为了能够做到发行的下沉，使得受众真正阅读报纸，清代报刊业的发行出现了一些新的城市景观：阅报处。

文化生态学派的卡尔·索尔认为，文化景观是某一群体利用自然景观的产

---

① 仇润喜主编：《天津邮政史料》第二辑（下），北京：北京航空学院出版社，1989年版，第64页。

② 同上，第327页。

③ 同上，第13页。

物。文化是驱动力，自然区是媒介，而最终形成的结果就是文化景观。由于文化本身也是随着时代发展而不断变化的，因此，文化所形成的景观也有不同的发展阶段。新的文化要素加入其中的时候，就会产生新的文化景观。

晚清的阅报处，有临时场所和专门场所之分。

一、戏院、茶馆、俱乐部、澡堂、街头说报等临时阅报处

之所以说这些地方是临时阅报处，是因为它们本身有着专有职能，并不是特意提供阅报空间的，而是随着近代报刊业的发展，为了达到招徕顾客或者别的目的，而专门在这种建筑物空间内临时辟出一个地方来，供来往的顾客阅报。

早在1870年，上海的一个茶馆——福仙园茶馆所曾在《上海新报》上刊登了这样一则广告："本茶馆有字林洋行本地新闻纸给茶客看视。凡贵客来本馆饮茶者，轮流请看，可也。"[1]这则刊登于《上海新报》第一版的广告，所指的"新闻纸"就是当时由字林洋行所创办的《上海新报》。发展到后来，上海将近一半的公共场所，诸如茶馆、报摊、浴室等这些地方，都有报刊供免费或者低价租赁阅读。[2]陆士谔的小说里也有这样的话语记载：当初到上海的梅伯见到报刊想要购买时，被人阻拦："不消买得，茶馆里可以租来瞧的。全上海大小各日报，我们统统瞧了，只要给他二个铜元就是了。"[3]这种商用的各类公共空间里，免费或者低价租赁报刊的方式，成为上海的一种城市景观现象。

在苏州，报贩除了送报外，还有一项营收就是到酒楼茶肆租报。这种公共空间的租报行为是如此流行，以致被认为是阻碍苏州报业正常发展的重要因素，"苏州盛行报纸租看制，报贩以少数的报纸，足供多数人的阅读。使报纸的销路，未能尽量扩展"[4]。报贩会在茶楼酒肆每天的顾客高峰期时，拿着上海和

---

① 《福仙园茶馆告白》，《上海新报》1870年5月9日。

② 洪煜：《近代上海小报与市民文化研究》，上海：上海书店出版社，2007年版，第108页。

③ 陆士谔著：《新上海》，上海：上海古籍出版社，1997年版，第77页。

④ 颜益生：《吴县新闻事业发展史》，《江苏月报》1934年第2期，第3页。

苏州两地出版的各大报纸，以及上海流行的通俗小报如《金刚钻》《晶报》《罗宾汉》等，在店铺内出租。苏州的这种做法，源于一个叫作"荣生"的报贩，他"发起贴堂的办法，于是在茶肆中阅报有纪律了"。[①]贴堂就是顾客落座以后，报贩将报纸放到顾客面前的桌子上，如果顾客打开报纸翻阅，那就要付钱，否则则不用。《苏州茶馆钩沉录》中曾有这样的记载："他（报贩）踏进堂口环顾一周后，就在桌上轻轻放下几份你日常爱看的报纸。茶客如果正好闲着，就可读报解闷，阅毕后在报上放下三分五分纸币。有的茶客还自然地到时望他把报送来，成为读报习惯。有些不爱读报的，却为了装斯文起见，虽然桌上报纸原封未动，他稍过一会也放上几分钱，表示报已读过。老枪阿二在各个堂口巡回来去，看到报上有钱，毫不计较多少，轻轻取走，再送给别的茶客。有时他看到茶客暂时无暇读报，而别人又急于要报，他就举手招呼说：××报有人要看，我先借去，等歇再送过来，如果生客一招呼要报，他问清那种报纸给你送上。若是有人讯问报纸发行近况，他会滔滔地告诉你今日有什么新出版的报纸，那种报最为受人欢迎。"[②]在这里，报刊的阅读与店铺的功能同时并存，阅报成为消遣的一种方式。

不仅在上海，"汉口、武昌、长沙、湘潭、岳阳等城市的一些戏院、茶楼、俱乐部、馆舍等休闲娱乐场所专门辟有阅报处或阅报室"[③]。发展到后来，直隶、山东、江苏、广东等全国各个省份的主要城市中，都出现了在此类营业店铺中辟出一处作为阅报所的情况。如河南的这种情况，首先出现在开封，后来蔓延到庆阳、安阳、南阳、信阳、卫辉等地，开封就有6处阅报处，分别位于龙巷、二曾祠、学务公所、火神庙、相国寺、北门大街。

后来，甚至出现了专门解说报纸的人，他们在茶馆、戏院、俱乐部、浴室

① 《珍珠》，《苏州明报》1934年12月31日。
② 宏涌：《苏州茶馆钩沉录》，见政协苏州市委员会文史资料委员会、民建、工商联苏州委员会编：《苏州经济史料》，政协苏州市委员会文史资料委员会，1998年版，第328页。
③ 江凌：《试论近代两湖地区城市文化与报刊媒体的发展》，《上海交通大学学报（哲学社会科学版）》2011年第2期，第64页。

甚至于就在街头找一个地方，专门为他人讲读报纸，这种讲解报纸的方式，与相声等形式有着异曲同工之妙。例如，《东方杂志》曾经记载，在北京街头有一位行为颠张的郭姓男子，专门在北京的天桥、庙会等人群拥挤的场所，把报纸上的内容，用老百姓能够听得懂的方式演讲出来，在民众中有着很大的名气，连天津的一些商会都专门请他来做演讲。

不光是报贩或者茶楼酒肆、俱乐部等这些场所愿意在公共空间让顾客阅读报纸，一些报刊本身也愿意采用这种方式来进行宣传。《申报》在创立初期，就曾经宣传过，说其读者群体以"市肆之人"为多，它甚至鼓励茶楼酒肆、商店俱乐部等这些地方免费给顾客看报："购一《申报》，全店传观，多则数十人，少则十数人。"①早期《申报》等报纸之所以也愿意在公共空间采用这种方式，是因为以下原因：

第一，是因为当时的邮政体系不发达，本埠尚可，外埠很难提高销量，既然如此，那还不如通过免费阅报的方式来提升自己的品牌，宣传自己的报纸。第二，报纸之类的信息产品的特性是信息的可复制性，报纸不同于食物等，被人消费以后就会消失；报纸和书籍一样，是可以被传看的。第三，茶楼酒肆等公共场合是人群聚集之所，川流不息，那就会给宣传带来更多的好处。第四，茶楼酒肆等公共空间一般也是有钱有闲阶层消费的场所，这与报刊的潜在受众是一致的。

因此，当时的报纸也鼓励茶楼酒肆等在订阅一份或者多份报纸以后，供给顾客观看。新闻拥有新鲜性、重要性、接近性、显著性、趣味性等特征，②所以新闻事件往往是会对人们产生强烈吸引的信息，而店铺为顾客营造了一种"场域"，通过读报或者听讲新闻，顾客可以获得许多重要新闻和商业信息，也可以参与到公共话题的讨论之中，增加顾客对场所的多次光顾。此外，报刊是一种新式的文化消费，对于店铺来说，在角落里或者其他位置摆放一份或者几

---

① 《论本报销数》，《申报》1877年2月10日。

② 李良荣：《新闻学概论》，上海：复旦大学出版社，2001年版，第259–266页。

份不同种类的大报，也是这些店铺自身格调的体现，营造了一种特殊的文化景观。

正是因为临时阅报处这种空间职能的特殊性，所以这里的阅读主要是以消遣娱乐、增长见识甚至为了社交等为主，对报刊知识解读相对比较浅。

二、学堂、衙门、学会、图书馆、报社、阅报栏等专门阅报处

专门阅报处即在和报刊具有同样属性的学堂、衙门、学会、图书馆、报社等处开设报刊阅读室，或者官方形式在街头设立阅报栏等。

早期的阅报活动属于半公开阅读的形式。林则徐广州禁烟时为了搜集情报而专门购买各类中外文报刊，他的幕僚们因此得以阅读各类报刊。上海墨海书馆1843年成立以后，早期在里面工作的王韬、李善兰等中国人也能够接触到各种中外报刊。"早期的报馆通过各种方式收集集刊，使一些报人兼具读者的身份，有机会读到各种新式报刊。"①19世纪60年代洋务运动开展以后，曾国藩、李鸿章等人也通过各种渠道搜集国际资讯，并让幕僚们在各类报刊中整理有效信息。这些活动虽然也是报纸被公开阅读，但基本上属于因工作而传阅的性质，不属于面向公众的公开、专门阅报。

教会最早在学校内设立专门的报刊阅读处。除了办报以外，兴办学校、医院、善堂等也都是传教士们传教的重要辅助手段。英华书院搬迁到香港以后，广东籍等华人学生的比例大为提高，1853年《遐迩贯珍》创办以后，就是在英华书院印刷所完成印刷，英华书院也成为该报的代理点之一，书院院长理雅各担任《遐迩贯珍》主编以后，给学生提供了更多的免费阅报的机会。1875年，福建厦门由外国传教士和商人共建的博闻书院成立时，成立了供社会各界免费阅读的图书室，并发布启事："购备《万国公报》、中国《京报》、《中西闻见录》、上海《申报》、香港日报及各处新报，并买译成华文泰西格致各学书籍。存于院内"，同时，还对阅览室的读报行为做了具体规定：

---

① 蒋建国：《晚清阅报组织与公共读报活动的发展》，《社会科学战线》2016年第2期，第133页。

"凡来看书之士，须各安心静坐观阅，不得言语喧哗，以及谈说闲话，倘如不知自爱者，面斥莫怪。本书院内所有各书各报，欲看之人，俱请来院阅看。无论何人，一概不准借出。倘有无耻之辈，私自窃取出门，一经发觉，定照窃律究治。本书院各书各报，各有一定处所安设，凡来看书看报之人，须在原处观看，不可参差翻乱，以及东走西观，漫无定向。如此处安设之书及报，不得携至彼处安放，观毕仍归原处，以免紊乱难查。"①上面的这些规定，与现代图书阅览室的相关规定已经并没有太大差别。

洋务派也很早注意到在学校设立图书阅览室的重要性。1874年，徐寿在筹建格致学堂时，就曾有设立图书室的建议，"院中陈列旧译泰西格致书、各种史志、上海制造局新译诸书、各处旧有及续印新报、西国文字、各种格致机器新旧之书、格致机器新报、机器新式图册……以期考古证今，开心益智，广见博闻"②。更值得一提的是，除了报刊图书以外，格致书院还"又设天球、地球并各项机器奇巧图式，俾众备览"③。这种将天球、地球模型以及机器图式等陈列的方式，使学生获得更加直观清晰的感受，对天文地理知识、机器运动原理等有更深刻的领悟。这种公开阅报的行为也对学生们产生了重要影响，后来的部分学生就曾担任了《蒙学报》《杭州白话报》等报刊的主编。

除了学校设立公共阅报处以外，当时的一些衙门也设立了专门的阅报处，当然只对在其内办公的官员开放。如总理衙门就在官厅这样人来人往的地方设立了阅报处，官员可以在此处免费阅读。

维新运动时期，全国各地都兴办了许多学会，而学会也将报刊作为重要的宣传工具。如1985年成立的湖南南学会，由谭嗣同、唐才常等人发起，并得到湖南巡抚陈宝箴等开明官吏的支持，该学会以讲演为主，同时兼具集会、研讨、阅读等功能，在成立章程中明确规定："本学会所藏书籍，准人领取阅书

---

① 《厦门泰西各国仕商创建博闻书院启事》，载陈谷嘉、邓洪波主编：《中国书院史资料》（下），杭州：浙江教育出版社，1998年版，第2031-2032页。
② 徐寿：《上李鸿章书》，《申报》1874年11月11日。
③ 《格致书院第一次记录》，《万国公报》第357卷，1875年10月9日。

凭单，入内浏览……自本月十五日起，愿阅报者，照单领凭择观。"①当时该学会订了26种报刊，《时务报》《湘报》《知新报》《湘学报》《申报》《沪报》等都有，读者办理借阅手续就可以进入阅读。由于报刊的种类较多，其中必然有观点相互印证或者冲突处，因此，读者可以形成直观的比较和借鉴。"对于平时难有机会接触报纸的读者而言，阅览室打开了通往外部世界的窗口，而那些经常来阅览室读报的读者，每次读报又成为一种仪式，读报纸成为一种精神享受和文化信仰，报纸的'公共展示'为阅读的集体化、规范化、仪式化创造了条件。"②

需要强调的一点是，学会的图书阅览处与学堂、衙门等不同，它更加强调读者的思辨性。如南学会就会组织开展各类演讲活动或者读报心得体会，通过这种方式，来加强读者的读报深度，"一些读者在读报之后，又能有机会参与南学会的讲演和问答，他们在报纸上获得的知识和产生的疑问，通过学会的公共集会得以传播和解答，从而使'公共阅读'转向于'公共讨论'。尽管我们难以统计当时读者的具体数量，但是，这批早期进入公共阅览室的读者，无疑对'博览群报'有着切身的感受，而由于读报所形成的'阅读文化圈'又能进一步开阔读者的视野，读者从个人空间走向公共空间，使读报的意义有着极大的改变。"③

到了清代末年，特别是预备立宪以后，官方主持开设的阅报处在州县一级大量出现，特别是在县级，许多人将读报视为开启民智、改变民风、推广新政的一种手段。河北元氏县县令"特于城内南街筹设阅报处一所，捐廉购备各种新闻报章，专供众览"④。山东高邑县令在县城的毕公祠设立阅报处。河南忻城县令租借"闲废官厅，略加修葺"，并捐养廉银，"设阅报社一处，将各种报章

---

① 《南学会申订章程》，《湘报》第75号，1898年6月1日。

② 蒋建国：《晚清阅报组织与公共读报活动的发展》，《社会科学战线》2016年第2期，第135页。

③ 蒋建国：《维新时期地方学会、学校与报刊阅读的拓展：以湖南为中心》，《湖南师范大学社会科学学报》2018年第2期，第6页。

④ 《元氏县创设阅报所并章程禀》，《教育杂志》1905年第14期，1905年10月13日。

纵人观览，不取分文"①。浙江桐乡县令徐汉澄"采办各种报章，在学宫后创一阅报社"②。

从上文中可以看出，官方设立的阅报处，开始走出官衙，走向市镇的其他公共空间，如城内南街、毕公祠、闲废官厅、学宫等处都可以设立阅报处。这种位于公共空间供公众阅读的免费阅报处，成为当时落后地区一种思想启蒙的手段，也是旧市镇体系上产生的新的文化景观。

当然，当时的阅报处也有着地域的差别："从当时的县级官办阅报社的报道情况看，此类官办阅报社主要集中在京津、山东、河北、河南、吉林等省，南方省份的报道相对较少。初步统计，长江以北的阅报社占全国总数的80%以上，而湖南、江西、广西、贵州等地则鲜见官办阅报社的报道。"③这是因为当时已经到了清末之际，此时南北方在近代报刊业方面数量分布的差异已经比较明显地体现出来，如当时的湖南长沙，"各种报纸，现除《通俗日报》，价廉易购，乡间阅者颇普遍"④。这说明当时的南方地区，报刊的阅读甚至已经在乡村得到普及；而北方地区的近代报刊业，除了省会等相对繁华的城市，在县一级是十分落后的。

此外，由于民众识字能力的问题，当时在街头的阅报栏处，还有一些士绅文人会偶尔进行讲解活动，使缺乏阅读能力的普通民众也能听懂，并广泛进行人际传播。

阅报处的出现，营造了一种新的文化景观，同时也使得报刊的发行能够继续下沉，深入到普通民众之中。

---

① 《新城县禀捐廉创设阅报社宣讲所情形文并批》，《北洋官报》2722册。
② 《各省报界汇志》，《东方杂志》第2年第11期，1905年12月21日。
③ 蒋建国：《晚清阅报组织与公共读报活动的发展》，《社会科学战线》2016年第2期，第138页。
④ 沈若患、杨肇筠：《长沙县调查笔记》，转引自江凌：《试论近代两湖地区城市文化与报刊媒体的发展》，《上海交通大学学报（哲学社会科学版）》2011年第2期，第64页。

第五节　小　结

在我们当前的电子时代，信息的传递是以实时传播为标准的，电子信号可以跨越千山万水的阻隔，以同步直播的形式向数量广大、分布各异的受众群体传播同样的内容。

但是在报刊这样的实体传播时代，报刊的发行需要突破时空的阻隔，特别是在交通工具、技术水平、交通条件等直接因素和印刷方式、消费能力等间接因素的综合作用下，晚清中国近代报刊的发行，逐步实现了从本埠发行到外埠发行的演进，同时也出现了城市阅报所这样的独特人文景观。覆盖范围的扩大和受众群体的下沉，才使得西方知识以及洋务、维新、革命等思想在中国境内和境外得到广泛的传播。没有发行的扩张，就没有辛亥革命前中国社会各界普遍认知的形成，而这种普遍认知在全国各地的呼应和互动，才是清王朝轰然覆灭的重要支撑。[①]

---

① 关于这一点，将在第五章详细论述。

第四章

中西互动：近代报人的生成与演进

"历史的发展，毕竟是人们活动的结果。在史书里，看见了历史人物的群像，就愈益感到历史的丰富性。离开了人，也就谈不上历史。"[①]在近现代大众传媒产业中，人的因素在大众传媒产业中发挥着至关重要的作用。传媒产业竞争的本质，是人才的竞争。无论是大众传媒的工作人员、参与人员、传播对象等，都是由人的要素构成的，传媒的产业也是以人为主体的产品（诸如明星等）。因此，通过对报人的研究，可以使我们更好地了解中国近代报刊业的发展理念和路径，从而对报刊业的历史地理变动情况有更深刻的了解。

作为中国的最后一个封建王朝，晚清末期处于传统和近代的嬗变之际，中国近代报刊业也是在这样的大背景、大变革中产生的，因此，我国近代报刊业的人物研究也就具有一定的复杂性。这些人群中，有西方传教士、西方商人，有中国开明官员、知识分子、商人乃至市井之徒，等等；在办报的理念上，传教、救国、经商等混杂在一起。这种复杂性，使得我国近代报刊业在种类上、地域上、时间上等都呈现了独特之处，并深刻影响当时中国社会的发展进程。

---

① 白寿彝主编：《中国通史》第一卷《导论》，上海：上海人民出版社，1989年版，第322–323页。

第一节　清代在华办报的外国人

一、外国报人群体及其影响

"在中国，近代化的报刊，是外国人首先创办起来的。"①从1815年第一份近代中文报刊的诞生开始，直至1895年维新运动的开始，在漫长的80年时间里，外国报人一直是我国近代报刊的主力军。无论是传教士还是外商，无论是为了传播宗教还是获取商业利润，我国的中外文报刊，大部分都是由外国人创办的。可以说，外国报人不仅是中国报刊业的启蒙者、创办者、推进者，同时也是中国报人的启发者、培养者。正是在外国报人的推动下，我国近代报刊业才开始起步发展。

下表为在中国创办近代报刊的主要外国报人，选取标准为在华具有一定的全国影响力的报刊从业者。

表11　主要在华外国报人基本情况②

姓名	国籍	身份	主要报刊活动	活动范围
罗伯特·马礼逊 Robert Morrison （1782—1834）	英国	伦敦布道会传教士	1815年在马六甲创办第一份近代中文报刊《察世俗每月统记传》，1832年倡议美国传教士裨治文在广州创办英文版《中国丛报》并担任主要撰稿人，担任《广州纪录报》撰稿人	1807年来华，广州、马六甲、澳门，游历北京

① 方汉奇：《中国新闻事业通史》（第一卷），北京：中国人民大学出版社，1992年版，第243页。
② 选取依据主要来自于：方汉奇：《中国新闻事业通史》（第一卷），北京：中国人民大学出版社，1992年。该书所涉及的外国报人，一般都是具有全国影响力者。当然，晚清时期还有法国、日本等其他国家从事报刊活动者，但其所创办的多为影响力相对较弱的地方性报刊。

（续表）

姓名	国　籍	身份	主要报刊活动	活动范围
威廉·米怜 William Milne （1785—1822） 笔名：博爱者	英国	伦敦布道会传教士，神学博士	1815年在马六甲协助马礼逊创办第一份近代中文报刊《察世俗每月统记传》并担任主编，同时也是主要撰稿人	1813年来华，1815年到马六甲
麦都思 Walter Henry Med-hurst （1796—1856） 笔名：尚德者	英国	伦敦布道会传教士	1816年任《察世俗每月统记传》编辑，1823年在巴达维亚创办第二份近代中文报刊《特选撮要每月纪传传》，1838年在广州创办《各国消息》，1843年在上海创办墨海书馆	1817年到马六甲，1835年来华。马六甲、广州、澳门、上海
裨治文 Elijah Coleman Bridgman （1801—1861）	美国	美国公理会传教士	1835年在广州创办英文杂志《中国丛报》，开展了大量对中国社会的调查研究	1830年来华，广州、上海
郭士立 Kart Rriedrich August Gutzlaff （1803—1851） 笔名：爱汉者	德国	本属于荷兰传教会，后转为伦敦布道会传教士	1833年在广州创办中国境内第一份近代中文报刊《东西洋考每月统记传》	1827年来到南洋，1831年进入澳门，多次游历中国境内各处，1843年到香港，直至去世
卫三畏 Samuel Wells Wil-liams （1812—1884）	美国	美国公理会传教士	协助裨治文主持《中国丛报》的印刷发行以及编辑工作	1833年来华，广州、澳门
玛高温 Daniel Jerome Macgwan （1814—1893）	美国	美国浸礼会传教士	1845年在宁波创办《中外新报》，1862年在上海创办《中外杂志》	1843年来华，香港、宁波、上海
伟烈亚力 Alexander Wylie （1815—1887）	英国	伦敦布道会传教士	1847年，在上海墨海书馆工作，翻译众多自然科学书籍；1857年，创办上海一份中文期刊《六合丛谈》	1847年来华，上海
艾约瑟 Joseph Edkins （1823—1905）	英国	伦敦布道会传教士	1872年，任北京地区第一份中文近代报刊《中西闻见录》编辑，上海《六合丛谈》撰稿人	1848年到上海、1863年到北京，后返回上海

（续表）

姓名	国　籍	身份	主要报刊活动	活动范围
嘉约翰 John Glasgow Kerr （1824—1901）	美国	美国长老会传教士	1868年在广州创办中文医学刊物《广州新报》，1874年创办《小孩月报》	1854年到广州，直至病逝
韦廉臣 Alexander William- son （1829—1890）	英国	伦敦长老会传教士	上海《六合丛谈》和《中国教会新报》撰稿人，1886年创办《训蒙画报》，《万国公报》主笔	1855年来华，上海
林乐知 Young John Allen （1836—1907）	美国	美国监理会传教士	1868年任《上海新报》编辑并创办《中国教会新报》，1891年创办《中西教会报》	1860年到上海，于此去世
傅兰雅 John Fryer （1839—1928）	英国	英国圣公会传教士	主编《中国近事汇编》，主笔《上海新报》，创办《中西闻见录》	1861年到香港，1863年到北京，同年到上海
李提摩太 Timothy Richard （1845—1919）	英国	英国浸礼会传教士	1890年任天津《时报》主笔，并创办《直报》周刊，1892年主持《万国公报》	1870年来华，山东、山西、天津、北京、上海等
范约翰 John Marshall Wil- loughby Farnham （1829—1917）	美国	美国北长老会传教士	1871年出版《圣书新报》和《福音新报》，后接手《小孩月报》，1880年创办《画图新报》	1860年来华，上海
美查 Ernest Major （183？—1908）	英国	商人	1872年创办《申报》	1862年来华，上海
福开森 John Calvin Ferguson （1866—1945）	美国	美国美以美会传教士	1899年从英商手中购买《新闻报》并使之成为与《申报》齐名的重要报纸	1886年来华，南京、上海、北京

1. 外国报人的籍贯

以上17位具有一定全国影响力的外国报人，从籍贯来看，英国9人，美国7人，德国1人。

首先，无论从报人的数量还是影响力还看，英国都是名列前茅的。方汉奇指出："首先来中国办报的是英国人，第一批为办报积极活动的是基督教传教士。"①进入19世纪以后，率先开展工业革命并取得丰硕成果的英国，打败了老牌的西班牙、葡萄牙和荷兰等国家，取得了在全世界的领先地位。在其全球殖民扩张的进程中，中国是非常重要的一个目标。在英国东印度公司通过鸦片贸易在商业上掠夺中国的同时，以英国伦敦布道会为主体的新教组织也开始将目光投向了中国。因此，无论是从传教士报刊还是商业报刊或者其他类型报刊来看，从第一份中文报刊到在中国影响最大的商业报刊，都是英国人主办的，而且在数量上居于最多，基本上占据了当时外国人在中国办报数量的80%左右。

其次，美国传教士虽然来中国的时间略后于英国，但是从数量以及影响力等方面来说，也没有逊色多少。这是因为一方面从马礼逊等人开始，就与美国之间有着较为密切的关系——马礼逊就是从美国乘坐商船来到中国的，而且在马礼逊最为困难的时候，曾得到美国的帮助而非同属一国的东印度公司，作为最早来到中国的新教传教士，马礼逊后来也曾帮助裨治文等开拓在中国的工作。同时，始于19世纪中期的第二次工业革命中，美国的发展速度十分迅猛，它同样有着在中国扩张的利益需求，这也为美国长老会、监理会等传教组织进入中国提供了有力支援。

此外，德国、法国、日本、俄国等在中国占有租界等的国家，也同样开设有自己的报刊，但这些国家的报刊一般来说影响力在地理空间范围上极为有限，主要是供给本国在中国的侨民阅读，对中国受众的影响力十分微弱。

2. 外国报人来华的年龄

在19世纪，全球旅行并不像今日这么方便，远赴万里之外，在路途上的时间消耗都有可能在一年左右。马礼逊从英国出发来到中国，就先后辗转了多个国家，耗时一年左右，而且在异国他乡进行传教是一项非常艰苦的工作，对身体素质、精神状况等都有着很高的要求。

因此，从年龄来看，外国传教士来华时基本上都在二十岁到三十岁之间，如马礼逊是在25岁来到中国，米怜是在28岁、麦都思是在21岁、裨治文是在29

---

① 方汉奇：《中国新闻事业通史》（第一卷），北京：中国人民大学出版社，1992年版，第244页。

岁、郭士立是在24岁、卫三畏是在21岁、玛高温是在29岁来到中国。凡是来华的外国传教士，基本上在他们的青年时期就已经对中国产生了一定的认知，如马礼逊在22岁时就曾宣布神感动他前往中国，因此，他在英国期间，就进行了中文的学习等准备工作。另外这个年龄段正是他们年富力强的时候，稍微大点的年龄，甚至都有可能经受不了路途的颠簸。即便如此，马礼逊等初入中国的时候，也都经历了水土不服而生病等情况。中国著名报刊《申报》的创办人英国商人美查由于其出生年份的不详，只能确定是在1830—1840年之间出生，但可以确定的是，他在1862年来到中国，因此也很有可能是在30岁之前就来到中国，这种商人独有的冒险精神，使他在中国创办了包括报刊、药店等在内的多种产业，并最终功成名就返回英国。

3. 外国报人的身份

晚清外国报人的身份，传教士为主体，商人为辅。"一个巨大的帝国，人口众多，拜偶像之风盛行，不可能不引起所有基督教徒对中国表示最深切的关注。"[①]对于虔诚的传教士来说，再没有比开拓人口众多的中国更具有挑战意义的了。因此，来自英国、法国、德国、美国等西方国家的传教士先后来到中国，并成为最早一批中国近代报刊业的从业人员。马礼逊、米怜、麦都思、郭士立、林乐知、裨治文和卫三畏、李提摩太等都是其中的佼佼者。

就传教士群体来说，除了作为传教士的本职，他们一般都还有专业技能身份，医生、印刷工人等是最多的，因为这两种相对专业的技能是在中国传教非常需要的实用技能。印刷工意味着他们可以通过文化传播的方式来传教——不管是翻译书籍还是创办报刊，而医生这一身份则更具有实用价值，它直接与人们的生命关联，因而更适宜用来传播"主的福音"。

4. 外国报人在华停留的时长及范围

从停留时间上看，外国报人在华并非是蜻蜓点水式的短暂停留，而往往都

---

① ［英］马礼逊夫人编，顾长声译：《马礼逊回忆录》，桂林：广西师范大学出版社，2004年版，第86页。

会停留短则数年、长则数十年的时间，如英国汉学家、伦敦布道会传教士伟烈亚力于1846年来到中国，1877年返回伦敦定居，在中国生活了31年时间。甚至有不少传教士来到中国以后，除了短暂地回国修养，从青年时期就在中国居住，甚至在中国去世。马礼逊、米怜、嘉约翰、林乐知等都是这种情况，他们虽然并非在中国出生，但是却在中国去世，而且马礼逊等多名传教士的下一代也主要在中国活动，马礼逊的儿子就是出生于中国，成长于中国。

从在中国的活动范围来看，他们并非局限在某一个城市或者繁华之所，而是都会在中国进行大范围的游历活动，因此他们往往对中国社会有着比较直观而深刻的了解。

下文对几位著名的传教士进行介绍：

（1）马礼逊（Robert Morrison，1782—1834）

早期的英国传教士，主要来自伦敦布道会。这个对中国有着浓重兴趣的英国海外传教组织，成立于1795年，其成立的主要目的，就是为了在人口众多的中国传播新教。

马礼逊是第一位被英国伦敦布道会派遣到中国的传教士。他祖籍苏格兰，其父母就是虔诚的新教徒。收到父母的熏陶，马礼逊15岁时就信奉了基督教。他年轻时学习医学专业，1803年进入神学院学习，成为伦敦布道会的教徒。1804年，他上书布道会，主动要求到"困难最多"的中国去传教。为了做好准备，他还开始学习中文，并同时修习了天文学知识和医学知识，因为当时的传教士，鉴于利玛窦和南怀仁的经验，普遍认为天文学和医学是最好的沟通中国的方法。

1807年春，马礼逊开始着手前往中国，他本应搭乘东印度公司的商船来华，但是由于东印度公司与中国之间密切的贸易关系，担心马礼逊的传教活动会引起清政府的不满，从而迁怒于自身，因此，不愿意搭乘马礼逊。无奈之下，马礼逊只能转道先前往美国，寻求美国人的帮助。当时的美国政府和商人，也在想方设法打开中国市场，但是由于他们刚处于起步阶段，相应的顾虑比较少，因此，时任美国国务卿麦迪逊专门写信给美国驻广州领事加林顿，请他帮忙予以关照。

1807年5月12日，马礼逊乘船从纽约出发；9月4日抵达澳门。其间的航程长达将近4个月，但是他并没能在澳门停留，因为信奉天主教的葡萄牙人限令他迅速离开。9月8日，马礼逊抵达广州，装扮成美国商人在美国商馆里暂时居住。不同地理位置的景观，因为人的要素而具有不同的意义。马礼逊不能在广州公开露面，所以只能在美国商馆里居住，这种特定的空间，与后来上海租界的情况有着一定的类似。

1808年，他赶赴澳门，随后为了更好地开展传教活动，他受聘为英属东印度公司任翻译一职，以英国商人的身份公开活动。在这一身份的掩护下，他开始编著《华英辞典》，汉译《圣经》，并暗地里开始吸收教徒。

1810年，马礼逊在清政府的严格管制下，以重金贿赂中国印刷商，秘密出版了《新约》中《使徒行传》部分，印刷数量1000册。在印刷和出版过程中，马礼逊认识了一批为他服务的刻印工人：蔡卢兴、蔡亚兴、蔡亚高三兄弟和梁发等人。经过马礼逊的传教，1814年，他在澳门为蔡亚高施浸，蔡亚高成为中国第一个新教教徒，而梁发则最终成为中国第一个新教传教士。

1815年，马礼逊和米怜等抵达马六甲，并在这里开始创办《察世俗每月统计传》，开设英华书院等活动。1816年，他跟随英国特使团赶赴北京；之后，他在马六甲、广州、澳门等地之间活动，1834年因病逝世于广州，随后其儿子小马礼逊将遗体运送到澳门，葬在其妻子的身旁。

马礼逊在中国的活动轨迹，主要是在广州和澳门，虽然在南洋也呆了较长时间，但并非出于其本心，而是一种被迫的行为，他的意愿还是在中国本土进行活动的。

马礼逊除了创办《察世俗每月统记传》外，也曾担任《广州纪录报》的编辑。马礼逊对近代报业的影响，主要体现在他的人际网络，以及对后来传教士在中国办报的影响上。

马礼逊、米怜、麦都思均为英国传教士。米怜是为了协助马礼逊被派遣到中国，麦都思是为了协助米怜的报刊出版活动来到中国，这三者是相继被辅助的关系。因此，马礼逊主持创办了《察世俗每月统记传》后，实际的工作基本上都是米怜完成的。作为米怜的助手，麦都思本身就是因为精通出版，所以才会被伦敦布道会派遣到马六甲，而他到达马六甲以后，除了协助米怜做好《察世俗每月统记传》的出版发行，也在巴达维亚（今雅加达）创办了另一个印刷所。米怜去世以后，麦都思就前往巴达维亚，自己创办了《特选撮要每月纪传》，是为第二份近代中文报刊。马礼逊创办英华书院以后，后来的英华书院院长纪德创办了《天下新闻》。而在中国境内创办第一份中文报刊《东西洋考每月统记传》的普鲁士人郭士立，本来是为荷兰布道会传教士，后来在南洋活动期间，被马礼逊和米怜等人所触动，转投入英国伦敦布道会即新教的怀抱，成了英国新教的传教士。马礼逊曾在《广州纪录报》担任编辑，后来创办《中国差报与广州钞报》的首任编辑伍德，曾与马礼逊是同事。而在中国境内创办第一份英文报刊《中国丛报》的裨治文是美国传教士，他在中国的初期，是由马礼逊带领着熟悉中国情况的，马礼逊之所以对裨治文照顾有加，除了同属于新教之外，还因为马礼逊早年是经由美国到达中国的，而且曾经得到美国新教以及美国商人的帮助。马礼逊去世以后，其儿子小马礼逊曾在郭士立主办的《东西洋考每月统记传》担任编辑。

从上述略显错综复杂的关系中，我们可以得出这样的结论：中国第一份近代中文报刊、中国第二份近代中文报刊、中国第三份近代中文报刊、中国境内的第一份近代中文报刊、中国境内的第一份英文报刊等，上述这些具有开创性意义的近代报刊，都与马礼逊之间有着或直接或间接的关系。他对中国近代报刊业的影响，由此可见一斑。

（2）米怜（William Milne，1785—1822）

米怜是作为马礼逊的助手被英国伦敦布道会派遣到中国的，也是他在清政府严厉禁止传教的情况下，远赴南洋进行考察，最终向马礼逊提出到南洋建立新的传教基地的。

米怜被派遣到中国以后的轨迹非常简单，1813年，他抵达中国澳门，和马礼逊会合，但是仅仅三天后，就因天主教和东印度公司共同反对，遭到了澳门当局的驱逐，两人又辗转回到了广州，米怜开始学习汉语；但是广州同样存在危险，因此他奉命前往南洋地区。在经过考察以后，1814年回到广州，并建议马礼逊从中国撤退到南洋地区；1815年，他们抵达马六甲；1816年，他去往马来西亚的槟榔屿，并在那里创建了一所印刷所；1817年，他再次回到中国，停留几个月后，1818年初返回马六甲；1822年，米怜于马六甲去世。

米怜的报刊活动虽然不及马礼逊多，但是他却实实在在地主持了《察世俗每月统记传》的编辑发行工作，并且，在主持这份报纸的过程中，他特别注意从中国受众的角度来进行报刊的编辑与发行。"中国人民之智力，受政治之束缚，而呻吟憔悴无以自拔者，相沿迄今，二千余载，一旦欲唤起其潜伏之本能，而使之发扬蹈厉，夫岂易事？惟有抉择适当之方法，奋其全力，竭其热忱，始终不懈，庶几能挽回万一耳。"[1]为了能够更好地完成向中国人传教的使命，他降低了报纸的新闻功能，而是加强了宗教内容的比重。这种做法，对后来国人办报产生了深刻的影响，即注重报纸对主办者思想和利益的传播，而不是仅仅从新闻的角度。在主办《察世俗每月统记传》期间，他"以阐发基督教义为唯一急务"[2]，介绍"神理、人道、国俗、天文、地理偶遇"中，"最大是神道，其次人道，又次国俗"[3]。而为了更好地纠正中国人的自大观念，《察世俗》通过展示当时西方先进的科学文化知识，来委婉地劝说中国人：中国并非世界的中心，西方也并非蛮夷；两者同样拥有灿烂悠久的文明。而这种观念，对后来郭士立创办《东西洋考每月统记传》影响巨大，所以郭士立将自己报刊的名字命名为"东西洋考"。

（3）郭士立（Karl Friedrich August Gützlaff，1803—1851）

郭士立是普鲁士人，中文名也译作郭实腊、郭实猎、郭甲利、郭施拉、居茨拉夫。他还有个非常有意思的中文笔名，叫作"爱汉者"。

---

① 戈公振著：《中国报学史》，上海：上海古籍出版社，2003年版，第77页。
② 同上。
③ 《察世俗每月统记传》序，见张之华主编：《中国新闻事业史文选（公元724年—1995年）》，北京：中国人民大学出版社，1999年版，第77页。

他早年在柏林的教会学院学习，1823年在鹿特丹加入荷兰传道会，由于荷兰曾经在南洋地区拥有殖民地，因此他决定前往马来群岛传教，为此，他还到巴黎和伦敦进行了旅游，以更好地做好相关准备工作。1827年，他抵达南洋，并在巴达维亚跟随米怜的助理麦都思进行学习，并在之后加入伦敦布道会。1831年，郭士立乘船前往中国，先抵达天津，又继续北上到辽东湾，随后南下一直到澳门。在澳门，郭士立身着中国服装，称呼用中国名字，还为中国人看病，并尽可能传播基督教。1832年，他再次以翻译和外科医生的身份乘船在中国沿海航行，并对中国沿海各地的风土人情进行了了解，签订《南京条约》时，他是三位翻译官之一。战后，他甚至还在舟山做过一段时间的行政长官[1]，后来落脚在香港，并最终在香港去世。

之所以将郭士立在中国境内的行程予以详细介绍，是因为相较于马礼逊和米怜，郭士立通过在中国沿海地区的大量活动，获取了比他俩多得多的信息，也更加了解当时的中国国情以及官绅商民的想法。因此，他还在香港组建了一个协会，名字叫"福汉会"，意思是造福中国的协会。

在报刊方面，他于1833年创办了《东西洋考每月统记传》，这份刊物明显受《察世俗每月统记传》的影响，从形式、风格和主旨上都是一脉相承。郭士立在创办这份报刊时，有非常明确的目标，那就是打破中国"天朝上国"的落后想法："当文明几乎在地球各处取得迅速进步并超越无知与谬误之时……唯独中国人却一如既往，依然故我。虽然我们与他们长久交往，他们仍自称为天下诸民族之首尊，并视所有其他民族为'蛮夷'。如此妄自尊大严重影响到广州的外国居民的利益，以及他们与中国人的交往。"[2]因此，在这份报纸中，郭士立将宗教的内容减少到近乎没有，而将西方的历史、地理、社会、科技等作为主要内容进行传播，以促使中国人能够在平等的地位上认识西方社会。这份报纸所刊载的关于西方的内容，对最先"开眼看世界"的一批国人如林则徐、

---

[1] 顾长声著：《传教士与近代中国》，上海人民出版社，1981年版，第52-53页。
[2] 黄时鉴编：《东西洋考每月统记传·导言》，《东西洋考每月统记传》影印本，北京：中华书局，1997年版，第12页。

魏源、梁廷枏、徐继畲等人都产生过影响。魏源受影响最大，《海国图志》中曾引用《东西洋考每月统记传》中十三期、二十四篇文章之多，其中大多数都是有关地理方面的知识；梁廷枏的《海国四说》、徐继畲的《瀛寰志略》中也都有对该报的引用。①

（4）林乐知（Young John Allen，1836—1907）

林乐知于1836年出生于美国佐治亚州，少年时代就信仰基督教，后来加入了基督教美国南方监理会，大学毕业以后的1859年12月，年仅23岁的林乐知就带着夫人和还不到5个月的女儿，乘坐驶往中国的航船，经过210天的艰苦航行，于1860年6月来到了上海，开始了他在中国长达40多年的生涯。

林乐知来到中国以后，先给自己起了个中国名字叫林约翰，但是他发现这个名字对于当时的中国人来说，还是有点认知上的障碍与隔阂，因此，他取中国名言"一物不知，儒者知耻"之意，更名为林乐知，更为特别的是，他还按照中国的文化习俗，给自己取字为荣章。在向他人介绍自己时，大学毕业、获得文学学士的林乐知会自称为"美国进士"。这一方面显示了他对中国文化的了解和兴趣，另一方面，也极有利于他与中国各阶层的交往。

林乐知在传道的同时，也努力学习中国文化，主要与中国的官绅阶层形成了良好的关系。他刚刚抵达中国不久，美国国内就发生了南北战争，当时监理会也无暇顾及远在东方的林乐知，使得他一度陷入贫困境地。1864年，经首先提出"中体西用"指导思想、曾任李鸿章幕府的冯桂芬的介绍，他到广方言馆教书，后来还兼任江南制造局翻译馆翻译，前后共16年。由于工作努力，曾被清政府授予五品顶带官衔。

林乐知与其他传教士还有所不同的地方在于，他特别重视对中国"士"阶层的结识和影响。在十九世纪六七十年代，他广交了一批当时颇有影响的著名官绅，如冯桂芬、严良勋、汪凤藻、陈兰彬、沈毓桂、应宝时、李鸿章、丁日

---

① 黄时鉴编：《东西洋考每月统记传·导言》，《东西洋考每月统记传》影印本，北京：中华书局，1997年版，第28-30页。

昌、张之洞、张荫桓、吕海寰等。这些人也是洋务运动或者改良主义的拥趸者，一般具有相对开明的思想，对新的知识有一定的兴趣。他们看重林乐知广博的西学造诣，而林乐知则通过他们的官绅地位试图产生从上而下的影响。林乐知一时间成为上海地区中国官绅阶层中颇有名望的传教士和颇受欢迎的人。

1868年林乐知在担任《上海新报》编辑期间，自己也创办了中文教会期刊《教会新报》，1874年9月更名为《万国公报》，1883年后因其忙于中西书院事务而停刊。

这份刊物的影响要远超同期其他传教士报刊，"曾对中国的学术和政治的实际运动，发生过重要影响的，首先要数在上海出版的《万国公报》"[1]。而恰恰是由于林乐知对中西文化两个体系的深入了解，以及他与中国著名官绅之间的良好关系，使得这份刊物"多年以来在高级官员之间广为流传，从未遭到过反对"[2]，正是由于官绅阶层的认可和宣扬，使得这份报刊的影响力日渐重大。而编辑体例的特点又使得它的影响更为深远，林乐知虽然也是传教士，但是他和郭士立一样，将宗教内容进行锐减。与郭士立不同的是，他着重报道中外新闻，并介绍西方国家当时先进的军事、电报、天文地理、物理化学等知识。当时的中国，已经经历过两次鸦片战争，分别见识到了英国、法国等国家的坚船利炮，因此，相较于林则和魏源时期，更多的开明官绅开始寻求西方之所以能战胜"天朝上国"的原因，早期的他们把这种原因视为西方国家器物的犀利。因此，林乐知的《万国公报》成为他们观察西方的一个窗口，并在洋务运动乃至后来的维新运动中，都发挥了积极的影响，不仅李提摩太等西方传教士认可这份报刊，中国人同样也认可，"变法成为一个运动，《万国公报》是有力的推动者"[3]。维新运动时期，康有为创办报刊，也直接使用了《万国公报》这个名字。

---

① 朱维铮：《万国公报文选·导言》，钱钟书主编：《万国公报文选》，北京：三联书店，1998年版。

② ［英］李提摩太著，李宪堂、侯林莉译：《亲历晚清四十五年——李提摩太在华回忆录》，天津：天津人民出版社，2005年版，第234页。

③ 范文澜著：《中国近代史》第1分册，北京：人民出版社，1953年版，第308页。

（5）麦都思（Walter Henry Medhurst，1796—1857）

麦都思是英国伦敦布道会成员，他出生于1796年，14岁时开始学习一项影响其自身命运的技能，这项技能也使得他在晚清中国拥有了一定的影响力，那就是印刷。因为掌握了良好的印刷技能，他于1816年20岁时被伦敦会选送到马六甲，协助米怜开展工作。麦都思在帮助米怜编撰《察世俗每月统记传》的同时，在巴达维亚建立了另一个印刷所，并且由于他卓越的技能，使得那里成为伦敦会在南洋的又一个重要出版基地。1822年米怜去世以后，麦都思从马六甲转到巴达维亚，创立了《特选撮要每月纪传》，并印刷出版了30多种中文书籍。1835—1836年，他先前往广州探访中国基督徒，随后沿海北上，先后考察了山东、上海、浙江、福建等地，和郭士立一样，他也曾在鸦片战争中担任了翻译官。

1843年，麦都思按照英国伦敦布道会指派，前往即将开埠的上海，成为最早进入上海的传教士。他利用负责道路、码头建设和英国人公墓建设的契机，购买了上海县城北门外的大片土地，作为伦敦布道会在华总部，并建造教堂，后又建设医院。更为重要的工作是，他和同为伦敦布道会传教士的美魏茶、慕维廉、艾约瑟等人共同创立了墨海书馆。墨海书馆是上海最早采用西式活字印刷技术的机构，翻译了许多对中国影响巨大的西方著作，并雇用了王韬、李善兰等一批最早投身印刷出版业的知识分子。由于他的活动影响，今日上海山东中路一带被人称为麦家圈，并在此形成了后来上海近代报刊业中心的"望平街"。

（6）裨治文和卫三畏

裨治文（Elijah Coleman Bridgman，1801—1861）和卫三畏（Samuel Wells Williams，1812—1884）都是美国人。裨治文于1830年来到广州以后，先跟着马礼逊学习汉语；1834年与郭士立共同组成了益智会；1836年参与创办马礼逊教育会；1838年开设博济医院；1839年担任林则徐的翻译员；1854年任美国公使麦莲的译员；1861年逝世于上海。

他曾经参与创办了《澳门月报》，但更有影响的是1832年在广州发行的英文月刊《中国丛报》，主要读者是在华的西方人，当然也发行给懂得英文并且感兴趣的中国人，但数量很少。与传教士创办的、向中国人介绍西方世界的中文报刊不同，该报的主要内容是向西方人介绍中国的社会、文化和地理等。该报曾因鸦片战争而迁往澳门和香港，后来又重回广州。

到1848年，美国宣教士卫三畏接任《中国丛报》的主编一职。卫三畏于1833年抵达广州，直到1876年返回美国，在中国停留了43年时间。卫三畏也是印刷工出身，当他于1833年乘船前往中国时，那艘船的名字就是以英国最早进入中国传教的传教士马礼逊命名的。卫三畏也于1843年进入马礼逊教育会。他接任《中国丛报》主编以后，继续向海外介绍中国的政治、经济、军事、文化、地理和风俗习惯等方面的知识，直至1851年停刊。

（7）李提摩太（Timothy Richard，1845—1919）

李提摩太1845年出生于英国，是英国国教浸礼会传教士、共济会员、马耳他骑士，他于1868年23岁时加入浸礼会后，主动要求到中国传教，并于1869年11月17日启程，1870年12月抵达上海，随后去山东烟台、青州等地传教。李提摩太同时修习了佛教、儒家和伊斯兰教著作，这为他的传教做好了重要的知识储备，也增加了传播的效能。李提摩太也曾给自己起了中文的字，叫作菩岳。

1890年，李提摩太应李鸿章的邀请，去天津担任英文报纸《中国时报》的中文版主笔，该报呼吁清政府要认识世界局势的变动，主动进行改革。他主持广学会长达二十五年之久，其间还主持了《万国公报》等十几种报刊的编辑和出版发行工作。

1886年，李提摩太来到北京，发表了《七国新学备要》，介绍西方各国的教育情况，并建议清朝政府每年拿出100万两白银作为教育改革的经费。在戊戌变法运动中，他与梁启超、康有为建立了较好的个人关系。李提摩太以西方文化吸引知识分子和社会上层人士，他和许多政府官员，如李鸿章、张之洞都有较深的交往，因而对中国的维新运动有很大影响。

外国传教士在中国迅速建立起传教网络，从省会到县城到乡村，传教士的足迹遍布各地，他们学习地方方言，并用方言编写《圣经》及一些传教材料。他们还有选择性地雇用了一些中国人作为佣人或者助手，并率先完成了对这些人的传教。在办报活动之外，他们还建立学校、办医院、孤儿院和育婴所等。这些活动，促进了当时中西方之间的交流往来。

外国企业家办报是外国人在华办报的另一种类型。传教士办报的主要目的是为了传教，办报仅仅是传教的一种辅助手段，和医院、善堂、学会等一样，并不十分看重其盈利能力，甚至许多传教士报刊是免费向公众发行的。但是到了第二次鸦片战争以后，随着来华外国人群体的数量越来越多、越来越复杂，为了盈利而办报的企业家群体也开始出现，并成为中国报刊业的另一种现象。

商业报刊的诞生，对经济环境有着很大的依赖。外国人的商业报刊，首先诞生于香港，繁荣于上海，最终在通商口岸城市铺开。

第一份中文商业报刊诞生于1857年，名为《香港船头货价纸》，它是《孖剌报》的中文版。《孖剌报》诞生于1857年10月1日，由美国商人茹达和英国商人莫罗在香港创办。《孖剌报》本身就是一份英文商业报刊，因为到1857年，香港已经由小渔村变成了一个繁华的都市，并超越了广州成为华南地区的内外贸易中心。在这种情况下，对商业类信息的需求也变得旺盛起来。《孖剌报》本来的发行对象主要是在香港、广州等地的外国商人，但是他们很快发现，与外国商人进行贸易的中国商人同样也有着迫切的信息需求，因此在《孖剌报》创刊一个多月后的11月3日，他们又创办了中文商业报纸《香港船头货价纸》，后改名《香港中外新报》，这也是我国第一份中文日报。

香港既然出现商业报刊，那上海自然也不会落下太远。第二次鸦片战争以后，上海已经确立了当时全国的经济中心地位，报刊业中心地位也同样已经确立。1861年12月，上海中文商报《上海新报》创刊，创办人为英商字林洋行，在第一期的告帖中，他们直抒自己的创刊目的："大凡商贾贸易，贵乎信息流通。本行印此新报，所有一切国政军情，市俗利弊，生意价值，船货往来，无所不载。"明确提出商业发展对信息的迫切需求，它以商界信息为主，"是一张商情和广告报的样子"①。当然，在当时的中国，这份报刊的销量一直十分有限，仅仅局限在四百份左右，而且《上海新报》在发行十一年以后，就被另一份中国新闻史上著名的报刊所打败，这份报刊就是《申报》。

《申报》正是在与《上海新报》的激烈竞争中发展起来的。1872年，在中国经营药水和茶叶的英国商人安纳斯脱·美查（Ernest Major）想要投资扩大化，寻找新的行业增长点，经其买办陈莘庚的劝说，他决定投入报刊这一行业。3月，《申报》创办，然后跟属于商业报刊的《上海新报》展开激烈的商业竞争，通过低价发行、内容创新等手段，仅仅半年以后，《上海新报》就被迫关门，该报的用户都被《申报》取代，而《申报》也通过各种有效的针对受众的营销手段，最终成为中国近代史上一份著名的报纸，甚至成为中国近现代社会发展的记录者，被各个学科的学者共同关注。

在当时，《申报》最重要的功能体现，是对新的社会生活方式形成的影响。"昔吾闻西人美查君之创《申报》也，其时中国阅报之风未启，美查君艰难辛苦，百折不回。迄今报馆纷开，人知购阅，皆君之赐也。"②在《申报》之前，无论何种报纸，少则几百份，多则几千份，但总量都是相对有限的，这与报纸的定位有关：因为之前的报纸主要都是传教士所办的报刊，主要阅读对象都是有阅读能力的官绅阶层，这部分人的数量本身就相对比较少；而且在当时本埠发行为主的情况下，除了上海，很少出现一个城市里有几千人都具有阅读能力和支付能力的人群；加上之前的报纸对商业营销手段的不够重视，因此，报纸的发行量总是有限的。但是从《申报》开始，近代报刊业开始真正把读者放在重要的位置上，以商业的形式来不断提高报刊的发行量，不仅在本埠范围，而且在外埠范围，都想尽一切办法来提高销售量，最终的结果是："凡是留心时

---

① 马光仁主编：《上海新闻史（一八五○——一九四九）》，上海：复旦大学出版社，1996年版，第36页。

② 李伯元：《记本报开创以来情形》，见魏绍昌：《李伯元研究资料》，上海：上海古籍出版社，1980年版，第455页。

局的人，都被养成看报的习惯了。"[1]这种潮流文化现象的营造，以及因此而形成的对人们生活方式的转变和对外部世界认知的转变，是商业类报刊最主要的功能。

《申报》开创了一种新的成功的商业模式。1872年美查创办《申报》时，投入不过400两白银，《申报》成功以后，他又大力发展相关文化产业及其他实体，先后开办了点石斋石印书局、图书集成铅印书局、遂昌火柴厂、江苏药水厂等，到1889年改为股份公司时，总资本已经变成30万两白银。美查将其资本拆分为6000股，并将其中的2000股折现为10万两白银，带回英国。此事在当时名噪一时，美查也曾被吸纳为上海租界工部局董事。

美查的成功对后来者产生巨大的启示，商业类报刊纷纷出现，但最成功的是《新闻报》。1899年，《新闻报》的第二任主编福开森上任，他采用了区别于《申报》的做法——"重商轻政"，即充分发挥报纸在商业信息方面的传播功能，对政治则保持一种相对独立的态度。"主张明达之舆论，而又常持此明达之舆论于不衰：凡一切事业，足以助中国各界之进步者，无不助其张目；至若过情之论，又未尝不思有以阻尼之。"[2]这种办报方针使得《新闻报》很快成为商业人士的必读报刊，"俨然成为商业金融的机关报"[3]。

在市场竞争上，《新闻报》也采用了当年《申报》打败《上海新报》的办法，一是降低发行价格，每份报纸的售价仅需要7文钱，相比于《申报》的10文，具有很大的竞争力。另外，他还采用各种办法扩大外埠发行市场，如前文已经提及，在苏州市场，他采用了当天印刷当天起运的方式，使苏州、无锡、常州、镇江等地的读者能够与上海相隔不久地阅读到报纸，确立了自己的市场地位。福开森也因此获得了比美查更大的成功。他接手的第二年，《新闻报》销量增加到12000份，1919年到达45782份；1929年福开森出售其股份时，获得

---

① 胡道静：《上海的日报》，《上海通志馆期刊》第二年第一期，第242页。

② 胡道静：《新闻报四十年》，1948年9月16日《报学杂志》第一卷第2期。

③ 赖光临著：《新闻史》，允晨新闻传播丛书11，台北：允晨文化实业股份有限公司，1984年版，第52页。

70万元的收益，这还不包括其已经获得的每年的巨额分红，福开森也因创办报刊而成为百万富翁。①

当然，相比较传教士来说，外国商人办报的数量相对较少，但是从影响力来说，两者不相上下。如果说传教士主要采用自上而下手法的话，那么商业报刊则更注重普通民众的想法。

二、外国报人办报的中国化做法

自清代海禁政策实施以来，加上由于自给自足小农经济封闭性的影响，当时的中国，包括拥有知识量较多的士绅阶层在内，民众对外部世界的认知普遍不足，且有一种"天朝上国"的虚假的荣誉感。第一批传教士们在进入中国后不久，就很快发现了这一点，而且他们发现，是无法采用非常直接有效的手段来对中国民众进行传教的，因为中国民众对外来宗教持有一种戒备心理和批判态度。

因此，在近代报刊业的创办过程中，传教士们很快总结出一套行之有效的做法。在传播学中，有一种传播心理学效应叫作"自己人效应"。这种心理发生机制主要作用于传播对象的"自己人"认知方面。当两个不同个体或者群体之间进行传播时，如果被传播一方认可了传播一方，认为是自己人，那么传播难度就会大幅度降低，传播效果则会更加明显，有事半功倍的作用。譬如传统社会中普遍认可的同乡、同年、同科等做法，都是"自己人效应"的体现。

还有一种效应称为"预防接种理论"，即使被传播者预先接触到一些可能与其观点相对的信息，这类信息的强度不大，但可以使被传播者产生一种微弱的抵抗作用，这样的话，当被传播者接触到真正的相反观点或者不同观点时，不会立刻产生直接的、没有回旋的反抗，使双方能够开始沟通。

传教士认识到，在中国，在思想界、学术界、教育界、政治界等方面占有全面优势的，就是儒学体系。因此，自马礼逊开始，后续传教士的办报活动

---

① 方汉奇著：《中国近代报刊史》上，山西人民出版社，1981年版，第43页。

中，都把基督教教义附会于儒学，即用儒学著作中的一些经典名言来阐述基督教教义。米怜曾非常明确地谈道："对于那些对我们的主旨尚不能很好理解的人们，让中国哲学家们（即儒学家）出来讲话，是会收到好的效果的。"①通过对儒家经典的同向化解构，可以降低士绅阶层和其他民众的戒备心理，从而达成"自己人"的理解沟通，可以促使他们去阅读报刊里的其他内容。

在这种思想的指导下，传教士的办报行为中，主要体现了以下儒学色彩：

1. 传教士主编们的汉语名字

无论古今中外，名称都是十分重要的。后世的外国留学生来到中国以后，会延请他人，或自学以后，给自己起一个中国名字。"自己人效应"的一个重要方面就是首先要在名字上能够沟通。很难想象，在晚清时期，当中国人看到一份报纸上的主编名字为"W.D.约翰逊"时，他会是怎样的一种心理。这必然会对报纸的传播产生极大的阻碍作用。因此，从米怜开始，在报纸的创办过程中，都给自己起比较中式化的名字，而且这些名字本身要么来源于儒家主要精神，要么是对中国人的一种讨好。

如米怜在《察世俗每月统记传》上给自己的署名为"博爱者"，且只有这一个名字，并没有备注其英文名字。"博爱者"这个名字与儒家的"仁爱"精神是相同的，因此也很容易与信奉儒家的士绅达成沟通。米怜的助手麦都思在创办《特选撮要每月纪传》时，给自己的署名为"尚德者"，这与儒家尚德的传统又是相同的。郭士立在创办《东西洋考每月统记传》时，则更加直白地给自己署名为"爱汉者"，迎合中国受众的意图表现无遗。林乐知先给自己起了个中国名字叫林约翰，后来取中国名言"一物不知，儒者知耻"之意，更名为林乐知，表明自己对中国知识的喜爱和追求，更给自己取了字，叫作荣章，自称为"美国进士"。李提摩太则给自己取了字为菩岳。

这种入乡随俗的做法，使得他们虽然长相上不能改变，但是对于没有见过面，甚至已经见面的官绅阶层来说，看到金发碧眼的外国人有一个文雅的中国

---

① 引自1835年《中国丛报》第一卷，第301页。

名字，就能够很快拉近两人之间的距离，增进交流的效果。事实证明，这种做法确实在实践中收到了良好的反响，许多传教士与当时中国的知名官绅存在良好的交际关系。

2. 采用儒家经典名言作为主旨或者报头

为了能够和中国的官绅民众更好地交流，早期的传教士在启程前往中国之前或者刚刚来到中国以后，首先要做的就是学习中文，不仅要会说汉语，还要学习儒家的相关知识。多数传教士来到中国以后，不是在中国仅仅停留几个月或者一两年的时间就走，而是停留二三十年甚至在中国去世，因此，他们对中国文化的认知不是停留在表面上，而是进行了深刻的钻研，并已经能够进行自如的运用。把儒家经典名言作为办报的主旨或者报头，就是其中的一种形式。

由于当时印刷技术的落后和纸张的问题，并且发行形式往往都是月刊，编辑周期比较长，因此，早期的近代报刊业，主要采用中文线装书的形式发行，并没有明显的报头设计。即便如此，在报刊的封面上，传教士往往会刻意引用孔子的名言，来达成对受众的传播。

如中国第一份近代报刊《察世俗每月统记传》，在其封面上，就印有一句话："子曰：多闻，择其善者而从之。"这句话具有非常明显的用意，也饱含了敦敦劝解，米怜知道该报主要是宗教报刊，虽然通过封面的"伪装"，可以使中国士绅能够进行阅读，但当受众看到里面的文字内容时，必然会产生极大的抵抗心理，因此，米怜刻意用孔子的这句经典来先期与受众沟通。这在传播学上，称之为"预防接种理论"。因为孔子的这句名言，其主要意思就是要让人们多学习不同的知识，听从不同的意见，从中选择有益于自身的接收，不利的则抛弃。因此，《察世俗每月统记传》上的这句话，一方面反映了马礼逊和米怜等当时对中国儒家文化的认知已经达到了一定的程度；另一方面，这种精准的选择，也表明了其希望中国士绅能够广开眼界、多加沟通的想法。

而在麦都思创办的《特选撮要每月纪传》，则有"子曰：亦各言其志也已矣"这样一句话。这句话同样来源于《论语》，但麦都思所选择的这句话，相比较于米怜来说，如果从沟通中国士绅阶层的角度，似乎略有不如，反而容易激起士大夫们的抗拒心理，但或许这也是一种激将法，可以刺激士绅的阅读动力。

郭士立的《东西洋考每月统记传》上，则选择了"人无远虑必有近忧"这样一句话。这也与郭士立创办该报的想法是一致的，因为他希望能够通过该报打破中国士绅的自大观念，实现中西方文明平等的交流沟通。因此，他刻意用忧虑意识来引起中国士绅的注意。

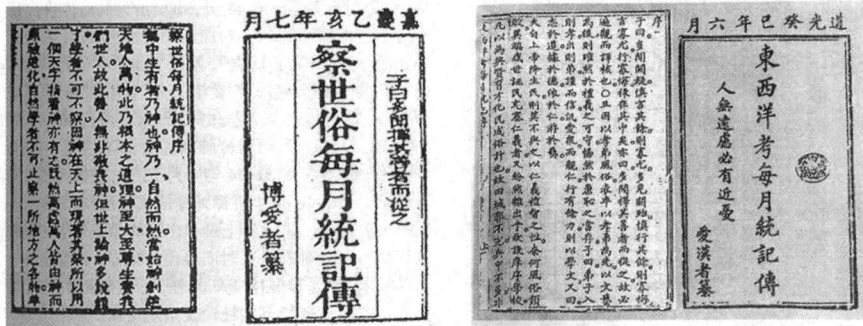

图4　《察世俗每月统记传》与《东西洋考每月统记传》封面书影

3. 写作手法和内容上的中国风格

在文稿的写作上，传教士们大量使用中国古典小说的表现手法，如大量采用章回体的写作方式，在文稿的结尾处会加上"欲知后事如何，且看下回分解"这样的中国小说的经典结尾句。另外，在文稿中，他们也会刻意引用儒家的名言警句和中国的俗语套话，来增加中国士绅阅读的熟悉感。

米怜在创办《察世俗每月统记传》之前，就已经认识到跨文化冲突和清政府愚民政策对中国民众思想上的禁锢，他曾记载："中国人民之智力，受政治之束缚，而呻吟憔悴无以自拔者，相沿迄今，二千余载，一旦欲唤起其潜伏之本能，而使之发扬蹈厉，夫岂易事？惟有抉择适当之方法，奋其全力，竭其热忱，始终不懈，庶几能挽回万一耳。"①因此，虽然《察世俗每月统记传》主要是为了传教，而且在内容上也确实有将近一半是宗教内容，但是米怜在写作手

---

① 戈公振著：《中国报学史》，上海：上海古籍出版社，2003年版，第77页。

法上，采用了"耶稣加孔子"的做法，将宗教宣传与儒家观点结合起来，甚至直接撰写大量宣传封建伦理道德的文章，如《论仁》《夫妻顺》等，在这些文章中，米怜以中国案例引出儒家观点，最后用基督教的教义予以印证，说明两者之间的一致性，从而打消中国受众的戒备心理。

麦都思在《特选撮要每月纪传》中，特别注意将中国的自然、人文地理状况与所介绍的地方进行结合、对比，增加中国读者的熟悉感觉。如在介绍爪哇的地理位置时，他在第一节"呼名"部分的第一句就是这样说明的："夫在中国之西南边，过天海，约四千余里，有一个海峡，名曰'咬嘴吧'。"①麦都思甚至使用了"咬嘴吧"这种颇为风趣幽默的中文名字，来引起中国人的兴趣。

郭士立在主编《东西洋考每月统记传》的时候，专门设立了一个专栏，刊载麦都思撰写的《东西史记和合》，东史就是中国史，从盘古开天辟地到明朝灭亡；西史就是以英国为主体的欧洲史，从上帝造天地到英国斯图亚特王朝。郭士立在编排上极富心思，他将每张内容分为上下两栏，上面是东史，下面是西史，两者的年份是大致相对应的，通过这种方式，就使得中国的读者能够一眼看到，西方拥有和中国一样悠久的历史和文明。在行文方式上，该报大量引用中国经典作为论说的依据，在第一期的告白中，开篇就连续引用孔子名言："子曰：多闻阙疑，慎言其余，则寡尤；多见阙殆，慎行其余，则寡悔。言寡尤，行寡悔，禄在其中矣""亦曰：多闻择其善者而从之。故必遍观而详核也"②，等等，不到八百字的告白，引用儒家名言不下十处。

马礼逊在翻译《圣经》时，采用了简明易懂的大众化语言，即当时被视为"俗话"和"普通话"的文言文，而不是只有少数人才能看得懂的古文。为了达到"每一个中国人，不论贫富贵贱，都可以自由地阅读它了"③的目的，他的做法是："在我进行翻译时，我曾苦心研究如何才可达到忠诚、明白和简洁的

---

① 见马光仁：《〈特选撮要每月纪传〉介绍》，《新闻大学》1982年第5期，第74页。

② 《东西洋考每月统记传》序，《东西洋考每月统记传》第一期，1833年8月（道光癸巳年六月）。

③ 〔英〕马礼逊夫人编，顾长声译：《马礼逊回忆录》，桂林：广西师范大学出版社，2004年版，第18页。

境界。我宁愿采用通俗的文字，避免使用深奥罕见的典故……我倾向于采用中国人看作俚俗的文字，不愿使用令读者无法看懂的文体。"①这些具体事例，都说明了以传教士为代表的外国人对中国文化的熟悉，也说明了他们在报刊处理上的精雕细琢。

4. 传教士们的外观打扮

为了能更容易地与中国人打交道，传教士们也对自身进行了外观的改造。例如，马礼逊初到中国时，就学习中国士绅的样子，身着长袍马褂，背后拖着一条长长的辫子，指甲也刻意留长，使自己在衣着和辫子上尽量与中国人一致；而郭士立为了能够更好地进入中国，曾经认一位华侨为"义父"，通过这种父子关系进入广州办报传教；李提摩太和夫人都穿着中国服装在各种场合中出现；美查和福开森也曾在中国人集会的场合中，以中国传统服饰来赢得与会者的认同感。

第二节　中国报人群体

晚清我国近代报人的产生和迅速增加，是报刊业勃兴的根本力量。以往的多是从个体的角度来关注办报思想及报刊作用，如对梁启超办报活动的分析评价，是学术界一直以来研究的热点，但是对于报人群体的研究，目前的学术成果相对不足。程丽红的《清代报人研究》②将清代报人置于社会变迁的主题中进行系统梳理与观照，揭示了报人对专制皇权的脱离以及对封建伦理的游离，进而转向近现代化，在此基础上，她对清代报人在中国报业近代化的构建与开拓作用，对其在中国社会发展史上的作为、贡献及应有的地位等做出了准确评

---

① ［英］马礼逊夫人编，顾长声译：《马礼逊回忆录》，桂林：广西师范大学出版社，2004年版，第154–155页。

② 程丽虹：《清代报人研究》，北京：社会科学文献出版社，2008年版。

判。赵建国的《分解与重构：清季民初的报界团体》①通过对1905至1921年报界群体活动史实的系统整理，在综合各类史料的基础上，着重关注报界的结社成派、参与社会政治活动、维护行业公益等有组织行为，着重探察其包括职业群体自认和国民意识提升两个层面的群体自觉进程，拓展了近代中国新兴社会群体史研究。

上述研究成果，都还是主要从报人办报成果及影响角度来展开论述的，但是，我国近代报人是通过何种途径聚合在一起？他们主要来源于哪里？其办报地点主要在何处？这种籍贯与工作地点的分离又说明了什么？其聚合方式在后期又发生了怎样的变化？对于我国报人的研究来说，这些问题或许可以更好地帮我们深入了解其产生和演变，进而更好地理解其办报主张及传播效果等。

一、地缘特征下的中国报人群体

为了更好地说明我国报人的产生途径和聚合方式，本文特意梳理了晚清147位知名报人的情况②，并对其进行了分析，详见附表1。

1. 报人籍贯主要集中在江浙和闽粤，两湖次之

同乡这种地缘关系是中国报人产生的主要途径。孙中山曾经说过："中国人乡党观念强而国家观念弱。"③以地缘为基础的乡党观念，是中国传统文化孕育的产业，更是自给自足小农经济内在需求的外化体现。中国封建社会就是一个典型的以家庭、宗族构建起来的社会形态，这种社会形态对社会的影响无处不在。即便在士人阶层，其各类活动也不可避免地"均被以一定地域为物理空间，以家庭和宗族为生活内容，以亲情、乡谊为情感空间，以政治教化为政治

① 赵建国：《分解与重构：清季民初的报界团体》，北京：生活·读书·新知三联书店，2008年版。
② 知名报人的选取来源：甘惜分编：《新闻学大辞典》，郑州：河南人民出版社，1993年；邱沛篁、吴信训、向纯武等主编：《新闻传播百科全书》，成都：四川人民出版社，1998年；尹韵公：《中国新闻界人物》，北京：中国人事出版社，2002年版，以及方汉奇等新闻史论著中专门提及的人物。
③ 孙中山：《民族主义》第5讲，《三民主义》，长沙：岳麓书社，2000年版。

实体的地缘意识所覆盖"①。中国古代社会，无论哪个阶层，要获得生存和发展，地缘是最为重要的一种聚合方式，也是最值得信任的一种人际关系模式。

"地缘意识或同乡观念成为清末政论报刊组织联系的一种方式，与历史背景和其独特的内涵相关。"②中国报人群体同样具有明显的地理特征，虽然由于报刊业的特殊性以及晚清中国社会的剧烈变革，这种地域性特征在后期也逐渐被打破，但是在中国报人的产生和发展过程中，地域特征一直是明显存在的。

从省份（包括外籍华人）来看，我国近代报人籍贯的地理分布主要如下：

表12　清代主要报人籍贯分布情况

所在地	广东	江苏	浙江	湖南	湖北	上海	福建	安徽	四川	北京	河北
人数	44	24	15	10	9	8	7	6	6	2	2
所在地	陕西	日本	美国	不详	山西	台湾	天津	云南	泰国	新加坡	
人数	2	2	2	2	1	1	1	1	1	1	

从地理分布情况可以明显地看出，当时报人主要集中在江浙和闽粤两个地带，其中广东拥有最多的近代报人44人，江苏和浙江分别是24和15人，两者相加，共为83人，占147人总人数的一半还要多。同在长江流域的两湖次之，分别拥有10人和9人。紧接其后就是近代报刊业的中心上海，诞生了8位本地报人。福建、安徽和四川分别拥有7、6、6人。但是北京作为首都，和河北、陕西等省份一样，都仅有2位报人出现。特别需要指出的是，在美国、日本、泰国、新加坡也诞生了华裔报人。

2. 报人工作的主要城市

报刊业与其他产业不同，前文已经提及，晚清时期，报刊业主要是依附于城市而发展起来的，因此，报人要从事这份工作，也就必然要脱离乡土，集中到报刊业所在的城市。

---

① 冯尔康等：《中国宗族社会》，杭州：浙江人民出版社，1994年版，第345页。

② 唐海江：《同门、省界与现代政治价值认同——清末政论报人组织离合的政治文化分析》，《新闻与传播研究》2006年第3期，第32页。

通过对上述147位主要报人工作地点的统计，我们可以得出如下结果（部分报人拥有多个工作地点）：

表13　清代主要报人工作地点情况

地点	上海	日本	广州	香港	北京	新加坡	汉口	美国
人数	75	38	22	20	12	10	9	8
地点	天津	杭州	长沙	缅甸	苏州	无锡	重庆	成都
人数	5	4	3	3	2	2	2	2
地点	福州	泰国	加拿大	合肥	台湾	澳门	马来西亚	
人数	2	2	2	1	1	1	1	

从晚清我国报人主要工作地点来看，很明显出现了与籍贯的背离。其中，报人工作地点最为集中的城市是上海，其次是日本，由于19世纪末20世纪初赴日留学的猛增以及革命思潮在留日学生中的传布，日本成为对中国输出革命思想的近代报刊的第二大集中地；广州和香港作为最早开放也是近代报刊发源所在，报人数量也比较多；值得注意的是，辛亥革命前，在新加坡、美国、缅甸等外国办报的中国报人也不断增加；汉口和天津作为中国最主要的租界城市，同样是国人办报的主要选择地；其他城市也拥有不同数量的报人。

但是整体来看，报人向上海、广州和香港的流动是非常明显的。因为从籍贯来看，上海本地知名报人仅有8位，但在或者曾经在上海工作的外地报人数量达到了75人之多；出生于日本的中国报人只有2位，但是在日本创办中文报刊的报人有38位之多；香港作为被英国政府直接管辖的地方，是华南地区报人的主要办报城市和进退之间的中转站；北京虽然本地出身报人少，但是作为全国中心，特别在辛亥革命前，是革命党人秘密办报的首选之地。

二、地缘特征下的江浙和闽粤报人

"江浙文风鼎盛，为全国之冠……今既停止科举，考试无用，仕途湮塞，举子弃学，儒师失业，各奔谋生之路。别无他能，只有就近奔赴江海口岸，卖文求活，乃不能不弃八股而著小说。因是多用笔名，不肯暴露真名。适报刊发达，相得益彰，得风气之先者，成名最速，然此名已非彼名也。略考此期通俗文学作者，多流寓于通商口岸，又多为江、浙、闽、广四省文士，且多为举人秀才，岂是偶然而有？"①王尔敏专门提到，在上海从事报业工作的，主要是"江、浙、闽、广四省文士"。1900年以前的中国报人群体，主要来自两个区域：江浙一带和闽粤地区。这两个地区之所以盛产报人群体，有着复杂的原因：

1. 从边缘到中心——报人社会地位与报人籍贯关系探析

按照一般的逻辑来说，我国最早出现报人群体的地方应该是广东。因为有清一代，广东作为被迫开放之前唯一的进出口城市，拥有较全国其他地方更早的对外部世界的认知，也是最早接触到近代报刊的地区。而且，林则徐主持禁烟时，曾在广东专门进行了译报活动，并在士人阶层中进行了私谊网络的传播，到魏源、徐继畲等撰写相关地理著作时，也对外国人所办报刊多有引用。

当时，西方国家的报刊业已经获得社会主流的认可，并成为影响社会发展的一股强大力量，记者甚至因此有了"无冕之王"的称呼。梁启超曾论述西方国家的报刊业和报人，报刊业受到国家的保护和民众的喜爱，"国家之保护报馆，如鸟鬻子；士民之嗜阅报章，如蚁附膻"，报人则拥有极高的社会地位，"故怀才抱德之士，有昨为主笔，而今作执政者；亦有朝罢枢府，而夕进报馆者"。②报人已经实现了政界的互通，主笔成为政府高官或者反向为之的，屡见不鲜。

但是，在晚清中国，情况则完全相反。封建社会强大的惯性对社会产生了巨大的束缚，一直到维新运动之前，在中国士人眼中，办报是"末流文人"所为。第一份近代报刊出现以后的第六十年，即1875年，著名大报《申报》曾有这样的记载："笔墨生涯原是文人学士之本分，既不能立朝赓歌扬言，又不能

---

① 王尔敏：《中国近代文运之升降》，北京：中华书局，2011年版，第74页。

② 梁启超：《论报馆有益于国事》，《时务报》1896年8月9日。

在家著书立说，至降而为新报，已属文人下等艺业，此亦不得已而为之耳。"①
当时，凡是文人做了报人的，"一般报馆主笔、访员在当时均为不名誉之职业，
不仅官场中人仇视之，即社会上一般人，也以其搬弄是非而轻薄之。"②也就是
说，当时的中国报刊从业者，被人视为摆弄是非的小人，不仅被官绅阶层所鄙
视，甚至连社会上的普通人也看不起。左宗棠就曾经说过"江浙文人无赖，以
报馆主笔为其末路"③，这样的话语。

在这样的社会环境下，报刊从业者也自视甚低，对自己所从事的职业讳莫
如深，不愿意向他人透露自己的工作。姚公鹤对此也有记载："吾乡沈任诠君，
光绪初年即就沪上某报之聘，转辗蝉联，至光绪末年而止，然对人则嗫嚅不敢
出口也。"④光绪帝在位时间为从1875年到1908年，已经到了清末时期，甚至还
有人不愿自承为报人，可见报人群体的社会地位。

不仅报刊从业者的社会地位低，收入也相当菲薄，而且办公条件也十分简
陋。曾在《申报》工作的雷瑨就曾记载："房屋本甚敝旧，惟西人办公处，尚
轩爽干净。吾辈起居办事之室，方广不逾寻丈，光线甚暗，而寝处、饮食、便
溺等悉在其中，冬则寒风砭骨，夏则炽热如炉。最难堪者，臭虫生殖之繁，到
处蠕蠕，大堪惊异，往往终夜被扰，不能入睡。馆中例不供膳，每日三餐，或
就食小肆；或令仆人购于市肆，携回房中食之。所谓仆人者，实则馆中司阍而
兼充主笔房同人差遣奔走，并非专司其事之馆役也。薪水按西历发给，至丰者
不过银币四十元，余则以次递降，最低之数，只有十余元。而饮食、茗点、茶
水、洗衣、剃发与夫笔墨，等等，无不取之于中。生涯之落寞，盖无有甚于此
者。"⑤甚至连当时报纸的发行都被人视为乞丐行为，"而此分送之人，则唯承
受惟谨，及届月终，复多方善言乞取报资，多少即亦不论，几与沿门求乞无

① 《论新报体裁》，《申报》1875年10月8日。
② 姚公鹤：《上海报纸小史》，《东方杂志》，1917年，第14卷第6号。
③ 姚公鹤：《上海闲话》，上海：上海古籍出版社，1989年版，第35页。
④ 同②。
⑤ 雷瑨：《申报馆之过去状况》，见申报馆编：《最近之五十年》，申报馆，1922年版，第27页。

异。"①

2. 江浙和广东的报人群体

虽然晚清最早开放的地区是广东，但是就近代报刊业的发展情况来看，江浙报人要早于闽粤群体出现。原因如上文所述，虽然广东在很长一段时间里是整个中国的贸易出口城市，而且最早的中文报刊也是在广州创办，但是外国人办报群体长期占据主体地位，广东本地人办报群体要到维新运动时期才出现。

江浙地区反而是最早出现报人群体的。江浙地区报人群体的出现，有如下原因：

第一，当时上海已经成为全国报刊业的中心。

我国最早的国人报纸是1873年在汉口创办的《昭文新报》，但是该报的发行量极小，影响力近乎没有，而且也很快停刊。真正意义上的国人第一报应该是王韬于1874年在香港创办的《循环日报》。第二次鸦片战争以后，上海作为近代报刊业的中心地位已经确立，当时比全国所有其他城市报刊总和的两倍还多，而且报刊的种类繁多，宗教报刊、商业报刊、文学报刊等应有尽有，也拥有庞大的、具有消费能力和阅读能力的受众，因此，上海报业的繁荣给了江浙地区文人一条新的谋生渠道。如王韬就出生于苏州府长洲县，在去上海探望父亲期间，参观了墨海书馆，并于父亲去世以后加入墨海书馆，开展了西方书籍的翻译活动，并广泛参阅了大量报刊，形成了近代报刊的意识。

第二，新式学堂的兴起以及科举制停办的影响。

传统中国社会的四民，即为"士农工商"，其中士是排在第一位的，通过科举制进行选拔。因此，科举制不仅仅是选官制度，也是教育制度，可以促使社会阶层特别是下层向上层的流动，这对封建社会的稳定统治有着重要意义。如果科举制不行，则意味着向上通路的阻塞，社会影响至为深远。20世纪初，以张之洞、袁世凯等为首的朝廷大员，借鉴维新派开办新式学堂的建议，不断

---

① 姚公鹤：《上海报纸小史》，《东方杂志》，1917年，第14卷第6号。

向朝廷上述要求更弦改辙，普及新式学堂，培养新型人才。

1905年，清政府明确1906年开始停办科举。"科举初停，学堂未广，各省举贡人数不下数万人，生员不下数十万人，中年以上不能再入学堂……不免有穷途之叹。"[①]也就是说，年龄略大的生员，已经不能进入新式学堂就读；即便能够进入新式学堂就读，因学堂的师资、经费、校舍等这种转型期的困蹇，也不能够迅速取得进身之阶。

有数据统计，自咸丰十年（1860年）到光绪三十一年（1905年）这46年间，仅湖北就新增士绅约四万八千人。[②]即便是张之洞作为新式学堂的首倡者，在湖北广兴新式学堂，也仅有2万余人接受过短期或者长期的新式教育，而且主要是以15到30岁的年轻举贡生员为主的。[③]而那部分既不能通过传统科举走上仕途，又不能或者不会接受新式学堂的，就成为夹在改革中间的牺牲者，很快流落为社会的"边缘群体"。他们通文墨但不能出仕，因此兴办报纸或者在报馆工作就成为一种新的选择。

第三，江浙一带风气的开明。

"江浙文风鼎盛，为全国之冠……今既停止科举，考试无用，仕途湮塞，举子弃学，儒师失业，各奔谋生之路……适报刊发达，相得益彰，得风气之先者，成名最速，然此名已非彼名也。略考此期通俗文学作者，多流寓于通商口岸，又多为江、浙、闽、广四省文士，且多为举人秀才，岂是偶然而有？"[④]从上文看，江浙一带社会风气的开明，使得文人在不得已的情况下，愿意从事报刊工作。

因此，以江苏为例，当时的报人数量就在全国位于前列。1919年之前（前文所提主要截至1911年），江苏省在全国具有一定影响力的报人数量达到81人，

---

① 朱寿朋：《光绪朝东华录》第五册，北京：中华书局，1958年版，第5488页

② 苏云峰：《中国现代化的区域研究——湖北省（1860—1916）》，台湾："中央研究院"近代史研究所，1987年版，第456页。

③ 同上，第471页。

④ 王尔敏：《中国近代文运之升降》，北京：中华书局，2011年版，第74页。

从地域分布上看，苏州最多，常州、上海、无锡、扬州次之，苏北地区的报人数量最少。这是因为当时苏南地区经济发达，而苏北地区相对落后，文人的数量比较少，因此报人的数量也相对逊色，但是就江苏省籍的报人来说，在全国首屈一指。

表14　清末江苏籍报人的籍贯情况①

籍贯	苏州	常州	上海	无锡	扬州	南京	南通	盐城	淮安	徐州
人数	27	17	15	9	7	2	1	1	1	1
比例	33%	21%	19%	11%	9%	2%	1%	1%	1%	1%

而对广东和福建来说，这两个省份自明清以来，就是海外移民的主要来源省份，航船以及外贸等商业活动使他们也充满了冒险精神，加上这两个地方是我国最早对外开放的地方，西方人把远离政治中心的广东作为最早的活动中心，而香港更是他们宗教、经济、政治活动的基地。因此，维新派中的广东籍报人受到西方思想影响最为显著，代表人物是康有为和梁启超。

从籍贯上看，维新派的主要报人有康有为，广东南海人；梁启超，广东新会人；严复，福建侯官人；汪康年，浙江钱塘人；谭嗣同，湖南浏阳人；康广仁，广东南海人；麦孟华，广东顺德人；唐才常，湖南浏阳人；徐勤，广东三水人等人。康有为以同乡、同门为纽带，带出了一个著名的广东报人群体。

而福建报人群体主要体现在革命派活动时期，主要体现在南洋地区。

三、报人籍贯与工作地点的背离

报人的跨地域流动现象，是由报刊出版地引起的。报刊出版地就是信息的生产地，作为从业人员的报人，必须要集聚在出版地附近，才能够做好出版发行工作。因此，无论是出身于江浙一带还是闽粤一带的报人，其从业地点都与籍贯地之间存在一定的差异。

第二次鸦片战争以后，上海已经确立了报刊业的中心地位，但是从当时的

---

① 数据来源于：尹韵公：《中国新闻界人物》，北京：中国人事出版社，2002年版。

社会风气考虑，国人办报热潮尚未出现。作为办报第一人的王韬，从上海租界出逃到香港以后，特别是经过1867—1870年，这三年时间在欧洲的游历，使他深刻认识到报刊业的巨大威力，因此，苏籍出身的王韬，在香港创办了《循环日报》。

此时的上海虽然没有国人自己作为发行人来办报，但是在报刊及相关行业工作者却不为少数。上海早期报刊从业者主要来源于以下四类人群：

一是在教会的相关文化宣传机构中工作的，如在墨海书馆工作的王韬、李善兰，在《万国公报》和广学会工作的沈毓桂、任廷旭、蔡尔康，在圣约翰书院教书的颜永京等；二是在外国商人所创办的相关文化机构工作的，如在《申报》馆、《新闻报》馆工作的钱昕伯、黄式权、袁翔甫、高太痴、韩邦庆等，在《点石斋画报》工作的吴友如、张志瀛等；三是在洋务派等国人自办的文化机构中工作的，如在江南制造局翻译馆工作的徐寿、华蘅芳、徐建寅、赵元益，在广方言馆教书的舒高第、顾文藻、黄致尧、刘彝程，在梅溪书院、南洋公学教书的张焕纶；四是靠知识独立谋生的，如以卖画为生的任伯年、胡远，先以卖文为生、后来编报的邹弢，以及自办小报、靠文字换钱为生的李伯元这样的人。

在上述这些人中，除了张焕纶、蔡尔康、黄式权等少数几个人，绝大多数都是从外地来到上海的，来沪时间大多在十九世纪五六十年代，因为逃难、谋生等多种原因来到上海。如前文所述，早期文人从事报刊行业，在当时实属末等文人的做法，因此，这些人稍有机会，都会离开报馆，去从事其他行业。

而到了19世纪末20世纪初，科举制的废除与上海租界的兴盛，使得江浙地区大量的文人士子纷纷涌入上海，真正的国人办报热潮开始出现。鲁迅先生曾记载："上海过去的文艺，开始的是《申报》。要讲《申报》，是必须追溯到六十年以前的。但这些事我不知道。我所能记得的，是三十年以前，那时的《申报》，还是用中国竹纸的，单面印，而在那里做文章的，则多是从别处跑来的'才子'。"①作为重要江海口岸城市，同时又拥有发达的报刊业，因此，江苏、浙江、福建、广东等地的举人秀才等纷纷聚集在上海，带动了报刊业的大繁荣。"适报刊发达，相得益彰，得风气之先者，成名最速，然此名已非彼名也。略考此期通俗文学作者，多流寓于通商口岸，又多为江、浙、闽、广四省文士，且多为举人秀才，岂是偶然而有？"②

表15　清代所有江苏籍报人的城市分布情况③

城市	上海	武汉	苏州	无锡	北京	其他
人数	62	4	4	2	2	7
比例	77%	5%	5%	2%	2%	9%

　　在维新运动期间，广东籍报人的主要活动地点先是在北京，后来又转移到上海，当戊戌变法失败以后，康有为、梁启超等康门门人纷纷出逃国外。而事实上，福建、广东籍报人作为一个群体，其更重要的作用发挥是在辛亥革命前期。

　　受下南洋以及被贩卖到美国等历史和现实因素的影响，福建和广东籍报人的主要活动地点是在南洋和美国地区。"在福建华侨最为集中的东南亚，一批极具使命感的福建华侨，促成了辛亥革命时期海外第一个办报高潮。"④他们在南洋以及美国创办了多份中英文报刊，宣传革命思想，鼓动参与斗争，对当地华侨支持辛亥革命发挥了巨大作用。

　　中国近代报刊史上还有一个特殊的报人地域流动现象，就是留日学生在日本的办报活动。

　　19世纪末期，为了在节约经费的前提下更好地学习西方的先进技术和制度，官方开始向日派出留学生。戊戌政变失败和新式学堂兴办以后，更有不少

---

① 鲁迅：《上海文艺之一瞥》，见《鲁迅全集》第四卷，北京：人民文学出版社，1981年版，第291–292页。

② 王尔敏：《中国近代文运之升降》，北京：中华书局，2011年版，第74页。

③ 数据来源于：尹韵公：《中国新闻界人物》，北京：中国人事出版社，2002年版。

④ 刘琳：《福建华侨报人在辛亥革命中的地位与作用》，《闽江学院学报》2013年第6期，第11页。

青年士人，或是因为不满国内的统治，或是为了寻找新的出路，或是为了学习西方的先进，开始远赴日本留学。1903年出台的《癸卯学制》，提出了以省为单位向日本派出官费留学生的方案。在这样的背景下，在日本的各省留学生纷纷开始组建同乡会，而维系同乡会的主要方式之一就是创办以省命名的报刊。

早期的各省留日同乡会，"乡土意识要远远大于阶级意识等其他认同"①。《江苏》杂志曾宣告："国之亡也亡于不能群。而惟爱力足以救之。虽然，人未有不爱其亲而能爱其乡党邻里者，即未有不爱其乡党邻里而能爱国者。今之人竞言爱国矣，吾言爱国必自爱乡始。"②一大批本省学生办本省命名报刊的热潮出现，《湖北学生界》《浙江潮》《直说》《江苏》《四川》《河南》《江西》《新湖南》《浙江潮》《秦陇报》《洞庭波》等一大批报刊纷纷问世。

四、从同乡同省到志趣相投

但是，"政治文化转型对清末政论报刊组织的现代发展的意义当属难以估量。门户意识和省界意识本身就属传统政治文化层面含义的因素，是以民本主义和王权主义为核心的传统政治文化在学缘和地缘上的实施"③。政治文化的转型，就是指现代西方政党制度文化对地域文化的冲击，特别是在清末我国报刊主要类型为政论报刊的背景下，这种党派利益大于地域纽带的观念，冲击和扭曲着当时的中国报人，在痛苦的观念转变过程中，逐步实现了从同乡同省到志趣相投的转变。报人之间的认同，开始破除省界与非省界、门户与非门户的藩篱，开始把政治认同作为相互连接的纽带。

以曾经在晚清引起轩然大波的《苏报》案的编辑和撰稿人为例，这份报纸即汇聚了籍贯各异、身份经历截然不同的人：落职官员陈范祖籍贯为湖南衡

---

① 许小青：《癸卯年万岁——1903年的革命思潮与革命运动》，武汉：华中师大出版社，2001年版，第86页。

② 《江苏同乡会创始记事》，《江苏》第1号。

③ 唐海江：《同门、省界与现代政治价值认同——清末政论报人组织离合的政治文化分析》，《新闻与传播研究》2006年第3期，第36页。

山，生长在江苏常州；没有任何功名的国学家章太炎则来自浙江余杭；青年知识分子章士钊是湖南长沙人，邹容则是四川巴县人，龙泽厚是广西临桂人。但是这些人为了共同的志向和旨趣，汇聚在《苏报》。甚至《苏报》案发，当章太炎被抓以后，邹容、龙泽厚也主动投案自首，这在当时被传为佳话。

由于报刊在晚清国人办报热潮中，被赋予了启蒙、救亡的政治使命，因而大量有志改良的知识分子也投身到报刊业之中，甚至连以往地位相对显赫的举人、进士都有跻身报业。王先明于1987年辑录的20世纪初"从事编辑职业的绅士情况表"里，仅统计的48名主笔、编辑与记者中，就有进士2人，举人14人，共42人拥有功名，属于士人阶层，这个比例可以说是非常高的。①而在对147位主要报人的统计中，就有康有为、蒲殿俊、蔡元培、夏曾佑、宋育仁、蒋芷湘等六位进士。作为清朝大员的张之洞，他虽然没有直接投身创办报刊，但包括《时务报》在内的多家报刊都曾经受过他的资助，在多次上书朝廷中对近代报刊业也多有评论，客观上支持了报刊业的发展。湖南巡抚陈宝箴对南学会的成立以及《湘报》《湘学报》也给予大力支持。上海道台冯焌光于1976年用库银兴办了《新报》，国人称之为"官场新报"，外国人则把这份报刊称之为"道台的嘴巴"。曾长期供职于清政府驻欧使团的陈季同，在被召回国后，于1897年联络寓居于上海的官绅达人，共同捐资创办《求是报》，成为维新报业中的重要力量。康有为、梁启超、严复、谭嗣同、唐才常、汪康年、蔡元培、于右任等"魁儒硕士"加盟报业，则使报人的社会地位脱离了之前"落魄文人"的境地，得到了空前提高。

不仅仅在政治方面，在文学方面，地域性也逐渐被放弃，同道中人成为判断身份和识别敌我的主要依据。如创办《新小说》杂志的吴趼人、创办《游戏报》的李伯元等人，虽然不是直接讨论政治，却也不只把报刊当作迎世媚俗、表达复杂人生情感的工具，而是体现出一种独树一帜的、有别于传统的文化追求，他们以文学作品作为鞭挞和谴责社会的工具，也在一定程度上影响着晚清

---

① 王先明：《近代中国绅士阶层的分化》，《社会科学战线》1987年第3期。

社会的变迁。"从身份变异来看，传统文人交际网络的主体绝大部分是处于儒家价值观念体系之内的士子文人，处于同一文社之内的文人往往存在着地域性与血缘性的私谊关系。因此，传统文人的交际网络亦可以看作是家族网络、友朋网络、师生网络、同年网络、社友网络等，而沪上文人所建构的文学交际网络主体却是从科举制度中逃逸出来的失意文人；从地域范围来看，他们是从江浙地区流向沪滨口岸的洋场才子，传统文人交际网络的家族性、血缘性色彩被都市的陌生化、现代化特征所取代；从价值观念来看，他们或主动或被动地逃逸了科举制度体系，'修身治国齐家平天下'的儒家价值观念在他们的意识中颇为淡泊。"[①]显然，报刊业为晚清有志于改良的士绅阶层搭建了一个平台，使这些刚刚从传统中游离出来的知识分子能够纵情追求政治的乃至事业的理想，在凭靠公共舆论的影响获得较高社会声誉的同时，成为变革社会的主力。这种士绅阶层投入办报活动的行为，也是后来辛亥革命成功而社会未产生极大混乱的原因之一。

第三节　小　结

中国第一批报人办报的主要内容是论政，办报宗旨是救国，这是传统文化和当时国情两个因素共同作用的结果。

首先，深受儒家文化影响的中国士大夫阶层，本身就有论政的传统。儒家文化有"穷则独善其身，达则兼济天下"之语，也有"修身、齐家、治国、平天下"之说，儒家的这种入世精神，要求士大夫要积极参与国家政治的讨论，而"通过议论政事抒发理想愿望，则是实现入世目标的重要手段和重要途

---

① 华宏艳：《早期〈申报〉文人唱酬与交际网络之构建》，《华南师范大学学报（社会科学版）》2013年第4期，第140页。

径"。①如果说，新闻业诞生之前的士绅阶层是通过群体传播来展开议政的话，那么近代报刊业的出现，以及它带来的"公共空间"，为他们进行议政提供了最佳的平台。"近代报刊引导舆论的功能也为中国的知识分子所认知，一批精英知识分子便迈进了报人的队伍，自此中国报刊'文人论政'的风格也渐成气候。"②

另外，中国传统知识分子论政的积极性和迫切性，也与当时国情有着密切关系。鸦片战争以后，国门洞开，西方世界第一次相对完整、清晰地展示在国人面前，而且是以战胜国的姿势，俯视当时中国。一直以来沉浸在"天朝上国"幻觉中的封建王朝广受震动。面对这样的情况，当时的社会各阶层有着不同的应对，但对开始正视世界的开明人士来说，他们开始逐步对探索和认识"陌生"的西方，并在这种开眼看世界的过程中，产生一个重要的转变，那就是开始学习和认知西方文化，并力求将之与中国文化相融合，魏源于1842年编撰的《海国图志》明确表示是为"师夷长技以制夷"而作。从这一时期开始，直至新文化运动开启，当时的士绅阶层开始了一个重要的转变，即由传统儒家知识分子转向近代知识分子。

而从职业选择来说，古代中国，"士"这一阶层与社会道统、统治政权之间有着天然的血脉联系。无论是唐太宗"天下英雄，入我彀中矣"的得意，还是"朝为田舍郎，暮登天子堂"的张扬，都说明仕途是士人最主要的职业道路。即便不能入仕，也有教师、医生等职业可以选择。

中国最早的一批国人报刊业从业者，是中国传统士人转任而来。19世纪70年代，部分仕途失意的士人，迫于生计的压力，开始寻找新的出路。他们职业选择中的一种，就是在外国传教士所办的报纸中担任职务，其主要工作岗位是编辑或者翻译，至于记者这一职业，则要延迟至民国初年才正式出现。但无论如何，近代意义上的中国职业报人也是由此产生，其中部分人后来甚至走上了

---

① 赵云泽、涂凌波：《"文人论政"与"新闻专业主义"：精神的区隔与认同》，《现代传播》2010年第10期，第40页。
② 同上，第41页。

独立办报的道路。

从浙江报人、闽粤报人，到最终在中国境内各地出现的报人，遍及全国的报人群体，在各个领域、各个层面上相互呼应，逐渐超脱了地域，而凝聚成民族共识，这种对地域的超脱，也是近代报刊业发展中的一种独特现象。

第五章

世界之中国：报刊的环境建构功能及影响

1901年，梁启超在《中国史叙论》一文中，将中国史区分为中国之中国、亚洲之中国和世界之中国三个阶段，其中关于"世界之中国"部分的记载如下：

> "自乾隆末年以至于今日。是为世界之中国。即中国民族合同全亚洲民族。与西人交涉竞争之时代也。又君主专制政体渐就湮灭。而数千年未经发达之国民立宪政体。将嬗代兴起之时代也。此时代今初萌芽。虽阅时甚短。而其内外之变动。实皆为二千年所未有。故不得不自别为一时代。实则近世史者。不过将来史之楔子而已。"①

梁启超认为，"世界之中国"阶段是二千年未有的大变局，这一阶段的显著特征是中国从"天朝上国"成为世界各国中的一个普通国家。关于近代中国与世界的关系，相关的论著已经十分丰富，②但以往研究主要在于清末士绅在认清中国与世界差距以后的因应方面，而对于"世界"观念及图景是通过何种途

---

① 梁启超：《中国史叙论》，《梁启超全集》第1卷，北京出版社，1997年版，第453-454页。

② 代表性论著有：胡维革：《天朝意识与近代中国学习西方的坎坷历程》，《长白学刊》1993年第1期，第88-90页；罗志田：《天下与世界：清末士人关于人类社会认知的转变——侧重梁启超的观念》，《中国社会科学》2007年第5期，第191-204页；许纪霖：《天下主义/夷夏之辨及其在近代的变异》，《华东师范大学学报（哲学社会科学版）》2012年第6期，第66-75页；赵兵：《"世界潮流"：清末民初思想界的一种世界想象》，《人文杂志》2015年第4期，第94-101页。

径进入中国并获得广泛传播，以及何种传播工具在其中发挥着重要的作用，则回答相对不足。"世界"观念在中国传播进程中，近代报刊在其中发挥着至关重要的作用，它们不仅反映了当时来华外国人对中国的认知，更重要的是将"世界"的真实情形刊载出来，并通过有效的发行传播给中国读者，由此影响着中国士绅及其他阶层对中国与世界关系的认知。

第一节　晚清外国人的中国印象及世界观念的传播

迈克·布朗在其《文化地理学》一书中，专设了《文学地理景观》一章（第四章），他谈道："在过去的20年中，地理学者们对不同类别文学形式的兴趣不断增加，他们把这些形式看作是研究地理景观意义的途径……文学与其他新的媒体一起深刻影响着人们对地理的理解。"[1]在这里，布朗谈到了文学作品在地理表达方面的两个功能，将家乡的地理图景传播给外部世界和将外部世界的地理图景传播给本地受众。在第一个功能方面，他提出："特别是人文地理学，它正在试图将人的感受重新作为地理学的中心议题。同时也包括让人们讨论自己对地方的亲身体验，自己的生活，以及对世界的认识。人文地理学的学者们很快意识到，文学作品中的描述同样涵盖了对地区生活经历的分析。在这一方面，我们可借助小说了解想象中的地方，或领略用文字描绘出的地方。"[2]而对于后一个功能，迈克·布朗使用了"家与外面的世界：空间描写的结构化"作为一个小标题，专门予以论述："文学作品或多或少揭示了地理空间的结构，以及其中的关系如何规范社会行为。"[3]

晚清时期，外国人对中国的印象，也出现了一种从仰慕到鄙夷的变化。这

---

① ［英］迈克·布朗著，杨淑华、宋慧敏译：《文化地理学》，南京：南京大学出版社，2005年版，第54-55页。

② 同上，第56-57页。

③ 同上，第62页。

种变化的产生，是对中国文学想象和现实情况矛盾冲突之后的破灭。梁启超的三段论中，"世界之中国"之前，分别是"中国之中国"和"亚洲之中国"，也就是说，在前两个阶段，中国文明都要远远超出同时代其他国家和地区的文明，中国文明的先进性属于一骑绝尘的情况，环视其他地方，没有能够与中国文明相提并论的情况存在，因而出现了"中国以外皆蛮夷"的认知。这种认知不仅是中国人的自认，同时也在其他国家来访者及其文学作品中有所体现，比如《马可·波罗游记》等文学作品就对中国文明大加赞赏，而这类作品在西方社会的广泛传播，也带来了当地人对中国的想象。在他们的观念中，中国是一个富裕、文明的国度。

但是来到中国以后，晚清中国的现实情况，与他们之前的中国想象所形成的鲜明对比和反差，使得外国人对中国的态度迅速发生转变。

一、清晚期外国人眼中的"中国"

1. 对当时中国"天朝上国"认识的批判

在漫长的发展史上，基于政治、经济、文化等方面的优势，中国很早就形成了较为明显的夷夏之辨、胡华之别，即存在明确的华夏和夷狄蛮戎之分。这种区分，既体现在价值观念上，也体现在地理空间上。从价值观念上看，列文森曾指出："早期的'国'是一个权力体，与之相比较，天下则是一个价值体。"①许倬云也论及："所谓'天下'，并不是中国自以为'世界只有如此大'，而是以为，光天化日之下，只有同一人文的伦理秩序。中国自以为是这一文明的首善之区，文明之所寄托。"②而从地理空间上看，"天下由三个同心圆组成：第一个是内圈，是皇帝通过郡县制直接统治的区域；第二个是中圈，是中国的周边，是帝国通过朝贡和册封制度加以控制的藩属；第三个是外圈，是中

---

① ［美］列文森著、郑大华译：《儒家中国及其现代命运》，北京：中国社会科学出版社，2000年版，第84页。
② 许倬云：《我者与他者：中国历史上的内外分布》，北京：三联书店，2010年版，第20页。

华文明无法企及的、陌生的蛮夷之地。"①因此，对于刚刚来到中国的西方传教士来说，他们面对的是一个傲慢的老大帝国，遭受到各种批评和蔑视就成为常态现象。

郭士立在1833年创办《东西洋考每月统记传》时曾明确说过："尽管我们与他们（指中国人）有过长期的往还，可是他们却仍然自称是世界上第一个民族，而把其他民族看作是'蛮夷'。这种盲目自负，严重地影响了住在广州的外国居民的利益以及他们和中国人的交往……这个月刊是为维护广州和澳门的外国公众的利益而开办的。它的出版意图，就是要使中国人认识到我们的工艺、科学和道义，从而清除他们那种高傲和排外观念……（通过这份报纸）表明我们并非'蛮夷'……让中国人确信，他们需要向我们学习的东西还是很多的。"②郭士立的话语中，明显表露出一种愤愤不平的感觉。因为在他们看来，西方国家以及生活条件已经要远远优于当时的清朝，但清代的士绅阶层居然还是将他们视为"蛮夷"。郭士立创办报纸的目的，就是为了"使中国人认识到我们的工艺、科学和道义，从而清除他们那种高傲和排外观念……让中国人确信，他们需要向我们学习的东西还是很多的"③，这说明当时的士绅阶层对外部世界是如何得茫然无知。

孙立新所著的《19世纪德国新教传教士的中国观》一书，也通过对当时各类中国报道和资料等史料的收集整理，得出了这样一个结论：在19世纪，当德国新教传教士来到中国以后，其"中国观的基调是'灰暗的'，他们把中国看做一个巨大的、处于'悲惨'境地的'异教'国家，强调中国历史发展的'停滞'，批评中国图形文字的'不完善性'，抱怨中国的文献典籍缺乏'基督教的

---

① 许纪霖：《天下主义/夷夏之辨及其在近代的变异》，《华东师范大学学报（哲学社会科学版）》2012年第6期，第67页。
② 方汉奇：《中国新闻事业通史》第一卷，北京：中国人民大学出版社，1992年版，第267–268页。
③ 同上。

意识和精神'"①。不光如此，德国传教士在来临以前的中国想象与抵达之后的现实情况对比是如此得鲜明，以至于他们对中国经济发展的落后性、对中国民众的穷困性、对中国城乡规划的脏乱差等，都大肆批评，特别是他们"批评中国政府闭关自守、拒绝与西方国家交往的政策"，更谈到了"中国人的'仇外'心理和行动，并且认为中国官员和文人学者尤其憎恶外国人和外来事物"。②这样的认识并不是某一个传教士的观点，而是孙立新通过对当时资料的整理和分析以后得出的整体认知和判断。

美国传教士裨治文也曾与1838年撰写了《美理哥国志略》，当时是在马六甲刊印，鸦片战争以后，该书在广州等通商口岸非常受欢迎。魏源曾在《海国图志》中大量引用该书的内容。裨治文曾专门写道："予生于美理哥国之马沙诸些部中……于葛留巴新埠麻六甲、新嘉坡得逢唐人，领略华书七八载，叹华人不好远游，至我西国之光采规模杳无闻见，毫不知海外更有九州或者上帝之启，予心乎将使宣布播之，联四海为一家也。不揣固陋，创为汉字地球图及美理哥合省国全图，又将事迹风俗分类略书。百年而后流入中土，或有不耻下观者，其将击节叹喜乎？抑拉杂摧烧之乎？虽然，驰观域外之士，必不方隅之封而笑我已。"③他认为，中国人不喜欢到外部世界去游历，所以对西方国家的"光采规模杳无闻见"，根本不知道西方国家的先进与发达，更不知道整个世界到底是怎样构成的，所以他专门配了世界地图和美国地图。他甚至还有些担心，担心这本书在中国会被"拉杂摧烧"，但在最后，他还是乐观地认为：那些愿意观察了解外部世界的人，必然不会因为固步自封而耻笑他。

一直到清代末期，无论是传教士还是其他外国人群体，都有对中国"天朝上国"观念的记载以及相应的批判，这也说明了当时清政府的封闭程度。

---

① 蒋锐：《"他者"的映像——读〈19世纪德国新教传教士的中国观〉》，《史学理论研究》2003年第4期，第132页。

② 同上。

③ 《海国图志》序言，咸丰二年百卷本，卷59。

2. 对中国人的印象和认知

上海自开埠以后，外国人口不断增加，最多时曾有15万人之多，分别来自58个不同的国家和地区。他们在上海期间及以后，出版了数量可观的关于中国的外文报刊、杂志、书籍等。

《文汇报》是当时对上海记录较多的报纸之一。虽然该报是英文日报，但是该报主编克拉克认为，必须要深入中国社会的基层，深入中国人的生活之中，才能够有效地实现与中国人的沟通，增加了解。因此，《字林西报》当时记载了大量的对上海城市及周边地区的描绘。虽然该报现在颇多遗失，但幸运的是，曾有该报的相关文集出版，分别是1881年出版的《上海租界及老城厢素描》和1894年出版的《上海和周边地区概述及其他》。

1881年出版的《上海租界及老城厢素描》，收录有《文汇报》19篇文章，没有出版机构，作者题名为麦克法兰，没有出版机构。1894年出版的《上海和周边地区概述及其他》，收录有来自《文汇报》的26篇文章，该报创办人克拉克为之作序，出版机构为《文汇报》编辑部。这两本文集现在已经成为研究当时上海景观的重要文献资料。

这两本文集所收录的资料，时间跨度从19世纪70年代末到90年代初，记录了当时上海县城及租界的情况，也包括政府、工厂、文化生活等方面的介绍。

早期外国人对中国人的印象和认知，在英文版《文汇报》主编克拉克的相关文集中曾有体现。该文集也是《文汇报》中刊载的对当时中国的记录，曾有一篇文章写道："在我们的想象中，对中国人还存在着如下的刻板印象：脸如满月，胡子无力地下垂着，眼睛斜视，长长的辫子以及像佛塔一样的帽子，这些当然都是中国人的主要特征。他周边的环境也往往非常古怪：总有一两座佛塔，有无数的石桥横跨在数不清的水道上，树上垂挂着一簇簇蓝色的水果；淑女们穿着极其古怪的裙子聚集在一起，用巨大的折皱遮掩她们的脚和脚踝，光头的顽童们习惯性地翘着一只脚在莲花池中摸鱼。当欧洲人关注所谓中国事务时，十有八九会描绘出以上这样一幅场景。"①

这两本文集还包括对当时中国各省人的评价：

"在这里我们会遇到多面狡诈的广东人，他们有着典型的令人讨厌的中国人的品格，极端的自私和忘恩负义，洋人对他们而言意味着一切，他们会一直唆使前者去做一些无聊的事情；而更为坚毅的福建人作为海峡中的殖民者，看上去更值得尊敬；还有很多更圆滑的浙江人，他们中的大绝大多数出生于宁波和舟山，经常成群结帮，尽力扩大影响，但在生意上十分谨小慎微，或许可以被看作是中国的苏格兰人；此外，在这里我们还能碰到山西人，这是一个很大的群体，他们对于金钱非常感兴趣，是天生的金融贸易家，常被冠以'中国犹太人'的称谓；有些急躁的湖南人来自长江流域，他们认为湖南人代表了中国人的精神，他们的英勇把帝国从太平天国的动荡中拯救出来，而现在，在爱国主义的名义下，正在排挤可恶的洋人，他们杀戮传教士，切断电报线路，催生了像《对腐朽教条的致命一击》这样的作品；最后还有来自天津和北方的商人，他们看上去更加壮实，在生活方式上也更为随意，对于那些南方人激烈讨论的问题他们感到有些困惑：因为在他们看来，完全可以边做生意，边进行斗争。但无论如何，他们还是要比中部的伙计们更为大方。"②

麦克夫兰还刻画了不同工作的中国人，如黄包车夫、警察、医生、跟班等人群，并详细地记载了他们面对不同情况时的态度，例如，在描述黄包车夫时，他定性"大多数黄包车夫都是一脸苦相的坏蛋"，认为他们只关心车资的

---

① 见1894年英文版《文汇报》编辑出版社文集：《上海和周边地区概述及其他》。转引自王健：《19世纪80年代前后西方人眼中的上海城市社会》，《江南大学学报（人文社会科学版）》2015年第1期，第40页。

② 转引自王健：《19世纪80年代前后西方人眼中的上海城市社会》，《江南大学学报（人文社会科学版）》2015年第1期，第38页。

多少，如果是只能挣到一点点钱的本地人（中国人），就会缓慢而无力地拉车；而如果遇到的是带着手杖的外国人，那么"他就会以每小时七到八英里的速度前进"。他对中国警察、跟班、保姆等的描述同样如此。

总体来说，他们对国人的评价并不正面，认为中国人不仅在身体上营养不良，而且缺乏一种活力精神，并且没有良好的工作态度和技能。

3. 对中国城市景观的评价

当时的欧洲已经完成了第一次工业革命，相应的城市和乡村建设取得了相对发达的成果；而此时的中国已经并非是马可波罗时代的模样，在外国人的眼中，即便是上海这样在当时已经是繁华之所的地方，也乏善可陈。

在外国人关于上海的游记中，有两类建筑非常受人关注：一类是庙宇建筑，包括中国的文庙、城隍庙、关帝庙等在内，这些景观是外国人到了中国以后游览的必选之地。因为对于信仰基督教或者其他宗教的外国人来说，都怀有对异域宗教的基本好奇心，因而他们对中国本土的宗教或者类宗教建筑，包括神像、壁画等在内，都有着非常浓厚的兴趣；另外一类则是中国的园林建筑，在许多外国游记中，在谈到对上海豫园的印象时，他们认为这肯定是上海城内最令人愉悦、景观最为优美的地方，"这个由花草、树木、岩石、凉亭构成的安静的小园林如果能被移到水晶宫，肯定会引起极大的注意，它堆叠起来的假山就可以击败西德纳姆的任何东西。"①

但是，更多的则是外国人对中国街道、公园等景观的批判。

克拉克曾记载当租界道路修建一新以后，他对上海街道前后状况的对比。"独轮车仅仅在十到十五年前才被引入到上海地区。当时，除了外国市政当局修筑的道路以外，在这里没有像样的路，独轮车是唯一能够在田地间的小路上

---

① 麦克夫兰：《上海：它的街道、庙宇、监狱和花园》，引自1881年《上海租界及老城厢素描》。转引自王健：《19世纪80年代前后西方人眼中的上海城市社会》，《江南大学学报（人文社会科学版）》2015年第1期，第37页。

使用的车辆。"①而到19世纪80年代末期，租界的发展已经焕然一新，即便是最显露在外的景观——道路，也是当时人们所惊叹的对象。如当时租界有一条道路，名字为福州路，即便是克拉克也曾自豪地写道："当一个中国农民第一次探访我们的租界，同时很自然地前往时尚的中国街区——福州路时，其惊讶程度肯定会比一个村夫第一次访问英国大城市的主要商业街道时来得更为强烈……一个偶尔前来访问的游客可能会被大量的中国旅馆弄得头晕目眩，它们中的一些除了有中文店招外，还有英文名称。"②这种充满了自豪的情绪，恰恰是建立在对中国城市街道极为不满的基础上的。

对上海老城厢这样的公共空间，外国人同样认为需要进行很大的改进：

"定居此地的外国侨民通常对上海老城厢敬而远之，他们中的绝大多数人或许出于好奇游览过一次，为的是看一看它是否真的如外界所言的那么糟糕，但他们并没有发现任何吸引人的地方，反而有许多令人厌恶的东西——它的狭窄的街道，肮脏的死水与河流——对大多数人而言，游览一次已经足够了。早季总是探索老城的绝佳季节，因为与炎热的夏季相比，现在那里的卫生状况还不那么令人讨厌……这样一池肮脏的死水居然被看作是人工开凿的美丽湖泊？污秽的水面上漂浮着一些绿色的杂草，四周则被和地面等高的围墙围了起来，这个池塘大约有30平方码，湖心亭在池塘当中，那是一个公共茶馆，由于它相对独特的位置，因此被看作是县城同类建筑中最好的。但是它周边的环境很难让人提起精神来——静滞污秽的水流使他所处的位置并不比坐落在一座小街

---

①　见1894年英文版《文汇报》编辑出版社文集：《上海和周边地区概述及其他》。转引自王健：《19世纪80年代前后西方人眼中的上海城市社会》，《江南大学学报（人文社会科学版）》2015年第1期，第37页。

②　同上。

上，周边都是厨房的小茶馆要来得更好。"①

正是基于这样的认识，才后来在中国出现一些外国人修建的公园规定里，对中国人进行限制的条款。

4. 对中国文化的评价

在文化方面，西方人对当时文艺的主要类型——京剧有着如下的理解：

"这些京剧演员们都用假声演唱，很容易理解，这样的演唱（特别是当起调的音节在d阶以下时）对于一个外国人而言只能是一种折磨，而且演唱者仿佛总是通过鼻腔发音。我们西方人演唱时，舌头、牙齿和嘴唇都会扮演非常重要的角色，但是对中国人来说，很明显，除了唱词会从嘴巴里蹦出来以外，以上器官在演唱中基本不起什么作用。这种在齐奏下进行的假声演唱，总是保持在一个同一个音节上，没有强弱的变化，没有大调与小调的区分；它徘徊在两个音节之间，因此既缺乏我们大调那种华丽、雄壮或者活泼的特征，同时也没有小调那种微婉幽怨的情绪表现……如果你担心有个亲戚会来跟你争夺富有的叔父的遗产份额，不要担心，你只需把他在一个小屋子里关上二十四小时，在里面让中国艺术家们不停地演奏公元前2252年伟大的伏羲皇帝（中国音乐之父）所创造的乐曲，我们可以向你保证，你可以不费吹灰之力，就得到一份法律和医学的声明，上面会这样写道：由于你的亲戚突然精神错乱，因此不适合继承遗产。"②

外国人当时已经认为，中国的文化与西方文化相比较，属于十分落后的类

---

① 麦克夫兰：《上海：它的街道、庙宇、监狱和花园》，引自1881年《上海租界及老城厢素描》。转引自王健：《19世纪80年代前后西方人眼中的上海城市社会》，《江南大学学报（人文社会科学版）》2015年第1期，第37页。

② 见1894年英文版《文汇报》编辑出版社文集：《上海和周边地区概述及其他》。转引自王健：《19世纪80年代前后西方人眼中的上海城市社会》，《江南大学学报（人文社会科学版）》2015年第1期，第40页。

型，没有艺术的价值，也没有文化的内涵。

因此，当时的外国人对中国能够被改造或者自我发展，持怀疑的态度："当西方文明试图对中国的社会制度进行影响时，它可能会遇到前所未有的阻力。毫无疑问，现在大家都知道，对我们来说要把那些我们习以为常，并被看作是祖先遗产的习俗、制度移植过来是一件多么困难的事情。更困难的是要能够证明这些习俗可以对这个国家的民众生活产生革命性的影响，而中国又是这个世界上最悠久、人口最多的国家，它的根深蒂固的迷信思想是如此的强大，以至于他们反抗所有'外国野蛮人'试图改变其原始的生活方式，并加以改革的努力，认为这不过是一个不可能的美梦！中国人认为他们的习俗起源于比大洪水时代更早的时期，而这些习俗的韧性可能比其他亚洲国家所拥有的古代习俗都要来得顽固。"[1]

中西方的差异是如此的巨大，以至于外国人一方面得意于它们能够建设上海这样一个全世界范围内的中心城市，另一方面又对在中国广袤土地上推行西方制度和文化充满了怀疑。

对于当时的外国人来说，经历过明治维新的日本，在开放程度、发展程度上要远远超越中国，他们认为，在整个亚洲，日本和那些发展停滞的邻国相比，明显有着更高的智力水平和更强的进取心，他们认为，中国人在社会革新方面与日本人存在着很大的差距，他们甚至认为日本作为一个近代国家，也已经实现了西方所谓的现代化，而中国与此还有着很大很大的距离。

二、清晚期中国人眼中的"世界"

梁启超将中国历史划分为三个时期，其中最后一个时期为"世界之中国"。从"中国之中国"到"亚洲之中国"到"世界之中国"，这是中国一步步进入世界体系的过程，也是中国重新认识自己在世界体系中位置的过程。这一过程

---

[1]　见1894年英文版《文汇报》编辑出版社文集：《上海和周边地区概述及其他》。转引自王健：《19世纪80年代前后西方人眼中的上海城市社会》，《江南大学学报（人文社会科学版）》2015年第1期，第41页。

对晚清中国来说，一方面充满了痛苦和抉择，另一方面也是新文化、新知识的输入过程。

许纪霖认为，在讨论古代中国的民族认同时，会出现这样的悖论，即天下主义和夷夏之辨。他认为："一方面，中国具有帝国的气魄和视野，以全人类的天下意识来包容异族、威慑四方；另一方面，中原民族又有华夏中心主义心态，傲视四周的'蛮戎夷狄'。天下主义与夷夏之辨，恰恰构成了古代中国自我认同的两面性。"[1]

但是鸦片战争以后，中国被迫卷入世界体系。在这一进程中，中国原有的夷夏之辨开始出现极大问题。华夏中心主义的认识被不断丧权辱国的现实沉重打击，引以为傲的思想文化被西学思想不断冲击，西方列强一方面通过枪炮展示着现实的实力，另一方面通过西学输入展示着较当时中国先进的文明。两方面的共同冲击，使得中国"天朝上国"的思想认识不断瓦解，"古老的夷夏之辨化身为近代的族群民族主义，从边缘走向主流，成为从朝廷到士大夫的主流意识形态"[2]。

总体上来说，中国人对西方世界的认识经历了四个阶段：

1. 从明代利玛窦来到中国，一直到1838年林则徐在广州禁烟

在这一阶段，外国传教士来到中国以后，发现中国人只有"天朝上国、华夷之防"一种观念，中国自然是天朝上国，世界上的其他国家都是以中国为中心的，而除了中国以外的其他国家，都是夷狄之处。因此，中国没有必要去了解其他国家。当意大利传教士利玛窦来到中国以后，他发现："中国人想象自己的国家那么大，几乎容不下世界；想象的世界又那么小，几乎容不下西方。"[3]中国人根深蒂固的天朝上国观念，使他们根本不愿意去了解所谓的西方或者世界到底是怎么样的。利玛窦在给明万历皇帝呈上第一份世界地图——《坤舆万

---

① 许纪霖：《天下主义/夷夏之辨及其在近代的变异》，《华东师范大学学报（哲学社会科学版）》2012年第6期，第66页。

② 同上，第69页。

③ 周宁：《海客谈瀛洲：帝制时代中国的西方形象》，《读书》2004年第4期。

国全图》以后，虽然在当时引起了部分士绅知识分子的兴趣，但是也仅仅是一种兴趣，并没有深入到研究西方的社会制度如何构成、社会生活如何运行、国家实力强弱虚实等。而到了清代，当马礼逊来到中国，被逼在马六甲创办第一份中文近代报刊《察世俗每月统记传》时，也曾在该报上刊登相关的天文地理知识，但对中国士绅阶层来说，基本上没有产生任何作用。

其后来到中国的传教士们，也都极力想要向中国宣传关于西方世界的图景，但对于中国统治者来说，所谓西方大国的概念是根本不存在的。外国传教士们极力想要向中国证明西方文明是和东方文明一样，拥有着悠久的历史。他们更想向清政府证明的是，西方各国在经过工业革命以后已经拥有了比清王朝更加先进的社会制度和更加强盛的国力。因此，郭士立创办《东西洋考每月统记传》时，曾很明确地提出自己的办报宗旨，就是要让中国人认识到西方文明和东方文明一样都是发达的文明，他们应该相互在平等的位置上对话，而不是清政府一味以天朝上国而自居。但是从马礼逊在中国开始创办第一份近代中文报刊开始，到1874年王韬在香港创办第一份中国人出资、主编的影响巨大中文报刊，将近59年时间里，外国传教士在中国对世界的宣传，基本上处于自说自话这样一种境地。

清王朝的这种封闭性，并不在于其没有了解世界的途径，而是在于他们根本没有了解世界的动力和想法，以至于当第一次鸦片战争发生以后，道光皇帝还在向朝中大臣打听英国的具体地理位置在哪里。也就是说，一直以典章器物举世无双而自诩的天朝上国，根本没有胸怀世界的国际意识，也没有跟外国人互通有无的外交概念，许多人对西方和世界的认知是非常非常模糊的。

总体来说，这一阶段的中国人，不了解工业革命，不了解西方国家发生的轰轰烈烈的变革；更重要的是，他们不是没有了解的渠道和途径，而是缺乏了解的动力，不会主动去探索外部世界。

2. 从林则徐禁烟到王韬创办《循环日报》

林则徐被称为开眼看世界的第一人。"鸦片战争后十年间，就在大多数士大夫仍然沉迷于'天朝上国'奢华，盲目自大，孤陋昏聩的时候，中国思想界开始出现一股新变化。以林则徐、魏源、徐继畬、梁廷楠等为主的一部分具有经世致用思想的知识分子开始关注外部世界的形势，编纂了一批介绍外部世界史地知识的舆地学著作，并试图通过了解外部世界以达到'制夷'即抵抗西方侵略的目的。这股与盲目排外和闭关锁国截然不同的反映新时代内容的思想一般称之为'看眼看世界'思想。"①这些舆地学方面的著作，主要包括林则徐组织编译的《四洲志》、魏源的《海国图志》、徐继畬的《瀛寰志略》和梁廷楠的《海国四说》，等等。那么，当时的他们是如何获知外部世界的状况？研究表明，他们都直接或者间接获得了在广州、澳门以及其他通商口岸活动的传教士的帮助。

林则徐是开眼看世界的第一人。1838年，林则徐受命担任钦差大臣，来到广州负责禁烟事宜。当时中国的鸦片主要都是外国商人输入，要禁烟，必然要与外国驻华相关机构及商人打交道。在此过程中，林则徐认为，有必要了解外国人的相关情报。因此，他委托专员进行报刊的翻译活动，特别是对《广州纪录报》等当时外国人主办的外文报刊的翻译。通过这些报刊翻译活动，林则徐整理、收集了大量关于英国、法国、德国等西方国家的信息，对外部世界有了基本的了解。

但是，此时即便如林则徐这样开始了解外部世界的开明人士，也仍然没有摆脱天朝上国的落后思维。林则徐虽然翻译了相关报刊和书籍，最后还整理出版了《四洲志》，并支持好友魏源最终编撰了著名的《海国图志》一书，但其本人对西方国家的优越思维仍然没有摆脱；其翻译的报刊内容里，有很大一部分是关于外国人对他禁烟行为的评论，并没有从西方国家的社会制度、生产方式等角度深入了解。

梁启超曾认为，正是《海国图志》和《瀛寰志略》两本书开始了对西方世界的介绍，"中国士大夫之稍有世界地理知识，实自此始"②。

---

① 王立新：《美国传教士与鸦片战争后的"开眼看世界"思潮》，《美国研究》1997年第2期，第27页。
② 梁启超：《中国近三百年学术史》（1923—1924年），《饮冰室合集·专集之七十五》，北京：中华书局，1989年版，第323–324页。

　　另一方面，从林则徐对自己翻译报刊书籍行为的分析判断中，我们可以得出一个结论：当时的士绅阶层对了解"天朝上国"以外的国家，有一种隐秘的羞愧感。因为林则徐虽然组织了翻译报刊书籍活动，但是却始终将之归于私人行为，以资料汇总、笔记、札记等方式，记录在自己的个人文档之中，并不敢或者不愿将之公开化，以官方的名义来进行，包括对魏源的委托，也是从私宜的角度来进行。从林则徐的举动中，我们可以窥见当时最先了解到中西方差距那批人的矛盾心态。

　　另外，魏源于1842年著成的《海国图志》一书，这本书被称赞为"中国近代以来第一部全面而系统的描述天朝之外的世界状况的图书"，也是最早喊出"师夷长技以制夷"的口号，在后来特别是维新运动时期，曾经被作为士绅阶层了解中国以外世界的必备书目而广受赞誉，但是在他成书的当年，乃至之后很长一段时间，很少有人问津。这本书走入士绅阶层的视野，是到了1885年康有为为讲授西方学问而收集关于外部世界的书籍时。

　　在《四洲志》（1839年）、《海国图志》（1842年）、《瀛寰志略》（1849年）等这些著名书籍的编撰过程中，林则徐、魏源、徐继畬、姚莹等将外国传教士所创办的中外文报刊作为主要信息来源之一。林则徐在编纂《四洲志》等资料的时候，其信息的主要来源就是来自广州，澳门和南洋等地的外文报刊。《海国图志》和《瀛寰志略》的成书过程中，也都大量参考了传教士的书籍和报刊，如魏源在编写《海国图志》时就大量地参考了西方的书报，其中《东西洋考每月统记传》被征引次数多达26次。①

　　在林则徐、魏源、徐继畬和姚莹等人之后，中国也有部分开明士绅加入到了开眼看世界的行列。1868年，曾国藩主持江南制造局，曾专门设立了翻译馆，招募懂得西方国家语言文字的人才，从事西洋书报的翻译工作。

　　但整体来说，即便已经喊出了"师夷长技以制夷"的口号，也有部分开明人士开始正视中国和西方国家的差距，但当时人们固有的传统观念和封建王朝

---

① 熊月之：《西学东渐与晚清社会》，上海：上海人民出版社，1994年版，第261页。

的固步自封，仍然使得大部分人不知道外部世界的变化。

例如，即便经过两次鸦片战争，中国都在与英国的作战中遭受到了严重的失败，被迫签订不平等条约，丧权辱国，但是清王朝并没有认真反思战争失败的深层次原因，而是简单直接地将战败的责任，归纳到少数几个所谓"卖国贼"的头上。"开眼看世界"的做法，在当时的士绅阶层之中并未引起普遍的共鸣。魏源等人的论说和著作也仅仅是在少数人中间相互流传，作为个体的意见和思考，并不能代表大多数人的想法，更远不能说是一种社会的思潮。

3. 从国人开始办报到中日甲午战争

两次鸦片战争的惨痛教训，使得部分开明人士深刻地认识到清王朝和西方国家之间存在着巨大的差距。到了19世纪70年代，他们开始积极主动地认识和了解西方世界，并且希望通过创办报刊、发行书籍等方式，让更多的中国士绅阶层和统治者能够认识到中西方社会的差距，他们不再仅仅在私人网络中间传递相关信息，而是以公开的方式，来表达自己的这种观点。

如果要选取一个人物来说明他对西方世界的认识，那这个人应该是王韬。从1867年开始到1870年结束，王韬从香港出发，分别游历了法国、英国、瑞士等西方各国。由于他停留的时间相对比较长，因此能够深入到西方社会，产生比较全面的认识。

在刚抵达欧洲的时候，王韬就被西方国家所震撼。"余自香港启行，由新嘉坡而槟榔屿、而锡兰、而亚丁、而苏彝士，至此始觉景象一新……既抵法埠马赛里，眼界顿开，几若别一宇宙。若里昂、若巴黎，名胜之区，几不胜纪。逮至伦敦，又似别一洞天。其为繁华之渊薮，游观之坛场，则未有若玻璃巨室者也。"①旅行就是空间的位移，从一个空间到另一个空间，必然会产生一种对比。王韬用了"别一宇宙""别一洞天""繁华之渊薮"等来形容他的第一印象，作为出生于清代中国繁华之地苏州、家境虽不富有但也足够温饱的他，能够用这样的词语来形容，这就已经很能说明当时中西方之间的差距。这种比

---

① 王韬：《漫游随录》，见钟叔河：《走向世界之书》，长沙：岳麓书社，1985年版，第99页。

较，就好像马可·波罗来到中国以后的感叹一样，"今日泰西诸国之来中土，非同有宋之辽、金、元也"①。停留以后，西方国家的火车、电报、机器、大炮等器物又使得王韬惊叹不已，并促使他深入思考为何会产生这种差距。王韬逐渐认识到，西方不仅是器物领先于中国，而是科学技术知识以及背后的社会制度。这次游历，对王韬的世界观形成了巨大冲击，使他真正形成中西融通、多元并存的思想，王韬曾在英国写信给杨莘圃，"所望者中外辑和，西国之学术技艺大兴于中土"②。

王韬曾专门撰写评论，发布在《申报》上，他大声疾呼，建议应在全国各省份的省会城市开设新式报馆，向民众传播关于外部世界的真实信息和情况。

更为重要的是，王韬、郑观应、陈衍等人此时已经有了更为先进的传播理念：他们不仅仅要让中国人了解外部世界的变化，更要让外国人了解中国的情况。也就是说，他们已经有了对外传播的理念和认知。郑观应曾经发出"我中国惜无西文报与之辩诘"的感慨，陈衍曾著有《论中国宜设洋文报馆》一文，建议中国应开设英文、法文等外文报刊，并在外国发行，使西方国家能够了解中国社会的真正情况。王韬曾经批判西方国家在华报纸在有关事宜的评论过程中颠倒是非、混淆黑白，散布了大量不利于中国的言论，他提出，要主办外文报纸，并把这种外文报纸散布五大洲，让外国人认识到中国人也有自强的策略和能力，从而不敢小觑中国。这种开展对外传播的理念和认识，在当时中国来说，实在称得上是一种先进的理念。

但非常可惜的是，就此时的整个封建统治阶层而言，他们从内心深处并没有放弃作为天朝上国的这种虚假的优越感，这种虚幻的认知直到被视为附庸和蕞尔小国的日本所打败之后，才显得非常得迫切。

---

① 王韬：《弢园外文录外编》，见张岱年：《中国启蒙思想文库》，沈阳：辽宁人民出版社，1994年版，第44页。

② 王韬：《漫游随录》，见钟叔河：《走向世界之书》，长沙：岳麓书社，1985年版。

4.中日甲午战争以后，中国各阶层开始真正开眼看世界

清朝自视天朝上国，虽然被英国、法国等国家侵略并签订不平等条约，但仍可有所推托自慰，但甲午战争中，清王朝居然被原本视为附庸的蕞尔小国日本所打败，这种战败的心理，与被英国等西方国家所打败是完全不同的。

甲午战争失败以后，举国哗然，康有为领导公车上书，并先后多次上书光绪帝，并最终导致了维新运动的开展。

进入到这一阶段，国人才开始真正主动地参与了对外部世界的探索和认知。梁启超曾经感叹，此时的士绅阶层"对外求索之欲日炽，对内厌弃之情日烈，于是以极其极幼稚之西学知识，与清初启蒙时期所谓'经世之学'相者相结合，别树一派，向正统派公然举叛旗矣"①。

梁启超的这段话反映了当时包括统治者在内的中国知识分子，对世界的想法有了彻底的改变，他们已经深刻地认识到，在那个时期，中国已经并非以前的天朝上国了，西方国家的发达和先进以及强大的武力都给他们带来了深刻的震撼。天朝上国的概念被抛弃，新的世界的概念得以被重构，晚清知识分子的思想在某种程度上也得到了一定的启蒙和解放。国人的知识结构随着封闭的空间和时间观念被逐渐打破，从而发生了根本性的变化，认知空间进一步拓展，而这种思想的解放又为维新运动的开展奠定了坚实的基础。他们开始积极主动地探寻所有关于外部世界的书籍，魏源的《海国图志》，在成书50年以后，终于被士绅阶层所接纳。

---

① 梁启超：《清代学术概论》，北京：中国书籍出版社，2006年版，第113页。

第二节　近代报刊中的地理知识传播

一、外国人主办报刊中的世界图景及其影响

1. 外国传教士对地理学知识的传播

历史学家、汉学家费正清在评价晚清来华传教士的传教活动时，曾明确指出："一种外国宗教要在任何社会中取得进展，它必须适应该社会成员的需要。它怎样适应（如果它要适应的话）和对谁适应，这是一些异常困难的问题，对它们的解答要看下列因素如何而定：新宗教的教义和习俗相对来说是否格格不入；它出现时的历史环境如何；宣传它的方式如何；是否出现了堪与匹敌的其他新宗教；以及社会上被疏远的分子占多大的优势（新的宗教为这些人提供了摆脱痛苦的道路或使之起来造反的精神—心理上的力量）。"[①]

从明代开始，利玛窦等外国传教士就着手摸索在中国传教的有效方式。明朝时期的中国，已经不如唐代那样对外来宗教持一种相对放任和宽容的态度，而是比较谨慎。利玛窦等在刚进入中国时，也曾设想过要采用武力的方式来进行传教，但很快他就认识到，武力是最次等的选择。对于当时的中国来说，特别是对于当时中国统治阶层——士绅阶层来说，最好的吸引他们兴趣的方法，就是天文、历法和地理知识。

晚清传教士李提摩太曾经说过："别的方法可以使成千的人改变头脑，而文字宣传则可以使成百万的人改变头脑"，他认为，只要控制了中国的报刊杂志，"我们就控制了这个国家的头和背脊骨"。[②]从《察世俗每月统记传》开始，无论

---

① ［美］费正清编：《剑桥中国晚清史（1800—1911）》，北京：中国社会科学出版社，1985年版，第602页。

② ［英］李提摩太著，李宪堂译：《亲历晚清四十五年——李提摩太在华回忆录》，天津：天津人民出版社，2005年版，第209页。

是宗教报刊还是商业报刊，外国人都在向中国人传输关于"世界"的图景。

我国近代中文报刊的第一则消息，就是一则关于天文现象的新闻。这条消息于1815年9月刊登在《察世俗每月统记传》，全文如下：

> 《月食》照查天文，推算今年十一月十六日晚上，该有月食。始蚀于酉时约六刻，复原于亥时约初刻之间。若此晚天色晴朗，呷地诸人俱可见之。[1]

该报之所以用《察世俗》这样的名称，在该报的成立序言中有明确记载："既然万处万人，皆由神而原被造化，自然学者不可止察一所地方之各物，单问一种人之风俗，乃需勤问及万世万处万人，方可比较辨明是非真假矣……所以学者要勤功察世俗人道，致可能分是非善恶也。"所以"察世俗书，必载道理各等也。神理、人道、国俗、天文、地理、偶遇，都必有些"[2]。地理知识是该报的主要报道内容，自第二卷开始，《察世俗每月统记传》主要刊登了以天文学为主的科学知识，先后发表了《论行星》《论侍星》《论地为行星》《论地周日每年运转一轮》《论月》《论慧星》《论静星》，等等。除了多篇论述星体运行的文章外，还附有说明地球运转、日食、月食等情况的插图文章，这就使得人们能够较为直白地了解其运行规律。文章以科学道理解释了诸多天文地理知识，批判了在中国社会流传了多年的一些封建蒙昧的传说，如天狗吞月等，在一定程度上，起到了普及科学知识、破除封建迷信的作用。

从1820年第六卷开始，《察世俗每月统记传》又增设了《全地各国纪略》这一专栏，主要内容是介绍欧洲、美洲、非洲和亚洲一些国家的概况，向受众传播除了中国以外，世界上同样存在许许多多其他的国家，而且这些国家的发展状况——特别是欧洲和美洲的发展情况，是要优于当时的清朝的。在这些文章中，还夹杂有对时事政治的评论，如对法国大革命的评价、对鸦片贸易的看

---

[1] 马礼逊：《察世俗每月统记传》，1815年第2卷。

[2] 丁淦林：《中国新闻事业史》，北京：高等教育出版社，2007年版，第22页。引自米怜：《基督教在华最初十年之回顾》（1819年），马六甲英华书院1820年出版（英文本）。

法等，这些文章的出现，表明了马礼逊和米怜开始注意利用时事来吸引受众的关注度，同时，这也是符合新闻业操作的一种手法。

麦都思在马六甲创办《特选撮要每月纪传》的时候，也特别注重天文地理知识的介绍。该刊的创刊号只发表了两篇文章，除了该刊的序言之外，就是麦都思撰写的介绍爪哇岛地理状况的文章，题目为《咬嘴吧总论第一回》，后续每期都有对爪哇岛的介绍，"文章从各个方面比较详细地介绍了爪哇岛的情况，其中包括：呼名、方向、土地、天气、四季、五谷、水果、蔬菜、树木、川水等，并附有'咬嘴吧地图'"①，最终形成了单行本。他的目的就是要让中国读者能够了解世界状况，"可知外国番邦之好歹"。因为发行对象主要是居住在南洋地区的华人，而且在他的期望中，是希望远在大陆的中国人能够阅读到这些报刊的。因此，在介绍中国以外地区的地理状况时，他特别注意将中国的自然、人文地理状况与所介绍的地方进行结合、对比，增加中国读者的熟悉感觉。如在介绍爪哇地理状况的《咬嘴吧总论》一文中，本来爪哇远离中国国境，只需要行文介绍当地的自然和人文地理状况就可以，但麦都思把两者紧密结合。如在介绍爪哇的地理位置时，他在第一节"呼名"部分的第一句就是这样说明的："夫在中国之西南边，过天海，约四千余里，有一个海峡，名曰'咬嘴吧'。"②在定位方法中，有一种叫作地名定位，即通过另一个具有明确地理位置的名称来对地理位置不明确的点进行说明。麦都思并没有采用南洋地区的其他地名来进行介绍，如"爪哇在马六甲东南方向"这样更准确的定位方法，而是把中国与之进行对应介绍，这就说明，麦都思的目的是为了向中国人传教的。接下来，他还专门提示，如果从中国到爪哇，应该特别注意季节，如何利用潮汛流向以及沿途可以停靠补充的地点等，并附上了详细的"中国往吧地总图"。他还将中国的地理状况与该地进行比较，从而使得中国受众能够感到直观亲切。如介绍当地天气状况时，他写道"其天气太热，如中国夏天一般"；介绍

---

① 见马光仁：《〈特选撮要每月纪传〉介绍》，《新闻大学》1982年第5期，第73页。

② 同上，第74页。

当地的水果特产时，"吧地几样果子与中国所出之物多有不同"；在介绍河流部分时，"全吧地无甚大河，像中国之黄河扬子江等"；在"五谷""树木""蔬菜"等部分，都是从中国读者的角度出发，将中国状况与爪哇进行比较说明。

郭士立的《东西洋考》无论是在内容比重的安排方面，还是在栏目的设置、搭配上，都体现出良苦用心。它一反《察世俗》扑面而来的宗教气息，《东西洋考》的"宗教内容已退居次位，解释教义的专文没有了，阐发基督教义已不是刊物的基本要务"[①]。大量篇幅让位于历史、地理、天文和科技。"摆事实"给中国人看，以西方文明唤醒中国之蒙昧的用意不言自明。《东西洋考》的地理专栏，也是该刊呈示西方文化的主要窗口。据统计，迄至戊戌年九月号，《东西洋考》共载世界地理类文章达三十五篇，除《列国地方总论》和《地球全图之总论》概说世界各国情况外，尚有涉及南美、非洲、好望角和北美的少许篇章，其余大部分是对中国周边各国地理知识的介绍，基本上"是沿着当时中西交通的海路，有计划地从中国由近及远地进行介绍：东南亚——南亚——欧洲。越出计划的内容，则编入'新闻'或'书信'予以报道。总的说来，《东西洋考》介绍的世界地理，比以前耶稣会士传播的相关知识，更加丰富详实一些"[②]。从癸巳年八月号起，刊物又增加"天文"一栏，几乎每期一篇，运用天文学知识解释日食、月食、宇宙、太阳、节气、星宿、地震等自然现象，亦时附插图，力图突破中国人的迷信思想。文中还时常夹杂着"上帝有无极之大"一类的说教，有意无意之间将"科学"置于基督教"侍女"的地位。不计掺杂在"新闻"以及其他零散篇章中的"西方文明"成分，单是考察史、地、天文三栏在《东西洋考》中超越半数的比重，就足以想见其编者对"摆事实"的重视程度。

1868年9月，《中国教会新报》（*The Church News*）创刊，成为这一时期上海最有代表性的教会报刊。该刊为周刊，由美国监理会传教士林乐知（Young

---

① 方汉奇：《中国新闻事业通史》第一卷，北京：中国人民大学出版社，1992年版，第266页。

② 黄时鉴编：《东西洋考每月统记传·导言》，《东西洋考每月统记传》影印本，北京：中华书局，1997年版，第17页。

John Allen）创办，上海美华书馆印刷。初期办刊目的主要是增进各地传教士、教民之间的联系，"俾中国十八省教会中人，同气连枝，共相亲爱，每礼拜发给新闻一次，使共见共识，虽隔万里之远，如在咫尺之间"①。

神治文在主编《中国丛报》时，在发刊词中明确提出："要对外国人出版的有关中国的书籍进行评论，旨在注意已经发生的变化。"这里所谓"已经发生的变化"，就是指中国和世界之间的变化关系。他还对编辑们提出了具体的编辑栏目和内容要求，包括了：博物（自然条件和物产）、商业、社会关系、宗教等。例如，"关于社会关系方面，必须对社会结构详细调查，在考察中国人道德品质时，要求对他们之间的相互关系，包括统治者与百姓、丈夫与妻子、父母与子女间的相互关系，进行仔细的和长时间不间断的观察"。这种对中国社会从微观层面的、关系角度入手的调查，从外国人的角度来说，是真正触摸中国社会内在运行规则的做法。

2. 外国传教士自然和人文地理知识传播的结果

外国传教士将世界图景和一种新文化形式引入中国，虽然初期在受众数量上并没有达到传教士们所期待的程度，但历史的神秘之处就在于，一些偶发性的微小事件，往往会导致巨大的后果。马礼逊带来的西方宗教，在一定程度上加快了清政府的灭亡。

马礼逊来到中国以后，最早接触到的中国人之一就是梁发。梁发1789年出生于广东省肇庆府高明县的一个农民家庭，因家贫而外出打工，在广州从事印刷工作期间，因马礼逊印制书刊的需求，被马礼逊雇佣，开始接触到基督教，后又与英国伦敦会派遣到中国辅助马礼逊工作的米怜相识。

1815年，他跟随米怜前往马六甲，参加了《察世俗每月统记传》以及其他宗教书籍报刊的出版活动，并于1816年被米怜发展成为第一个信徒。1818年，他返回广东传教，很快就被当地官府抓捕入狱，被营救出狱以后，他又再次到马六甲辅助马礼逊和米怜传教。1822年米怜去世以后，梁发返回广东，并在马

---

① 《中国教会新报》1868年9月5日。

礼逊的委任下，担任中国第一位华人基督教牧师。

梁发在长期的办报和出版生涯中，从目不识丁的农民，成长为一名合格的牧师，并在马礼逊和米怜的影响下，也出版了不少著作。1830年，他撰写了《灵魂篇》《真道寻源》等教义小册子，向信徒散发。1832年，他撰写了《劝世良言》等喻世讲义，在广州等地广为散发。《劝世良言》是由九本小册子合订而成，其内容主要来自《新约全书》《旧约全书》中的一些教训案例，以及基督教的基本教义。由于梁发的遣词造句非常浅显易懂，说理举例十分明晰，因此得到了很好的传播，在社会上引起相当深远的影响。

1833年，时年29岁却还是童生身份的洪秀全，第四次到广州参加院试，却仍然名落孙山。此时，他接触到梁发所编写的《劝世良言》一书，如获至宝，并最终以此创立了拜上帝教，成为建立太平天国重要的理论基础。而太平天国运动历时十四年，最强盛时期，曾据有中国半壁江山，而且是最为富庶的南方地区，势力波及十八个省，实际控制区域为二十三个州府，总面积超过一百五十多万平方公里。最终，太平天国运动也加快了清王朝的覆灭。

外国传教士报刊的报道活动也对政府官员产生影响。李提摩太在回忆录中所写："我还发表了一些社论，讲述日本是如何进行改革的。为此，一些来自日本的参观者到报社向我表示感谢。不同地区的中国学者，在读过我的社论后，同样表现出极大的兴趣。张之洞从武昌发来电报，要我把报纸直接寄给他。"[①] 张之洞对报纸的重视，也说明报刊的政治功能。

二、国人报刊与世界概念及其影响

1. 国人报刊对外部世界的报道

早在近代报刊业诞生以前，中国也有自己的信息传播系统，即官方发行邸报的提塘报房和民间抄报人所发行各类报纸的报房。

---

① ［英］李提摩太著，李宪堂等译：《亲历晚清四十五年：李提摩太在华回忆录》，天津：天津人民出版社，2005年版，第195—196页。

　　清代对报房并不是单纯全面禁止，而是加以约束和限制，但是从总体趋势来看，到了同治后期，报房就已经逐步衰落，其原因主要有主客观两个方面：

　　从主观方面来说，清政府拥有对报房信息源的控制、对信息生产方式的控制以及发行方式的控制，可以说，无论是官方提塘还是民间报房，都处于清政府的管制之下，而仅从信息源来说，清政府对朝廷谕旨、大臣奏折等都有着严格的控制，因而造成信息量过于少，覆盖面十分狭窄，时效性也很差，不能满足人们对新闻的需求；客观上来看，当近代报刊业发展起来以后，其庞大的信息量、较强的时效性，以及来自外部世界的新鲜资讯，都对报房产生巨大冲击。

　　这一点，当时的报纸都有记载："除系要事，关系官宪，应奏朝廷者，毕竟入于京抄。众所公睹，列后所叙各情间亦得于此。但所叙仅撮其时日及地方，因其铺张各说，原难凭信，且其所载，专指军兴之事，亦未精详，尤属迂阔。故除时地之外，足征不讹者无几。或知其股目几何，盘踞何方，朝廷若何震慑而已。至若西人志向之所起，图谋之所终，并人马之总数，暨各股之或统摄或分雄，京抄俱未之载。"[①]上述这段话，表明了京报在信息采集面上的巨大缺陷：一是"所叙仅撮其时日及地方"，即京报刊载的消息，从时间上来说，已经过期许久，信息价值较低；从空间的角度，地方的信息采集不全，也不能反映全貌。二是"铺张各说，原难凭信"，即信息的真实性没有核实，令人担忧。三是"亦未精详，尤属迂阔"，对重要信息——特别是军事方面的信息的采集不够全面，造成决策时的参考度不够。

　　《申报》也记载了当时传统报刊在各地信息报道方面的落后："英人之在沪者，相聚而谈曰，去岁之荒灾不可谓不大而且远矣……吾辈所不解者，中国之京报所有日行之公事皆列于中，如山东之灾亦属中国之大事，而京报所列并未多见，故中国朝廷并不能详知山东之大灾也。"[②]

---

① 《遐迩贯珍》第1号，1858年8月，转引自方汉奇主编：《中国新闻事业通史》第一卷，中国人民大学出版社，1992年版，第235页引。
② 《记英人论去岁灾事》，《申报》1877年5月2日。

　　国人对报刊跨越时空传递信息能力的认知，也是比较早的。林则徐于1839年3月10日到达广州以后，以钦差大臣的身份，开始办理洋人事务，并着手开始查禁鸦片。在进行这些活动的过程中，他特别注重对外国人资料的收集和整理工作。《海国图志》中曾收录林则徐向靖逆将军奕山提出的6条作战方案，其中第6条谈道："其澳门地方华夷杂处，各国夷人所聚，闻见最多，尤须派精干稳实之人，暗中坐探，则夷情虚实，自可先得，又有夷人刊印之新闻纸，每七日一礼拜后，即行刷出，系将广东事传至该国，并将该国事传至广东，彼此相互知照，即内地之塘报也。彼本不与华人看，而华人不识夷字，亦即不看。近年雇有翻译之人，因而辗转购得新闻纸，密为译出，其中所得夷情，实为不少。制驭准备之方，多由此出，虽近时间有伪托，然虚实可以印证，不妨兼以并观也。"① 从上述这段话可以看出，林则徐获取外国人信息的重要途径，就是翻译"新闻纸"，一开始，这些资料都是零散翻译出来的，后来就整理成册，存档备查。林则徐主要翻译两家英文日报，一家是《广东纪录报》，一家是《广州周报》，也有少部分其他报刊的，如《中国丛报》等。翻译的主要内容是关于禁烟以及抗英斗争的新闻与评论，也就是说林则徐主要是通过这些报纸刊载的新闻和评论，来观察外国人对禁烟行为的态度和评价。除了这些内容以外，还有一些是介绍西方国家相关情况以及科学技术知识的。魏源是林则徐的好友，他曾经受林则徐的委托，编写出了《海国图志》一书，其中收录有澳门月报的一些文章，题目分别是《论中国》《论茶叶》《论禁烟》《论兵事》《论各国事情》等。

　　除了林则徐以外，上海江南制造局也将来自美国、英国、法国、瑞典等国家报纸的时事材料，通过由外国人口译、华人笔录的方式，每日或者数日，摘选校文10余条左右送给官绅阅览，并汇编成册。

　　国人自办的近代报刊诞生以后，对信息的传播更加全面、翔实，因此，也具有更明显的作用。

---

① 魏源《海国图志》卷八十

　　康有为创办《万国公报》和《中外纪闻》时，就特别注意对中国和世界各地信息的传播。作为维新派的重要报刊，《万国公报》承担了"开通风气"的重任，先后刊载过许多文章，如《地球万国说》《通商情形考》《万国矿务考》《各国学校考》《学校说》《铁路情形考》《铁路通商说》《铁路工程说略》《万国邮局章程价值考》《佃渔养民说》《农学略论》《铸银说》《西国兵制考》《报馆考略》等。这些文章与维新派的主张基本上是相一致的，也是维新派具体变法思想的表述，分别从政治、商业、工业、农业、邮政、报刊、兵制、渔业、货币等各个方面，向社会大众宣传自己的主张。

　　而《中外纪闻》除论说之外，还刊登中外新闻。在《中外纪闻》的《凡例》中，有这样的声称："本局新印《中外纪闻》，册首恭录阁抄；次全录英国路透电报；次选译外国各报，如《泰晤士报》《水陆军报》等类；次择录各省新报，如《直报》《沪报》《申报》《新闻报》《汉报》《循环报》《华字报》《维新报》《岭南报》《中西报》等类；次译印西国格致有用诸书；次附论说。"又"此册所录近事，皆采各国各省日报，标明来历，务期语有根据至其论说，亦采自各书各报，间有删润或有集采众书成篇者，不标来历，以省繁重"①。

　　当然，当时的国人由于真正能够出国的人数相对比较少，因此对世界的描述总是存在这样那样的误差。李提摩太在1895年（清光绪二十一年）曾著有《中国各报馆始末》一文，其中记载："其日报（即中国人所办的日报），十篇中有二三篇论中外交涉之事，惜职此报之人出洋者少，未曾周历外洋，故虽论说精微，总不免有未中肯处。《万国公报》《中西教会报》每报必有数篇皆西国博学之士所著，凡五洲教会之事无不通达……此报不但论教务，亦且论古今各国兴衰之故，并西国学校之事及格物杂学。"

　　王韬和陈衍的想法更加先进，他们认为，不仅建议中国人应在各省会城市创办报刊，发出国人自己的声音。王韬提出，中国人也应该创办洋文报刊，让外国人也能了解中国。陈衍曾建议："聘西国名人为洋文主笔，所有持论专为

---

① 《中外纪闻》光绪二十一年十一月初一（1895年12月16日）

中国自强起见，以中国人精洋文者副之，其议之不持平者，指出商改。"[1]

2.国人对外部世界报道的影响

国人的报刊活动，取得明显的传播效果。康有为创办《万国公报》后曾记录："报开两月，舆论渐明，初则骇之，继而渐知新法之益。吾复挟书游说，日出与士大夫讲辩，并告以开会之故，明者日众。"[2]这段话说明，康有为当时已经掌握了报刊的宣传和联络功能，并将之与宣传维新思想相结合。通过《万国公报》刊载变法信息，引起士大夫的注意，然后又带着宣传维新思想的书籍与士大夫们辩论交游，形成报刊宣传网和社交网络的融合统一，最终达到"明者日众"的效果。

辛亥革命之所以最先在武汉打响第一枪，也与报刊业的发展有着直接关系。湖北从19世纪90年代开始进行书院改制，到1903年新式学堂的广泛推广，其间造成了一大批接触到新思想的学生群体，"在省城，学生们在教室内接触到新的、经常是民族主义的观念，在校外则接触到日益活泼、直言不讳的报刊"[3]。当时在武汉公开或者秘密发行的报刊约有20余种，《申报》《中外日报》《新民丛报》《汉声》等报刊都拥有较大的销量，并产生了极强的社会思想动员作用。武汉当时不仅是清政府的地方行政机构中心，更是革命思想的发源地。"湖北自张之洞提倡学堂后，而新潮输入，革命已伏萌芽……同时，留学生创刊《湖北学生界》以鼓吹之，革命思想因之勃发。"[4]

当国内民众对外部世界还没有完全了解时，最早出国的留学生们、公务人员、商人等群体则把最新的情况通过报刊传递回来。如19世纪末20世纪初，中国赴日留学成为潮流，特别是1905年正式决定从次年开始废除科举，使1906年成为中国留日学生最多的一年。如1906年仅湖北的留日学生数量就高达5000

---

[1] 陈衍：《论中国宜设洋文报馆》，《求是报》第9册（光绪二十三年十一月二十五日），1897年12月16日。

[2] 《康南海自编年谱》光绪二十一年乙未

[3] ［美］周锡瑞著，杨慎之译：《改良与革命：辛亥革命在两湖》，北京：中华书局，1982年版，第51页。

[4] 武汉大学历史系编：《辛亥革命在湖北史料选辑》，武汉：湖北人民出版社，1981年版，第115-116页。

名左右。"当吾华似醒未醒、初醒之际，新顾旧欤、彷徨莫定之时，有日本留学生之书报，有日本留学生之詈骂，有日本留学生之电争，以致国人为之大醒……在此醒悟时代，日本留学界，大大影响中国。"①

1903年1月29日，湖北留日学生在东京创办了我国第一份以省名命名的刊物《湖北学生界》，这份刊物以"输入东西之学说，唤起国民之精神"为宗旨，明确提出了"推翻君主王朝，建立民主国家之主张"。②这份刊物的发行及其精神号召，给其他省份留日学生以极大刺激，纷纷开办了各个省份自己的刊物，如《江苏》《浙江潮》等相继出版，都纷纷呼吁开展革命，推翻清王朝统治。湖北的留日学生甚至在上海租界开办了昌明公司，并在宜昌设立分部，专门销售日本学术界、思想界的最新成果，以及《湖北学生界》。这些都引起了清王朝的极大恐慌，并严令禁止购阅传播，但已经无法掌控。这些新的思想迅速在湖北学堂和军营中流传，为后续武昌起义奠定了基础，时人感叹道："两湖革命思潮，多发源于二杂志矣（《湖北学生界》和《游学译编》）。"③

总之，"无论电报还是机械印刷，媒介之所以能够被视为'现代性的动力机制'，脱不开其对时间、空间的重构能力"④。近代报刊的发展，对清晚期政局的变化发挥重要作用，这就是报刊作为动力机制的体现。

第三节　媒介的环境建构功能

报刊具有跨越时空的能力，同时也能够营造出一个与客观世界、主观世界相对应的"媒介世界"，这种"媒介世界"会对受众产生认知、观念和行动上

---

① 朱庭祺：《留美学生界》，留美学生年报，1910年第1册。

② 宋应离：《中国期刊发展史》，开封：河南大学出版社，2000年版，第65页。

③ 刘揆一：《黄兴传记》。见中国史学会：《辛亥革命》卷四，上海：上海人民出版社，1957年版，第275页。

④ 孙藜：《再造"中心"：电报网络与晚清政治的空间重构》，《新闻与传播研究》2015年第12期，第53页。

的影响，并最终作用在现实世界中。从传教士报刊关于世界信息的传播，到国人开始"开眼看世界"，到各类改良、革命运动的发生，清末发生的种种变革，都离不开媒介的环境建构功能。

一、媒介与时间、空间的关系

戈公振曾论及报刊对时间和空间的超越作用："现实性既为报纸之最大特色，则报纸之搜集材料，对于一分一秒之迅速，努力竞争，亦系自然之趋势。因此而报纸之现实性对于社会上，其结果不能有功而无过。何以言之？所应承认为功者，为世界之缩小，将人类之种种意识及活动，在同一时间内，可以互相交换而相应。如劳韦尔（Lowell）所言，人类生活之过程，在极小极速之计划内发展，至不许有时间之停留，此均报纸之功。吾人不必乞怜于'时间之门'，可于报纸上得新观念之供给。"[1]

戈公振上面的这段话，包含了如下要点：

第一，"现实性既为报纸之最大特色"。所谓的现实性，指的是报刊不同于文学、戏剧或者影视等艺术形式，因为艺术作品是可以虚构的，但是报刊最大的特点，就在于它所记载和反映的都是现实发生的客观事实。真实是新闻最大的特点，也是新闻强大功能的根本力量，所以不同于文艺工作者可以在脑海中天马行空地构建一个完全虚拟的世界，报刊从业者必须要努力地搜集现实世界发生的各种事实，并将之报道出来。

第二，"对于一分一秒之迅速，努力竞争，亦系自然之趋势"，这句话说的是报刊行业对时间的追求。真实性是新闻的根本属性，但时效性同样重要，因为许多现实信息在当时产生的影响和发挥的作用才是最为巨大的。如第一时间获知战争结果可以影响一个国家的债券市场波动，第一时间获知政局变动可以采用有效的应对，等等。所以作为报刊行业的从业者，记者的职责就是以最快的速度，在最短的时间内，采集好所需要的信息，并通过电报等方式快速传回

---

[1] 戈公振：《中国报学史》，上海：上海古籍出版社，2003年版，第13-14页。

到报社。报社在接到信息以后，用最快的速度进行编辑，然后分发出去。对于报社来说，时间是至关重要的一个判断维度，每一家媒体都在争抢的，就是谁的时效性最强。

第三，"所应承认为功者，为世界之缩小"，这点论述的是报刊对空间的跨越。媒介具有缩短空间距离的功效。媒介的运行机制，就是将发生在世界各地的信息汇总起来，在编辑部所在地进行编辑、印刷，然后通过发行再次分发到自己的发行范围。在这个过程中，报刊与现实世界发生了两次交流：第一次是对世界各地重大事件进行价值判断，分析这些事件有可能会产生的重要影响——对人类社会和自然的，在完成价值判断以后，对事件进行采访、写作，然后跨越时空，将信息通过各种途径尽快传递回编辑部；第二次是编辑部将完成的信息产品再次传递给外部世界——不管是本地区、本国还是全世界，同样是用最快的时间，跨越最广阔的空间。所以，媒介的跨域空间的功能，使得整个世界现在变得越来越小，即便处于偏远山村的人，只要能够接触到媒介，就可以了解到世界上发生的最新的事实，这也是传播学者麦克卢汉提出的"地球村"的概念。

第四，"将人类之种种意识及活动，在同一时间内，可以互相交换而相应"，这句话说的是媒介跨越时间和空间以后，可以实现不同地区人类意识以及活动的相互交流。媒介产品承载的信息，信息则是人们对内部和外部世界的认识。在时空未能被跨越以前，处于不同地区的人们，拥有着不同的文化和观念，拥有不同的生活方式，消费不同的地域产品，但是媒介发展起来以后，会将"远方"的信息传递到本地，同样将本地的信息传递到"远方"，实现信息的交流沟通。

报刊的这种跨越时空的功能，在马克思和恩格斯的时代就已经有所表现，并为人们所利用。马克思和恩格斯生活的时代处于第一次工业革命发展的后期，他们有机会目睹了交通设备、通信技术革命所带来的时空变化，并深切感受到了报刊等媒介正在不断扩大人们对世界的认知，所以他们在自己的文章、书信以及论著中都对媒介的时空性进行了论述。

马克思和恩格斯认为，信息流通的时间越短，所报道的空间距离越大，则信息的交换价值就越大，达成的传播效果也就越好。因此，在他们后来的报刊实践中，经常也会贯彻这种理念。恩格斯曾就报纸的时效性问题，对编辑部人员发表意见："改变这种缓慢状态是很容易的，法国和英国的报纸报道他们立法议会消息的速度就可以证明。英国议会开会经常开到早晨4点钟，可是4小时以后会议的速记记录就刊登在《泰晤士报》上，传遍伦敦的每个角落。法国议会往往要到下午一点钟才开会，到五六点钟才结束，可是到晚上7点钟，《总汇通报》就已把会议速记记录的版样送到巴黎各报的编辑部了。为什么可敬的《国家通报》不能以这种速度进行工作呢？"①

1870年普法战争爆发以后，恩格斯给英国的《派尔—麦尔新闻》撰写关于战争的系列报道和评论，连续发表了五十九篇短评。在这期间，他曾给马克思写信，专门谈到战争新闻时效性的重要程度。"附上普鲁士的作战计划。请你立即乘马车把这篇文章送到《派尔—麦尔新闻》，以便使它能在星期一晚上见报……到星期二，事态发展可能使任何一头蠢驴都能明白这一点。""此外，有必要请你同格林伍德商定，我将把文章直接寄给他，以便能够在当天见报。现在，丧失时机对这类文章来说是致命的。"②对于报刊业来说，对现实世界发生的客观事实的报道，在时效性方面是如此的重要，以至于连一天时间都不能拖延，因为一天以后，就连"蠢驴"都知道事情的发展势态，所以恩格斯认为，丧失时机对于报刊业来说是致命的错误，因为这会对社会产生不可估量的后果。

而为了能够尽快实现时效性，采用一切手段跨越空间距离也就成为自然的选择。德国社会民主党刊物《新时代》为了解决发行量下降的问题，曾征求恩格斯的意见，恩格斯直接建议："就应当把它迁往柏林。只有在那里，在当地，才能对包括付印那天晚上以前发生的一切事件发表政治评论；只有在那里，才

---

① 《马克思恩格斯全集》第5卷，北京：人民出版社，1965年版，第239页。

② 《马克思恩格斯全集》第33卷，北京：人民出版社，1973年版，第538-540页。

能迅速地、不失时效地撰写一系列文艺方面的文章，否则，这样的文章就要拖延整整一个星期。"①柏林是德国的政治经济中心，恩格斯的建议，就是要使报刊的出版地尽可能地靠近重大新闻的发生地，才能形成最有效的时空性。

马克思和恩格斯对报刊时空性的论述，也随着通信技术的发展而不断演进。到了20世纪以后，广播的出现，使得列宁将其评价为："不要纸张、不受距离限制的报纸。"②这更是一种"用时间消灭空间"的思想，即："这是不要纸张不要电线的报纸，因为利用扩音器和收音机，整个俄罗斯都可以听到莫斯科所看到的报纸。"③

媒介技术的不断发展，赋予包括报刊在内的大众传播媒介越来越强大的跨越时空能力。我国近代报刊业从月刊、到周刊、到日报的演变过程，就是媒介在时空跨越方面能力不断提升的过程。

"所有报纸都必须利用电报新闻并依赖于它，否则就会被淘汰，新闻业注定比以往更有影响，及时报道的新闻将给大众的意识带来更多的活力。重大新闻的迅速传播将在社区的群众中引起对公共事务的强烈关注——整个国家在同一时间内关注同一事物，从国家的中心到边陲将保持着同一种感情和同一个搏动。"④

二、媒介时空建构功能的影响

戈公振谈道："所谓报学史者，乃用历史的眼光，研究关于报纸自身发达之经过，及其对于社会文化之影响之学问也。"⑤报纸对社会有着强大的作用，这已经是一个不需要争论的命题，那么报刊是通过什么机制对社会产生影响？

---

① 《马克思恩格斯全集》第38卷，北京：人民出版社，1973年版，第653页。

② 《列宁全集》第49卷，北京：人民出版社，1988年版，第244页。

③ 《列宁全集》第50卷，北京：人民出版社，1988年版，第90页。

④ 卞冬磊、张稀颖：《媒介时间的来临——对传播媒介塑造的时间观念之起源、形成与特征的研究》，《新闻与传播研究》2006年第1期，第40页。

⑤ 戈公振：《中国报学史》，上海：上海古籍出版社，2003年版，第1页。

这就必须要谈到报刊的时空建构能力。

戈公振说："人类生活之过程，在极小极速之计划内发展，至不许有时间之停留，此均报纸之功。吾人不必乞怜于'时间之门'，可于报纸上得新观念之供给。"[①]可见报纸主要是通过新观念的供给来形成影响的。报纸所刊载的信息，从新闻价值的角度，往往不是日常生活中的普通事件。报刊业本身的新闻价值标准要求其从业者在进行新闻的生产时，必须遵循时效性、重要性、显著性、接近性和趣味性的五要素原则，所以，大众传媒刊登的客观事实，往往是受众日常所不能接触到的新信息，这种新信息所携带的观念、思想就会对受众产生冲击。

那么，报刊的环境建构，是对真实客观世界的一种镜子式的、全无遗漏的反映吗？显然是不可能的。客观世界具有无限复杂性，每时每刻发生的事实无以计数，而无论是什么样的媒介，其承载量都是有限的。因此，虽然大众传媒传递的都是事实，但这些事实都是经过层层把关而"选择"出来的事实，报刊的从业者（包括记者、普通编辑、主编等在内）、报刊的管理者（政府及官员等）、报刊的影响者（广告主等）、报刊的受众等都会对新闻选择产生影响。因此，我们从大众传媒上所看到的世界，其实是经过选择而呈现出来的部分真实的世界。这就是我们所说的媒介的环境建构功能。

媒介环境的建构功能，可以将不同时空联系在一起，并使之产生碰撞冲突。"时间上的传统和现代，以及空间上的中国与外国，由此，既可以以线性方式展开报刊历史，同时又能够借此把中国的变化与世界的变化大势发生勾连，成为世界现代发展演变的一个组成部分。"[②]报刊具有一种桥梁作用，可以将不同的时空整合在一起，促使彼此之间相互试探、碰撞、了解，并最终对双方都产生影响。每一种新的媒介形式的出现，都会产生新的信息方式、新的社

---

① 戈公振：《中国报学史》，上海：上海古籍出版社，2003年版，第13—14页。
② 黄旦：《新报刊（媒介）史书写：范式的变更》，《新闻与传播研究》2015年第12期，第12页。

会网络，"媒介就成为构成、推动人类实践的基础要素"[①]，从而改变社会的方方面面。

第四节　小　结

"世界之中国"时代的到来，使得中国开明士绅开始正确认识中国在世界体系中的地位，也使得他们对满清政府的态度开始发生转变。在持续不断的中西交流或者冲突中，晚清士绅阶层最终明确地认识到，在华夏文明体系之外，还存在一个完全不同于传统"天朝上国"的世界体系，而在这个新的世界体系中，"华夷之辩"已经成为一种可笑的论调，中国不仅不是"中心"，而且是处于世界体系的"边缘"位置。原来的"华夏"，在新的世界体系中有沦为"蛮夷"的可能和倾向。当这种令人震撼而又无比可怕的真实世界呈现在中国士绅眼前、进而涌入他们脑海之中的时候，这种强烈反差引起的巨大焦虑促使着中国士绅阶层开始探寻新的路径来实现自我救赎，实现王朝救赎。这种探寻的过程，就是晚清各种思潮不断出现并相互竞合的过程，而其结果就是辛亥革命的最终爆发。

当我们回溯这种转变路径的时候，需要明确认知的是，报刊在其中所发挥的重大的环境建构功能。这种功能并非出版周期漫长的译著所能单独完成的，甚至可以说，报刊对"新世界"信息不断更新的报道，对中国社会各领域的整合，对清王朝持续不断的监督批评，逐步在全社会各个阶层（包括王朝统治者在内）构建起变革的共识，从而最终完成了环境建构的功能。

---

① 黄旦：《新报刊（媒介）史书写：范式的变更》，《新闻与传播研究》2015年第12期，第14页。

《 结　语 》

　　在晚清的最后十年，从内政上来说，历史学者罗志田提出这样一个问题：在朝廷没有过分倒行逆施的情形下，何以会爆发革命？清朝何以那样快就崩溃（或革命何以能轻易而迅速地取得成功）？当时的清政府正以前所未有的速度和广度推行全面改革，而革命却能较为轻易地成功，则改革与革命的互动，究竟是一种怎样紧张和冲突的竞争关系？

　　关于辛亥革命，周荫堂曾提出，历史上封建王朝的改朝换代，除了体制内的篡位、地方割据势力的坐大和异族入侵外，多是起于草野的民变，而"清朝的灭亡，不是由于铤而走险的民变，乃是由于激于大义、处心积虑、具有计划的士变"，起事的革命党人，多是"白面书生"，即为"士变而非民变"。[①]所以，罗志田认为，"辛亥革命在中国历史上有一与前不同的特色"，"可能是一种思想领先、主动而非被动的革命"。[②]梁启超认为，历史事件的发生"因缘果报，恒复杂幻变至不可思议"，单就辛亥革命来说，"国人种族观念之郁积、晚清政治之腐恶及威信之失坠、新思潮之输入，等等，皆使革命有可能性，所谓因也"。[③]罗志田谈到，中国"近代"与历代最根本的不同之处，在于外力入侵造成的既存权势结构的巨变，这种巨变不仅体现在政治、军事和经济等方面，也体现在社会、心理和文化等方面。"外国在华存在通过条约体系所建构的间接控制，既体现着一种外在的压迫，其本身又已内化为中国权势结构的直接组成

---

① 周荫堂：《中国历史的一个看法》，《斯文》第1卷第15期，1941年5月1日，第17页。

② 罗志田：《革命的形成：清季十年的转折（上）》，《近代史研究》2012年第3期，第5页。

③ 梁启超《中国历史研究法》，《饮冰室合集》专集之七十三，北京：中华书局，1989年版，第123页。

部分"，其结果就是"致使中国内争和外力的纠结和互动远甚于他国"。①罗志田认为，外国在中国无处不在的影响所形成的"列国并立与'大一统'最大的不一样，就是有了作为参照系的'他人'（the other）因素之存在"。②

正是因为"他人"因素的存在，使得中国人的视野得到了开阔，认知发生了转变，而"很多时候，西方也并不掩盖直接以掠夺方式攫取利益的野心。故其不仅提供了变革的思想资源，也以其行为证明着帝国主义的存在，并提示了对抗西方的思想武器"，那么这种思想武器是什么？"报刊和电报、铁路等既增进了全国意识，也较前远更迅速地传播者任何一种中外不平等的事例。"③

晚清近代报刊业从诞生开始，在出版地上，经历了"从边缘到中心"的迁移过程，从南洋海外到确立上海为中心，这种对中心的逐步深入，使报刊业更加接近士绅阶层、社会民众，更加便于改变中心区域人们的观念。两次鸦片战争、维新运动、预备立宪在内的各项社会变革推动了报刊业走向中心，报刊业中心位置的确立，又进一步推动了变革的迅速发生。在时空要素与社会变革之间，出现了一种高度的正向关联。

城市是报刊业发展的最佳环境，城市类型又在中观和微观上决定了报刊业的地理分布。晚清中国，通商口岸城市的存在，客观上为具有革新性质的报刊提供了理想的庇护所，也使得租界成为近代报刊业的集中地；而传统城市对报刊业的限制，也使得其不仅在清末民初的发展受到一定限制，这种限制甚至影响到了今天。报刊对城市和市民理念的影响，是至为重要的因素。

近代报刊业的发行，除了政策方面的因素，交通、通讯、印刷等多种力量共同推动了信息在时空中的广泛传播；而我国报人产生和发展的历程，既有籍贯和工作地点的背离，更呈现出鲜明的地域性特征，虽然这种同乡同门观念在后期逐渐被同志观念所影响，但依然是报人聚合的重要方式。

---

①　罗志田：《革命的形成：清季十年的转折（上）》，《近代史研究》2012年第3期，第5页。

②　同上，第6页。

③　同上，第9页。

在前期各要素齐备的基础上，报刊业的环境建构功能才能够得到充分的发挥。

它传播远方信息，构建新的认知，形成全国意共识，进而潜移默化却又水到渠成地推动了革命或者变革的成功。

只有充分地梳理和分析我国近代报刊业发展时空演进和环境建构的历程，才能够更清晰地认识我国近代报刊业发展的规律，从更深刻的层次来理解我国近代报刊业发展的特征，进而更好地理解其功能的发挥和效果的达成。

附表1　清代主要报人情况表

序号	姓名	生卒	籍贯	身份	主要报刊活动地	主要报刊活动
1	沈毓桂	1814–1907	江苏吴江	书香门第	上海	1859年结识麦都思等传教士。1868年任《中国教会新报》编辑、主笔，《申报》编辑，合编我国最早通俗报纸《民报》
2	吴子让	1818–1878	江西南丰	秀才	上海	曾任曾国藩幕僚，与王韬等熟稔，1872年任《申报》主笔，早期论说多为其撰写
3	黄胜	1825–1902	广东香山	教会书院	香港	首批赴美留学生，1848年入《德臣西报》，1964年后任《中外新报》《华字日报》主编
4	袁祖志	1827–1900	浙江钱塘	书香门第曾任官员	上海	1876年前为《申报》等撰文，之后任《新报》主笔，1893年任《新闻报》第二任总编
5	王韬	1828–1897	江苏吴县	秀才	香港	曾在上海墨海书馆工作，1872年为《华字日报》撰稿，1874年创办《循环日报》
6	容闳	1828–1912	广东香山	教会学院	上海	1874年创办《汇报》
7	冯焌光	1830–1878	广东南海	官员	上海	1875年创办《新报》

（续表）

序号	姓名	生卒	籍贯	身份	主要报刊活动地	主要报刊活动
8	钱昕伯	1832-?	浙江吴兴	秀才	上海	《申报》第二任总主笔，曾在香港考察报业情况
9	蒋芷湘	1842-1892	浙江杭州	进士	上海	《申报》首任总主笔
10	艾小梅	不详	不详	不详	汉口	1873年创办最早的国人自办报刊《昭文新报》
11	李杕	1840-1911	江苏南汇	书香门第	上海	1879年任天主耶稣会报刊《益闻录》主编，1887年任天主教会《圣心报》主编
12	何镛	1841-1894	浙江山阴	秀才	上海	1875年入《申报》
13	陈蔼廷	18？-1905	广东新会	教会书院	香港	1857年进入《德臣报》任主笔，1871年创办《中外新闻七日报》，1872年更名为《华字日报》并独立
14	伍廷芳	1842-1922	广东新会	教会书院	香港	曾在《孖剌报》《中外新报》《华字日报》等多家报刊工作
15	邝其照	1843-19？	广东广州	教会书院	广州	1886年创办《广报》
16	谭汝俭	1848-1938	广东南海	廪生	广州	1898年参与创办《岭学报》，为多家报刊撰稿
17	席子眉	1849-1897	上海青浦	平民	上海	1872年任《申报》经理一职
18	黄乃裳	1849-1924	福建闽清	举人	福州	1870年任教会报刊《郇山使者报》主笔，1896年创办福建历史上第一份国人自办报刊《福报》
19	席子佩	1851-1929	上海青浦	平民	上海	1909年，购买《申报》
20	蔡尔康	1851-1921	江苏嘉定	秀才	上海	1874年入《申报》，1882年任《字林沪报》华人主笔，1888年创办《词林书画报》，1891年任《万国公报》翻译，1894年任主笔

（续表）

序号	姓名	生卒	籍贯	身份	主要报刊活动地	主要报刊活动
21	陈季同	1852-1907	福建侯官	书香门第	上海	1897年在上海创办《求是报》
22	黄协埙	1853-1924	江苏南汇	廪生	上海	1884年入《申报》
23	严复	1854-1921	福建侯官	新式学堂	天津	1897年开始，参与或支持创办《国闻报》《知新报》《大公报》等
24	庄银安	1855-1938	福建同安	平民	缅甸仰光	1904年创办保皇党仰光分会机关报《仰光新报》
25	韩邦庆	1856-1894	江苏松江	秀才	上海	1891年入《申报》，1892年创办《海上奇书》
26	宋育仁	1857-1931	四川富顺	进士	重庆 成都	1897年在重庆创办《渝报》，1898年在成都创办《蜀学报》
27	裘廷梁	1857-1943	浙江杭州	举人	无锡	1898年创办《无锡白话报》
28	康有为	1858-1927	广东南海	进士	北京 海外	维新派及保皇派报刊的实际掌控者
29	朱淇	1858-1931	广东南海	秀才	广州 香港 北京	1898年任广州《岭学报》撰述，1900年在香港创办《通报》，1904年在北京创办《北京报》
30	汪康年	1860-1911	浙江钱塘 长于广东	书香门第	上海	1896年与梁启超、黄遵宪等创办《时务报》，后创办《中外日报》《京报》等
31	高太痴	1860-1920	江苏苏州	秀才	上海	在《申报》《字林沪报》《苏报》等任编辑或主笔，1897年创办我国最早的报纸文艺副刊《消闲报》
32	陈范	1860-1913	江苏阳湖	举人	上海	1900年购买《苏报》，支持变法，后发生《苏报》案

序号	姓名	生卒	籍贯	身份	主要报刊活动地	主要报刊活动
33	黄宗仰	1861–1921	江苏常熟	书香门第	日本 上海	留日期间，曾参与《江苏》月刊编辑工作，1909年在上海创办《商务日报》
34	萧佛成	1862–1939	泰国曼谷	书香门第	曼谷	1906年与陈景华等创办《美南日报》
35	夏曾佑	1863–1924	浙江杭县	进士	上海 天津	1895年居住上海期间为《时务报》撰稿，1897年与严复在天津创办《国闻报》
36	孙家振	1863–1939	上海枞溪	书香门第	上海	1892起先后在《新闻报》《申报》任主笔等职务，后创办《笑林报》等报刊。
37	崔通约	1864–1937	广东高明	书香门第	吉隆坡 广州 香港 加拿大 美国	戊戌维新期间在吉隆坡创办《南洋时务报》，回国后在广州、香港担任编辑，1907年在加拿大主持《华英日报》，1908年赴美国任《中西日报》记者
38	彭翼仲	1864–1921	长于北京	书香门第	北京	1902年开始，创办《启蒙画报》《京话日报》《中华报》等
39	韩文举	1864–1944	广东番禺	书香门第	上海 日本	1896年为《时务报》撰稿，后协助梁启超在日本创办《清议报》《新民丛报》
40	谭嗣同	1865–1898	湖南浏阳	秀才	长沙	1898年创办南学会机关报《湘报》
41	吴稚晖	1865–1953	江苏阳湖	留日学生	上海	1903年为《苏报》撰稿，后主编《新世纪》周刊

（续表）

序号	姓名	生卒	籍贯	身份	主要报刊活动地	主要报刊活动
42	吴沃尧	1866–1910	广东南海	书香门第	上海 汉口	1897年起在《字林沪报》《采风报》等工作，曾短期在汉口《汉口日报》等工作
43	蒋智由	1866–1929	浙江海宁	平民	日本	《新民丛报》编辑
44	唐才常	1867–1900	湖南浏阳	秀才	长沙 上海	1897年开始任《湘学新报》《湘报》总撰述，1899年主编上海《亚东时报》
45	英华	1867–1926	北京	平民	天津	1902年在天津创办《大公报》，立宪派重要舆论机关
46	李伯元	1867–1906	江苏武进	秀才	上海	1896年在《文汇西报》工作，1897年创办最早文艺小报《游戏报》，1903年创办《绣像小说》半月刊
47	蔡元培	1868–1940	浙江绍兴	进士	上海	1902年与张元济在上海创办《外交报》，并为《苏报》撰稿
48	杭辛斋	1869–1924	浙江海宁	秀才	天津 北京 杭州	1897年与严复在天津创办《国闻报》，1904年在北京创办《中华报》，1909年在杭州创办《浙江白话新报》
49	陈少白	1869–1934	广东新会	教会书院	香港	1899年在香港创办《中国日报》，与保皇党展开激烈论战
50	章炳麟	1869–1936	浙江余杭	留日学生	上海 日本	为《时务报》等多家报纸撰稿，在日本期间为《国民报》等撰稿
51	欧榘甲	1870–1911	广东归善	秀才	上海 日本 美国	曾任上海《时务报》和横滨《清议报》编撰，1902年在旧金山创办《大同日报》

（续表）

序号	姓名	生卒	籍贯	身份	主要报刊活动地	主要报刊活动
52	裘毓芳（女）	1871-1904	江苏无锡	书香门第	无锡	1898年协助叔父裘廷梁创办《无锡白话报》
53	杨毓麟	1871-1911	湖南长沙	举人	日本 上海	留日期间创办《游学译编》，1907年与于右任在上海创办《神州日报》
54	周忠鋆	1872-1916	安徽歙县	平民	上海	先后在《申报》《字林沪报》《笑林报》《采风报》等报工作
55	曾朴	1872-1935	江苏常熟	举人	上海	1904年创立小说林社，1907年创办《小说林》杂志，1908年创办《女子世界》
56	张蕴和	1872-1940	上海松江	书香门第	上海	1905年起长期在《申报》工作
57	程家柽	1872-1914	安徽休宁	留日学生	日本 北京	1901年在东京协助创办《国民报》，1907年在北京创办《国风日报》
58	孙翼中	1872-?	浙江钱塘	留日学生	杭州 日本	1901年与林白水创办《杭州白话报》，留日期间任《浙江潮》主编
59	黄世仲	1873-1912	广东番禺	留日学生	新加坡 香港 广州	1898年在新加坡为报刊撰稿，1902年赴香港任《中国日报》记者，1907年在广州创办《广东白话报》
60	黄节	1873-1935	广东顺德	秀才	上海 广州	1902年在上海与邓实创办《政艺通报》，1905年任广州《美禁华工拒约报》总编
61	梁启超	1873-1929	广东新会	举人	北京 上海 日本	1895年在北京编辑《中外纪闻》，1896年在上海创办《时务报》，为多家报纸撰稿，流亡日本期间先后创办《清议报》《新民丛报》等

（续表）

序号	姓名	生卒	籍贯	身份	主要报刊活动地	主要报刊活动
62	徐勤	1873—1945	广东三水	庠生	上海 澳门 美国 香港 新加坡 广州	曾任上海《时务报》和澳门《知新报》编撰，1899年在旧金山创办《文兴日报》，1904年在香港创办《商报》，1907年赴新加坡主持《南洋汇总报》，随后到广州主持《国事报》
63	王华轩	1873—1939	湖北黄冈	秀才	汉口	1903年创办《武汉小报》，1906年更名为《汉口中西报》
64	狄楚青	1873—1941	江苏溧阳	书香门第	上海	1904年购买上海《时报》
65	雷铁崖	1873—1919	四川富顺	留日学生	日本 上海	1905年留日期间为《民报》撰稿，主编《四川》杂志，1908年任上海《越报》编辑
66	汪汉溪	1874—1924	安徽婺源	秀才	上海	1899年任《新闻报》总理
67	杨度	1874—1931	湖南湘潭	举人	日本	1907年在东京创办《中国新报》
68	林獬	1874—1926	福建闽侯	留日学生	杭州 日本 上海	1901年任《杭州白话报》编辑，留日期间创办《学生世界》，1903年在上海创办《中国白话报》
69	陈去病	1874—1933	江苏吴江	留日学生	日本 上海 苏州	1903年留日期间任《江苏》主笔，回上海后参与创办《警钟日报》等，1911年在苏州创办《大汉报》
70	陈耿夫	1874—1919	广东南海	平民	香港 广州	1909年任香港《中国日报》记者，1911年在广州创办《人权报》

（续表）

序号	姓名	生卒	籍贯	身份	主要报刊活动地	主要报刊活动
71	卞小吾	1874–1908	四川江津	庠生	重庆	1904年在重庆创办《重庆日报》
72	蒲殿俊	1875–1934	四川广安	进士	成都	1910年创办《蜀报》
73	陈天华	1875–1905	湖南新化	留学生	日本	留日期间任《游学译编》《民报》等编辑和撰稿人
74	麦孟华	1875–1915	广东顺德	举人	北京 上海 日本	1895年在北京编辑《中外纪闻》，1896年在上海任《时务报》撰述，为多家报纸撰稿，流亡日本期间担任《清议报》主编
75	白逾桓	1875–1935	湖北京山	留日学生	日本 7北京	1905年在东京参与创办《二十世纪之支那》，1909年任北京《帝国日报》撰稿人
76	秋瑾（女）	1875–1907	福建厦门	留日学生	日本 上海	1904年在东京创办《白话》杂志，1907年在上海创办《中国女报》
77	刘成禺	1876–1953	广东番禺	留日学生	日本 美国	1903年在日本出版《湖北学生界》，1904年赴旧金山任《大同日报》主笔
78	包天笑	1876–1973	江苏吴县	秀才	苏州 上海	1901年在苏州创办《励学译编》《苏州白话报》，1906年赴上海长期担任《时报》编辑
79	居正	1876–1951	湖北广济	留日学生	新加坡 缅甸	1907年任新加坡《中兴日报》撰述，1908年赴仰光主持《光华日报》
80	邓实	1877–1951	上海高昌	书香门第	上海	1902年与黄节创办《政艺通报》
81	张叔通	1877–1967	上海松江	秀才	上海	任《申报》《新闻报》编辑

（续表）

序号	姓名	生卒	籍贯	身份	主要报刊活动地	主要报刊活动
82	秦力山	1877—1906	江苏吴县	留日学生	日本 上海 缅甸	1901年在东京创办《国民报》，1902年在上海创办《大陆》月刊，1905年赴仰光任《仰光新报》主笔
83	陈其美	1878—1916	浙江吴兴	留日学生	上海	1910年在上海创办《中国公报》
84	连横	1878—1936	台湾台南	书香门第	上海 福建 台湾	1903年任上海《国民日日报》副刊主笔，1905年在福建创办《福建日日新闻》，回台后任《台南新报》编辑
85	陈景韩	1878—1965	上海松江	秀才	上海	1902年入《大陆》月刊工作
86	杨荫杭	1878—1945	江苏无锡	留日学生	日本 上海	1900年在东京参与创建《游学译编》，1903年后在上海参与多家报纸的编辑工作
87	林宗素（女）	1878—1944	福建闽侯	留日学生	上海	为上海《中国白话报》等多家报刊撰稿
88	吴玉章	1878—1966	四川荣县	留日学生	日本	在东京创办《四川》杂志
89	于右任	1879—1964	陕西三原	举人	上海	1909年连续创办《民呼日报》《民吁日报》和《民立报》
90	田桐	1879—1930	湖北薪春	留日学生	日本 新加坡 北京	1905年留日期间参与创办《二十世纪之支那》，1907年任新加坡《中兴日报》主编，1911年在北京创办《国风日报》
91	胡汉民	1879—1936	广东番禺	留日学生	广州 新加坡	1905年留日期间任《民报》编辑，1908年任新加坡《中兴日报》主笔

（续表）

序号	姓名	生卒	籍贯	身份	主要报刊活动地	主要报刊活动
92	陈独秀	1879-1942	安徽怀宁	留日学生	上海 安徽	1903年任上海《国民日日报》编撰，1904年在安徽芜湖创办《安徽俗话报》
93	陈栩	1879-1940	浙江钱塘	书香门第	杭州 上海	1895年在杭州创办《大观报》，后创办《著作林》月刊，1908年迁往上海
94	胡石庵	1879-1926	湖北天门	留日学生	汉口	1904年在汉口为多家报纸撰稿
95	秦毓鎏	1879-1937	江苏无锡	留日学生	日本 上海	1903年留日期间创办《江苏》月刊，1907年任上海《神州日报》编辑
96	徐佛苏	1879-1943	湖南长沙	留日学生	日本 北京	曾为《新民丛报》撰稿，1910年在北京任立宪派机关报《国民公报》主编
97	李叔同	1880-1942	天津	留日学生	上海	1900年在上海出版《书画公会报》，留日期间主编《音乐小杂志》
98	廖平子	1880-1943	广东顺德	留日学生	日本 香港 广州	1905年在东京创办《大江月报》，为香港、广州多家报纸撰稿
99	欧阳矩源	1880-1907	江苏苏州	秀才	上海	1898年为上海《游戏报》撰稿，后任编辑，主持《世界繁华报》
100	潘达微	1880-1929	广东番禺	书香门第	广州	1905年创办《时事画报》
101	史量才	1880-1934	上海松江	秀才	上海	1908年兼任《时报》主笔，后购买《申报》
102	王斧	1880-1942	广东琼山	书香门第	香港 新加坡 泰国	在香港创办《民报》等，1907年赴新加坡任《中兴日报》主笔，1908年逃亡泰国任《华暹日报》主笔

（续表）

序号	姓名	生卒	籍贯	身份	主要报刊活动地	主要报刊活动
103	郑贯公	1880–1906	广东中山	留日学生	日本香港	在日期间任《清议报》助理编辑，在香港创办《世界公益报》
104	述报馆主	不详	不详	书香门第	广州	1884年在广州创办中国最早的石印日报《述报》
105	陈继俨	不详	广东南海	不详	美国	1900年任檀香山保皇党报刊《新中国报》主笔之一
106	邓慕韩	1881–1953	广东三水	留日学生	新加坡广州	1907年任新加坡《中兴日报》经理，1910年任广州《平民日报》主编
107	李石曾	1881–1973	河北高阳	留法学生	上海天津	1907年在上海与吴稚晖等创办《新世纪》周刊，1911年在天津与黄复生等创办《民意报》
108	吕志伊	1881–1940	云南思茅	留日学生	日本上海	1906年在日本成立《云南》杂志，1911年任上海《民立报》撰述
109	李是男	1881–1937	美国旧金山	美国华侨	美国	1909年创办《美洲少年》周刊
110	伍宪子	1881–1959	广东顺德	秀才	香港新加坡广州	1904年协助徐勤创办《香港商报》，1907年到新加坡主持《南洋汇总报》，1909年到广州协助徐勤创办《国事报》
111	章士钊	1881–1973	湖南善化	留日学生	上海	1903年开始为《苏报》撰稿，并与陈独秀创办《国民日日报》
112	冯自由	1882–1958	日本横滨	日本华侨	日本加拿大	1899年在横滨创办《开智录》，1901年在东京创办《国民报》，1910年到温哥华主持《大汉日报》笔政

（续表）

序号	姓名	生卒	籍贯	身份	主要报刊活动地	主要报刊活动
113	景耀月	1882—1944	山西芮城	留日学生	日本上海	留日期间参与创办《晋乘》《夏声》，1909年回国后在上海参与创办《民吁日报》
114	邵力子	1882—1967	浙江绍兴	留日学生	上海	任于右任所办多家报纸编辑
115	宋教仁	1882—1913	湖南桃源	留日学生	长沙日本上海	在长沙创办《俚语日报》，在日本创办《二十世纪之支那》，任上海《民立报》主笔
116	汪彭年	1882—1966	安徽旌德	留日学生	上海	1907年在上海参与创办《神州日报》
117	谢英伯	1882—1939	广东梅县	教会书院	广州香港	1902年开始在广州创办《亚洲日报》《时事画报》，1906年在香港创办《东方报》，任《中国日报》社长
118	张继	1882—1947	河北沧县	留日学生	日本上海	1901年在日本参与编撰《国民报》，回国后为《苏报》撰稿，与章士钊创办《国民日报》，1905年任《民报》发行人和编辑
119	陈撷芬（女）	1883—1923	江苏阳湖	留日学生	上海日本	1899年在上海创办《女报》，在东京创办《女学报》
120	黄伯耀	1883—1965	广东番禺	平民	香港	1905年在香港参编《中国日报》，1907年创办《社会公报》，1909年在美国创办《美洲少年》周刊
121	刘师复	1883—1913	广东香山	留日学生	香港	1906年任香港《东方宝》编撰

（续表）

序号	姓名	生卒	籍贯	身份	主要报刊活动地	主要报刊活动
122	宁调元	1883-1913	湖南醴陵	留日学生	上海 北京	1906年在上海创办《洞庭波》杂志，1910年在北京任《帝国日报》总编辑
123	汪兆铭	1883-1944	广东番禺	留日学生	日本 新加坡	东京《民报》主要撰稿人，新加坡《中兴日报》主笔
124	陈楚南	1884-1971	新加坡	新加坡华侨	新加坡	1904年在新加坡创办《国南日报》，1907年创办同盟会机关报《中兴日报》
125	刘师培	1884-1919	江苏仪征	举人	上海	1903年为《俄事警闻》撰稿，1904年任《警钟日报》主笔
126	马叙伦	1884-1970	浙江杭县	留日学生 南社成员	上海	1902年在上海主编《选报》和《新世界学报》
127	苏曼殊	1884-1918	日本横滨	日本华侨	上海	1903年任上海《国民日日报》编辑
128	郭唯灭	1885-1923	广东广州	不详	广州	1911年在广州创办《天民报》
129	卢信	1885-1933	广东顺德	留日学生	香港 日本 美国	1903年任香港《中国日报》记者，1905年在东京创办《大江月报》，1907年任檀香山《民生日报》主编
130	查光佛	1885-1932	湖北英山	不详	汉口	1909年参与创办汉口《商务报》
131	邹鲁	1885-1954	广东大埔	书香门第	广州	1911年在广州创办《可报》
132	黄侃	1886-1935	湖北薪春	留日学生	日本 汉口	留日期间任《民报》编辑，1911年任汉口《大江报》撰述
133	柳亚子	1887-1958	江苏吴江	留日学生 南社成员	上海	1903年开始为《苏报》《警钟日报》等报刊撰稿

（续表）

序号	姓名	生卒	籍贯	身份	主要报刊活动地	主要报刊活动
134	温雄飞	1885–1974	美国旧金山	美国华侨	美国	1909年在旧金山创办《美洲少年》周刊，后任《自由新报》主编
135	夏重民	1887–1922	广东番禺	留日学生	日本	1907年在日本参与创办《大江月报》《日华新报》等
136	詹大悲	1887–1927	湖北蕲春	书香门第	汉口	1909年接办汉口《商务日报》，1910年任《大江白话报》主笔
137	宛思演	1888–1951	湖北黄梅	秀才	汉口	1909年与詹大悲合作接办《商务报》《大江报》等
138	张季鸾	1888–1941	陕西榆林	留日学生	日本上海	留日期间任陕西留学生主办杂志《夏声》编撰，1910年在上海协助于右任创办《民立报》
139	邓警亚	1890–1973	广东三水	平民	广州	1910年在广州创办《平民日报》
140	何海鸣	1890–1944	湖南衡阳	平民	汉口	1909年参与创办《大江白话报》
141	戴季陶	1891–1949	四川广汉	留日学生	日本上海	留日期间任《民报》主笔，在上海协助于右任出版《民呼日报》《民吁日报》和《民立报》
142	卢博郎	不详	广东新会	南社成员	广州香港	1909年任广州《南越报》编辑，1910年任《平民日本》主编，1911年在香港创办《新汉报》
143	卢谔生	?–1912	广东南海	南社成员	广州	1905年开始，在广州创办《群报》《国民报》《天民报》等
144	李孟哲	不详	广东	南社成员	广州	协助卢谔生、卢博郎办报

（续表）

序号	姓名	生卒	籍贯	身份	主要报刊活动地	主要报刊活动
145	李大醒	不详	广东新会	不详	香港	1903年任香港《世界公益报》编辑记者
146	汪允中	不详	安徽歙县	书香门第	上海	1903年协助蔡元培创办《俄事警闻》，长期参与《神州日报》编撰
147	郑岸父	？–1975	广东香山	留日学生	广东北京	1908年在广东香山创办《香山旬报》，1909年任北京《京津日报》主编

《 参考文献 》

一、文献资料

[1] 包天笑：《钏影楼回忆录》，北京：中国大百科全书出版社，2009年

[2] 陈无我：《老上海三十年见闻录》，上海：上海书店出版社，1997年

[3]（清）史彩、叶映榴纂：康熙《上海县志》

[4]（清）陶士契修，刘湘煃纂：乾隆《汉阳府志》

[5]（清）李文耀修，谈起行、叶承纂：乾隆《上海县志》

[6]（清）王大同修，李林松纂：嘉庆《上海县志》

[7]（清）许瑶光修，吴仰贤纂：光绪《嘉庆府志》

[8]（清）陈炽：《庸书·报馆》，赵树贵、曾丽雅编：《陈炽集》，北京：中华书局，
    1997年

[9]（清）王韬：《瀛壖杂志》，上海：上海古籍出版社，1989年

[10]（清）王韬，方行、汤志钧整理：《王韬日记》，北京：中华书局，1987年

[11]（清）魏源：《海国图志》，长沙：岳麓书社，2011年

[12]（清）张之洞：《劝学篇》，《张文襄公全集》卷203，民国二十六年刊成印本

[13]（清）赵尔巽等撰：《清史稿》，中华书局，1976年

[14]（清）郑观应：《盛世危言》，光绪二十七年（1901）刻本

[15]（民国）侯祖畲修、吕寅东纂：《夏口县志》

[16]［英］李提摩太著，李宪堂、侯林莉译：《亲历晚清四十五年——李提摩太在
    华回忆录》，天津：天津人民出版社，2005年

[17]［英］马礼逊夫人编，顾长声译：《马礼逊回忆录》，桂林：广西师范大学出版

社，2004年

［18］戈公振：《中国报学史》，上海：上海古籍出版社，2003年版

［19］申报馆编：《最近之五十年》，上海：上海书店出版社，1983年

［20］新闻报馆辑：《新闻报馆三十年纪念册》，民国十一年（1922）排印本

［21］徐载平、徐瑞芳：《清末四十年申报史料》，北京：新华出版社，1988年

［22］姚公鹤：《上海闲话》，上海：上海古籍出版社，1989年

［23］郑逸梅：《南社丛谈》，上海：上海人民出版社，1981年

［24］郑逸梅：《书报话旧》，上海：学林出版社，1983年

二、主要报刊文献：

《东西洋考每月统记传》   《万国公报》   《上海新报》

《申报》   《时务报》   《苏报》

《大公报》   《清议报》   《新民丛报》

《民报》   《湖北学生界》

三、现代著作：

1. 学术专著：

［1］白寿彝：《中国交通史》，北京：商务印书馆，1998年

［2］陈力丹：《世界新闻传播史》，上海：上海交通大学出版社，2002年

［3］程丽红：《清代报人研究》，北京：社会科学文献出版社，2008年

［4］方豪：《中西交通史》，长沙：岳麓书社，1987年

［5］方汉奇：《中国近代报刊史》，太原：山西人民出版社，1981年

［6］方汉奇：《中国新闻事业通史》，北京：中国人民大学出版社，1992年

［7］方汉奇主编：《中国新闻传播史》，北京：中国人民大学出版社，2009年

［8］丁淦林主编：《中国新闻事业史》，北京：高等教育出版社，2007年

［9］丁文红、赵丰田编：《梁启超年谱长编》，上海：上海人民出版社，1983年

［10］丁文江：《梁启超年谱长编》，上海：上海人民出版社，1983年

［11］顾长声：《传教士与近代中国》，上海：上海人民出版社，1981年

［12］顾长声：《从马礼逊到司徒雷登》，上海：上海人民出版社，1985年

［13］胡太春：《中国近代新闻思想史》，太原：山西教育出版社，1987年

［14］黄瑚：《中国近代新闻法制史论》，上海：复旦大学出版社，1999年

［15］黄苇：《上海开埠初期对外贸易研究（1843-1863）》，上海：上海人民出版社，1979年

［16］［加］伊尼斯著，何道宽译：《变化中的时间观念》，北京：中国传媒大学出版社，2013年

［17］［加］伊尼斯著，何道宽译：《传播的偏向》，北京：中国传媒大学出版社，2013年

［18］［加］伊尼斯著，何道宽译：《帝国与传播》，北京：中国人民大学出版社，2003年

［19］［加］麦克卢汉著，何道宽译：《理解媒介：论人的延伸》，北京：商务印书馆，2000年

［20］［加］麦克卢汉著，何道宽译：《机器新娘》，北京：中国人民大学出版社，2004年

［21］［加］麦克卢汉著，何道宽译：《媒介与文明》，北京：机械工业出版社，2016年

［22］乐正：《近代上海人社会心态（1860-1910）》，上海：上海人民出版社，1991年

［23］李时岳：《李提摩太》，北京：《中华书局》，1964年

［24］刘兰肖：《晚清报刊与近代史学》，北京：中国人民大学出版社，2007年

［25］刘文鹏：《清代驿传及其与疆域形成关系之研究》，北京：中国人民大学出版社，2004年

［26］楼祖诒：《中国邮驿发达史》，北京：人民邮电出版社，1999年

［27］陆林：《人文地理学》，北京：商务印书馆，2004年

［28］马长林编：《租界里的上海》，上海：上海社会科学院出版社，2003年

［29］马光仁：《上海新闻史》，上海：复旦大学出版社，1996年

［30］马学强、张秀莉：《出入于中西之间：近代上海买办社会生活》，上海：上海辞书出版社，2009年

［31］［美］梅罗维茨著，肖志军译：《消失的地域：电子媒介对社会行为的影响》，北京：清华大学出版社，2002年

［32］孟兆臣：《中国近代小报史》，北京：社会科学文献出版社，2005年

［33］倪延年：《中国报刊法制发展史》（第四卷），南京：南京师范大学出版社，2006年

［34］宁树藩主编：《中国地区比较新闻史》，上海：复旦大学出版社，2018年

［35］秦绍德：《上海近代报刊史论》，上海：复旦大学出版社，1993年

［36］仇润喜主编：《天津邮政史料》第二辑（下），北京：北京航空学院出版社，1989年

［37］邵培仁：《媒介地理学：媒介作为文化图景的研究》，北京：中国传媒大学出版社，2010年

［38］上海图书馆编：《汪康年师友书札》，上海：上海书店出版社，2016年

［39］史媛媛：《清代中前期新闻传播史》，北京：中国人民大学出版社，2003年

［40］史梅定主编：《上海租界志》，上海：上海社会科学院出版社，2001年

［41］史晓风整理：《恽毓鼎澄斋日记》，杭州：浙江古籍出版社，2004年

［42］苏精：《铸以代刻：十九世纪中文印刷变局》，北京：中华书局，2018年

［43］孙玮主编：《中国传播学评论（第七辑）·城市传播：地理媒介、时空重组与社会生活》，上海：复旦大学出版社，2017年

［44］谭树林：《马礼逊与中西文化交流》，杭州：中国美术学院出版社，2004年

［45］王铁崖编：《中外旧约章汇编》第2册，北京：三联书店，1957年

［46］王星、孙慧民、田克勤：《人类文化的空间组合》，上海：上海人民出版社，1990年

［47］武志勇：《中国报刊发行体制变迁研究》，北京：中华书局，2013年

［48］辛德勇：《历史的空间与空间的历史》，北京：北京师范大学出版社，2005年

［49］熊月之：《西学东渐与晚清社会》，上海：上海人民出版社，1994年

［50］杨齐福：《科举制度与近代文化》，北京：人民出版社，2003年

［51］［英］迈克·布朗著，杨淑华、宋慧敏译：《文化地理学》，南京：南京大学出版社，2005年

［52］邮电史编辑室：《中国近代邮电史》，北京：人民邮电出版社，1984年

［53］张步天：《中国历史文化地理》，长沙：湖南教育出版社，1993年

［54］张伟然：《湖南历史文化地理研究》，上海：复旦大学出版社，1995年

［55］张之华编：《中国新闻事业史文选》，北京：中国人民大学出版社，1999年

［56］张仲礼主编：《近代上海城市研究》，上海：上海人民出版社，1990年

［57］曾虚白主编：《中国新闻史》，台北：三民书局股份有限公司，1984年

［58］中国第一历史档案馆编：《鸦片战争档案史料》，天津古籍出版社，1992年

［59］中国近代经济史资料丛刊编辑委员会：《中国海关与邮政》，北京：中华书局，1983年

［60］中国史学会：《戊戌变法》第四卷，上海：上海书店出版社，2000年

［61］卓南生：《中国近代报业发展史（1815—1874）》，北京：中国社会科学出版社，2015年

［62］邹依仁：《旧上海人口变迁的研究》，上海：上海人民出版社，1980年

2. 工具书：

［1］史和、姚福申、叶翠娣：《中国近代报刊名录》，福州：福建人民出版社，1991年

［2］尹韵公：《中国新闻界人物》，北京：中国人事出版社，2002年

3. 论文：

［1］陈冠兰：《近代中国的租界与新闻传播》，《新闻与传播研究》（北京）2008年第1期

［2］陈绛：《西学传播与晚清社会蜕变》，《复旦学报》1993年第3期

［3］程丽红：《论〈察世俗每月统计转〉对中国近代报业和近代社会的影响》，《史学集刊》2000年第3期

［4］范志忠：《转向地理：当代传播学研究的新视域》，《当代传播》2011年第2期

［5］方汉奇：《〈清史·报刊表〉中的海外华文报刊》，《国际新闻界》2005年第5期

［6］方汉奇：《清代北京的民间报房与京报》，《新闻研究资料》1990年第52辑

［7］方书生：《近代岭南商埠格局的变迁（1843—1939）》，《中国历史地理论丛》
　　2004年第2期

［8］谷长岭：《清代报刊的发展轨迹和总体状况》，《国际新闻界》2003年第12期

［9］顾天宇：《梁启超的中国史分期"三段论"说述论》，《历史教学问题》2005年
　　第3期

［10］华宏艳：《早期〈申报〉文人唱酬与交际网络之构建》，《华南师范大学学报（社
　　会科学版）》2013年第4期

［11］侯甬坚：《历史地理学界"话域"与"话语"的融通》，《学术月刊》2010年第
　　11期

［12］侯甬坚：《历史地理学：历史学与地理学的交接点》，《陕西师大学报》（哲学
　　社会科学版）1987年第3期

［13］黄旦：《报刊的历史与历史的报刊》，《新闻大学》2007年第1期

［14］黄旦：《耳目喉舌：旧知识与新交往——基于戊戌变法前后报刊的考察》，《学
　　术月刊》2012年第11期

［15］黄旦：《历史学的想象力：在事与叙之间》，《史学月刊》2011年第2期

［16］黄旦：《媒介变革视野中的近代中国知识转型》，《中国社会科学》2019年第
　　1期

［17］黄旦：《奇闻异事，罔不毕录：上海"城"的移动——初期〈申报〉研究之
　　二》，《学术月刊》2017年第10期

［18］黄旦、赵建国：《拓展新闻传播学的研究视野：跨学科与多维度》，《甘肃社会
　　科学》2009年第1期

［19］黄瑚：《论中国近代新闻事业发展的三个历史阶段》，《新闻大学》2007年第
　　1期

［20］蒋建国：《甲午前后的报刊地理、新闻呈现与读者阅读的回想》，《学术月刊》

2018年第12期

［21］蒋建国：《晚清阅报组织与公共读报活动的发展》,《社会科学战线》2016年第2期

［22］蒋建国：《晚清书院读报活动与时务新知的传播》,《学术月刊》2017年第4期

［23］蒋建国：《晚清报人之间的交往活动与精神世界》,《新闻与传播研究》2017年第5期

［24］蒋建国：《清末士绅的报刊阅读与观念世界》,《学术研究》2019年第9期

［25］蒋建国：《维新时期地方学会、学校与报刊阅读的拓展：以湖南为中心》,《湖南师范大学社会科学学报》2018年第2期

［26］江凌：《区域新闻史：一种社会史研究范式》,《重庆邮电大学学报（社会科学版）》2012年第5期

［27］江凌：《试论近代两湖地区城市文化与报刊媒体的发展》,《上海交通大学学报（哲学社会科学版）》2011年第2期

［28］蓝勇：《对中国历史文化地理研究的思考》,《学术研究》2002年第1期

［29］李蓉、张晓玥：《当代语境中的媒介地理学思考》,《江淮论坛》2007年第1期

［30］李五洲：《论近代中国对新闻自由思想的认识偏差》,《新闻大学》2001年第4期

［31］李昭宇、钱培荣：《晚清报刊的发展历程》,《杭州大学学报》1996年第4期

［32］廖梅：《汪康年与中国近代化思潮的特征》,《复旦学报》1996年第6期

［33］刘磊：《从"落拓文人"到"无冕之王"——中国早期报人社会地位的演进》,《传媒》2002年第7期

［34］刘琳：《福建华侨报人在辛亥革命中的地位与作用》,《闽江学院学报》2013年第6期

［35］卢刚毅：《从传播生态看媒介地理分布的重要性——以西北甘肃为例》,《新闻前哨》2011年第6期

［36］罗志田：《天下与世界：清末士人关于人类社会认知的转变》,《中国社会科学》2007年第5期

［37］罗志田：《清季科举制改革的社会影响》，《中国社会科学》1998年第4期

［38］罗志田：《革命的形成：清季十年的转折（上）》，《近代史研究》2012年第3期

［39］马光仁：《陈独秀与〈安徽俗话报〉》，《新闻大学》1986年第12期

［40］毛曦：《历史文化地理学的理论与方法》，《陕西师范大学学报》2002年第3期

［41］梅琼林：《中国近代报刊发展与社会转型》，《云南社会科学》2005年第5期

［42］宁树藩：《〈东西洋考每月统记传〉评述》，《新闻大学》1982年第5期

［43］桑兵：《清末民初传播业的民间化与社会变迁》，《近代史研究》1991年第6期

［44］邵培仁：《论媒介地理学的发展历程与学科建构》，《徐州师范大学学报》2006
年第1期

［45］邵培仁：《作为最新研究视野的媒介地理学》，《广告大观（媒介版）》2006年
第1期

［46］邵培仁：《论中国媒介的地理集群与能量集聚》，《新闻大学》2006年第3期

［47］邵培仁：《媒介地理学：正当性、科学性和学术坚守》，《新闻记者》2006年第
10期

［48］邵培仁：《转向空间：媒介地理中的空间与景观研究》，《山东理工大学学报（社
会科学版）》2010年第3期

［49］邵培仁：《景观：媒介对世界的描述与解释》，《当代传播》2010年第4期

［50］谭其骧：《中国文化的时代差异与地区差异》，《复旦大学学报》1986年第2期

［51］谭树林：《早期来华基督教传教士与近代中外文期刊》，《世界宗教研究》2002
年第2期

［52］唐海江：《同门、省界与现代政治价值认同——清末政论报人组织离合的政治
文化分析》，《新闻与传播研究》2006年第3期

［53］田中阳：《论区域文化视角对新闻传播史研究的价值意义》，《湖南大学学报（社
会科学版）》2015年第1期

［54］王国凤：《耕耘在媒介与地理的融合地带》，《山东理工大学学报（社会科学
版）》2013年第4期

［55］王立新：《晚清政府对基督教和传教士的政策》，《近代史研究》1996年第3期

［56］王健：《19世纪80年代前后西方人眼中的上海城市社会》，《江南大学学报（人文社会科学版）》2015年第1期

［57］王社教：《中国历史地理学问何处去》，《中国历史地理论丛》2017年第1期

［58］王先明：《近代中国绅士阶层的分化》，《社会科学战线》1987年第3期

［59］王晓秋：《三次集体出洋之比较：晚清官员走向世界的轨迹》，《学术月刊》2007年第6期

［60］王建辉：《知识分子群体与近代报刊》，《华中师范大学学报》1999年第3期

［61］萧永宏：《〈循环日报〉之编辑与发行考略》，《江苏社会科学》2008年第1期

［62］熊月之：《1842年至1860年西学在中国的传播》，《历史研究》1994年第4期

［63］许纪霖：《天下主义／夷夏之辨及其在近代的变异》，《华东师范大学学报》（哲学社会科学版）2012年第6期

［64］徐建国：《近代民信局的空间网络分析》，《中国经济史研究》2008年第3期

［65］姚琦：《中国近代报刊业的发展与百年社会变迁》，《社会科学辑刊》2001年第6期

［66］尹韵公：《论明代邸报的传递、发行和印刷》，《新闻研究资料》第48辑

［67］岳升阳、林玉军：《宣南文化与北京清末民初的报刊》，《北京社会科学》2004年第1期

［68］赵兵：《"世界潮流"：清末民初思想界的一种世界想象》，《人文杂志》2015年第4期

［69］赵建国：《报刊地理：广州租界与近代报刊（1827—1912）》，《新闻与传播研究》2016年第1期

［70］张健康：《中国媒介地理学研究的量化考察、焦点回顾与质化分析》，《浙江传媒学院学报》2014年第5期

［71］张伟然：《中国历史文化地理研究的核心问题》，《江汉论坛》2005年第1期

［72］张元隆：《上海租界与晚清西学输入》，《中国近代史》1989年第12期

［73］周宏伟：《中国传统民居地理研究刍议》，《中国历史地理论丛》2016年第4期

［74］周忍伟：《内地城市近代报刊兴起与大众传媒发展特征——以皖江城市为例》，

《华东理工大学学报》2004年第3期

［75］邹振环：《清末的国际移民及其在近代上海文化建构中的作用》,《复旦学报》
（社科版）1997年第3期

4. 学位论文：

［1］陈昌文：《都市化进程中的上海出版业（1843—1949）》,兰州大学博士论文,
2002年

［2］海阔：《大众传媒与中国现代性：一种传播人种学研究》,浙江大学博士论文,
2006年

［3］汪苑菁：《报刊与城市现代性——以汉口和《汉口中西报》为中心的考察
（1864—1916）》,华中科技大学博士论文,2013年

［4］汪幼海：《上海报业发展中的西方要素研究（1850—1937）》,复旦大学博士论
文,2008年

四、数据库

［1］全国报刊索引

https://www.cnbksy.com/home

［2］大成老旧期刊全文数据库

http://www.dachengdata.com/tuijian/showTuijianList.action?cataid=1

［3］爱如生近代报刊数据库

http://forum.er07.com/